中国名镇志文化工程
Culture Project of Local Records of China's Famous Towns
中 国 名 镇 志 丛 书

U0788066

元和街道志

LOCAL RECORDS OF YUANHE SUB-DISTRICT

江苏省苏州市相城区元和街道志编纂委员会 编

方志出版社
Publishing House of Local Records

图书在版编目（CIP）数据

元和街道志 / 江苏省苏州市相城区元和街道志编纂委员会编 .— 北京 : 方志出版社，2022.9
（中国名镇志丛书）
ISBN 978-7-5144-4932-7

Ⅰ .①元… Ⅱ .①江… Ⅲ .①区（城市）—地方志—苏州 Ⅳ .① K295.35

中国版本图书馆 CIP 数据核字（2022）第 045305 号

责任编辑：李静
责任校对：刘玉霞
责任印制：赵楚
出 版 者：方志出版社
地　　址：北京市朝阳区潘家园东里 9 号（国家方志馆 4 层）
邮　　编：100021
网　　址：http://www.zgfzcb.cn
发　　行：方志出版社图书营销中心（010-67110500）
印　　刷：北京中科印刷有限公司
开　　本：787 毫米 ×1092 毫米　1/16
印　　张：17.75
字　　数：314 千字
版　　次：2022 年 9 月第 1 版
印　　次：2022 年 9 月第 1 次印刷
定　　价：145.00 元

· 版权所有　翻印必究 ·

（如有印装质量问题，请与我社图书营销中心联系）

序一

习近平总书记指出："不忘历史才能开辟未来，善于继承才能善于创新……只有坚持从历史走向未来，从延续民族文化血脉中开拓前进，我们才能做好今天的事业。"中国优秀传统文化是在漫长的历史长河中历经无数次涤荡和沉淀而形成的思想精髓，蕴藏着无穷的宝藏和无尽的力量。发掘和继承优秀传统文化，是延续中华文明"根"与"魂"的必由之路。与时俱进，推动传统文化不断开拓创新，是中华文明常葆勃勃生机的重要保证。

"国有史，邑有志。"编修地方志是中国特有的文化现象，是中华民族的优秀文化传统。数千年来，连绵不断的志书编修为保护中华民族根脉，传承中华文明发挥了不可替代的作用。中国现存古志有 8000 余种，占现存古籍的十分之一。中华人民共和国成立以来，编修完成数万种省、市、县三级综合性行政区域志、部门志、行业志、专志等，编纂数万种地方综合年鉴、行业年鉴和专门年鉴等，整理出版数千种历代方志及相关研究成果，发表相当数量的方志理论与年鉴理论研究成果。这既是对我国国情、地情持续开展的大规模普遍调查，也是对各地自然与社会发展状况进行的综合研究，其成果构成了一座丰富的文化资源宝藏，为各级领导科学决策提供了重要参考，为推动经济社会发展和文化建设发挥了重要作用。

当前，中国特色社会主义进入新时代，全国地方志事业也进入新时代。如今的地方志事业围绕党和国家利益、经济社会发展，以人民为中心开拓创新，志、鉴、馆、史"四驾马车"并驾齐驱，志、鉴、馆、网、库、用、会、刊、研、史"十业并举"，加快实现在全国范围内全面推进地方志从一项工作向一项事业转型升级。在党中央、国务院的亲切关怀和各级地方志工作者的共同努力下，一批紧密结合社会发展需求、具有独特创造性的工作逐步开展，涵盖中国名镇志、中国名村志、中国名山志、中国名水志、中国名街志等"名志"系列文化工程是其中代表。作为首个"名志"系列文化工程的中国名镇志文化工程，启动于 2015 年，至今已是第三个年头。中国名镇志丛书在记述主体上，选择中国历史文化名镇、经济强镇、特色镇等在全国具有影响力和代表性的乡镇，旨在全面展示中国名镇的文化精髓；在内容题材选择上，重在突出不同名镇的“名”和“特”，力求集中体现不同名镇最精彩的部分，增强可读性；在志书编纂程序设置方面，志书申报、篇目设计、专家审读、专家组验收等流程环环相扣，紧密结合，力争把每一部志书都打造成精品佳志。

习近平总书记指出：“历史和现实都表明，一个抛弃了或者背叛了自己历史文化的民族，不仅不可能发展起来，而且很可能上演一场历史悲剧。”2018 年是改革开放 40 周年，40 年来中华大地发生了翻天覆地的变化，乡镇发生了极为深刻的改变，从粗茶淡饭到有机食品，从粗布衣裙到精美时装，从土屋平房到高楼大厦，人民生活水平大大提高，城乡差距不断缩小。然而，在感受辉煌成就的同时，我们也应该看到，许多精巧的古建、精湛的工艺、亲切的乡音、独特的乡俗也在快节奏的发展中与我们渐行渐远，曾经的家乡正逐渐变为记忆中的故园。

党的十九大报告提出乡村振兴战略，此后党中央、国务院又推出一系列重大举措。实施乡村振兴战略，必须全面加强乡村文化建设，培养乡村文化自信，培植文化之“根”，铸牢文化之“魂”。没有乡村文化的高度自信，没有乡村文化的繁荣发展，就难以实现乡村振兴的伟大使命。振兴乡村文化，既要塑形，更要铸魂，必须遵循乡村发展的客观规律，在发展中把文化的精髓保留下来，把乡土味道、乡村风貌的“魂”传承下去。在保留优秀乡村文化内核的基础上，用现代表现方式，把反映时代精神、先进理念的内容通过群众喜闻乐见的文化产品表达出来，才能够让乡土文化具有更强大的生命力。用创新性的模式书写乡镇志，传承和抢救乡土历史文化，激发爱国爱乡情怀，为探索中国特色新型城镇化发展经验、发展模式、发展道路提供历史智慧和现实借鉴，正是实施中国名镇志文化工程的目的和意义所在。

“月是故乡明”。中国人素有“家国情怀”，家乡的山水是最为美丽的，家乡的风俗是充满温暖的，一声亲切的乡音，一口熟悉的家乡菜，都能拨动游子的心弦，让其魂牵梦萦。中国名镇志丛书是一套全面梳理中国名镇历史人文，挖掘文化特色，突出“名”和“特”的镇志。它能让人民群众深刻感受到本土本乡自然的优美、历史的醇厚、人物的杰出、艺文的风雅等，有助于培养人民群众对家乡文化的自信，激发起人民群众浓烈的爱乡爱国情怀，助力国家新型城镇化建设和乡村振兴战略的实施。

是为序。

中国社会科学院原院长
中国地方志指导小组原组长　谢伏瞻

序二

连绵不断地编修地方志是我国特有的文化传统，为传承中华文明作出了巨大的贡献。在党中央、国务院的高度重视和支持下，这一古老的文化传统焕发勃勃生机，展现新的活力，成为保存、继承、发扬光大中华优秀传统文化的重要依托，培育和践行社会主义核心价值观的重要媒介，社会主义先进文化建设的重要组成部分，发展中国特色社会主义，增强道路自信、制度自信、理论自信的重要载体，在实现“两个一百年”奋斗目标和中华民族伟大复兴中国梦进程中具有不可替代的地位和作用。

事物总是在不断发展中前进。经过改革开放以来30余年的发展，中国特色地方志事业与传统的编修地方志已不可同日而语，形成了志（志书）、鉴（年鉴）、库（地情数据库）、馆（方志馆）、网（地情网站）、刊（期刊）、会（学会）、研（理论研究）、用（开发利用）等多业并举的新格局。截至2015年10月底，全国编纂完成首轮、二轮省、市、县志书8000多种，编修部门志、行业志、专业志、乡镇村志27000多种，编纂地方综合年鉴2300多种，累计整理旧志2500多种，还编纂出版了大量的地情书，字数以百亿计，形成以反映国情、地情为主要内容，全面系统、持续不断、卷帙浩繁的社会科学成果群。另外，还开通了27个省级网站、230个市级网站、816个县级网站；建成国家方志馆1个、省级方志馆16个、市级方志馆86个、县级方志馆近300个。这些成果，成为国家极为重要的文化资源，是国家文化软实力和公共文化服务体系的重要组成部分。

最近几年，地方志工作的触角在不断延伸，部门志、行业志、专业志、特色志、乡镇村志编纂方兴未艾，成为当前地方志事业发展新的增长点和亮点。特别是乡镇志，兴起了编纂热潮，从自发的民间行为逐渐过渡为政府组织的文化行为，有的省份以政府令形式将其纳入地方志编修范畴，像河南省还以省政府办公厅名义要求全省普修乡镇志。乡镇志并不是一个新生事物，据现有资料可考，宋代常棠所撰《澉水志》是现存最早的一部乡镇志。与省、市、县三级志书相比，乡镇志虽属小志，但意义却不小，特别是在当前国家全力推进新型城镇化建设的背景下，乡镇志的作用更显重要。

启动中国名镇志文化工程，是适应当前新型城镇化建设形势发展需要、地方志事业发展形势需要的重要举措，也是充分发挥地方志存史、资政、育人功能的重要手段。作为最基层行政组织的志书，镇志是最接近中国社会发展变迁的国情、地情记录文本，具有重要的历史文献价值。而作为充分反映本区域自然、政治、经济、文化和社会的历史与现状的资料性文献，镇志又能全面展示发展脉络，摸索发展经验，为探索中国乡镇未来发展方向提供借鉴和参考。当然，对于祖祖辈辈生于斯长于斯的中国人来说，故乡就是一个魂牵梦萦的地方，故乡的情怀终生难忘。留得住乡愁，记得住乡思，充分展示名镇文化魅力，激发爱乡、爱国情怀，正是中国名镇志文化工程题中应有之义。

是为序。

中国社会科学院原院长
中国地方志指导小组原组长　王伟光

序三

“国有史，邑有志”，中国自古就有注重编史修志的传统。按照我国目前地方志行政法规，国家各级地方志机构的法定职责是编纂省、市、县三级志书，并不包括县以下的乡镇志和村志。这种规定，一方面可能因为全国有数百万自然村落和数万乡镇，全部实行官修很难实现；另一方面可能因为我国历史上就有“皇权止于县”的说法，县以下的民间社会历来是一个以自治为主的领域。然而，改革开放几十年来，我国社会正在发生巨变，这种巨变在基层社会的乡镇、村落、家庭领域更为深刻。作为“乡之首，城之尾”的镇，逐渐被日益崛起的大都市淹没了光彩，村落在快速的城镇化过程中每天都在大量消失，农村家庭的小型化、空巢化趋势非常突出。在这种情况下，我一直在思考，如何留得住历史文化记忆和乡愁，如何把修志的工作向基层社会延伸？

中国人的“家国情怀”，是从“诚意、正心、修身”开始，到实现“齐家、治国、平天下”。所以从国家一统志，省、市、县三级志，到乡镇志、村志、家谱，也是一个完整的系统。

正是在这种背景下，我们决定启动中国名镇志文化工程。乡镇是无数中国人生命的底色和成长的摇篮。如何在城镇化进程中，留得住乡愁，记得住乡音，忘不了乡思，事关城镇化进程的人文关怀和文化保护，事关文化血脉的传承。同时，科学记录城镇化进程，反映城镇化成就，也为今后探索城镇化发展规律、积累经验提供了基本素材。作为全面系统记述一定行政区域的自然、政治、经济、文化和社会的资料性文献，志书是以上功能最好的载体。

我国目前有4万多个乡镇，全部修乡镇志还不具备条件。中国名镇志丛书选择的是传统文化名镇、历史军事重镇、革命历史名镇、民族特色名镇、特色经济名镇、旅游景观名镇等类型的乡镇，应该是最具代表性的，在中国乡镇文化传承和社会发展中具有标杆意义。

编纂中国名镇志丛书是对乡土历史文化的保护。随着城镇化进程加快，有不少乡镇被撤并，有些还是在历史上有重要意义的历史文化名镇、特色镇等。如不及时对其历史进行整理、记录，这些重要的历史资料将散佚殆尽。因此，中国名镇志丛书的编纂是对宝贵历史资料的抢救。

编纂中国名镇志丛书是对乡土意识的传承。什么东西有魅力？故乡的山水，乡音乡情的记忆，乡土的气息和家乡菜的味道，不管走到哪里，总是触动心弦。中国名镇志丛书记录的是家乡的山山水水，家乡的历史文化，家乡的风土人情，留住的是乡愁。这些最能激发远方游子和本地民众的爱乡情怀、爱国情怀。

编纂中国名镇志丛书是一种学术探索。镇志的编纂，实质也是一次深入的社会调查研究。“麻雀虽小五脏俱全”，相比省、市、县，乡镇第一手资料的获得需要付出更大的努力。我们也希望在志书编纂上有所创新，使中国名镇志丛书成为一套图文并茂、雅俗共赏的新型志书。

中国社会科学院原副院长
中国地方志指导小组原常务副组长　李培林

中国名镇志丛书编纂委员会

主　　　任　高　翔

常务副主任　崔唯航

副　主　任　曹宏举　邱新立　朱旭尧　陈秋霖

委　　　员（按姓氏笔画排序）

甘根华　田富祥　左健伟　刘文海　刘汉征
江　涌　贠有强　李　良　李云鹤　杨　涛
杨松义　杨洪进　吴爱民　吴泽明　何伟志
汪德军　张军利　陈　旭　陈华康　陈建春
欧阳志国　郑金月　唐昌华　赵国卿　赵增昆
洪民荣　贺　彪　黄　誌　曹荣湘　梁金荣
程中才　魏占海　熊　晖

中国名镇志丛书编纂委员会办公室

主　　　任　崔唯航

副　主　任　邱新立　杨军仕

成　　　员　陈　旭　李　江　王丹林　刘淑颖　范永恒
王　静　陈　菁　李晓晓　王海荣

江苏省苏州市相城区元和街道志编纂委员会

主　　任　王执晴

副 主 任　周良兴

委　　员　顾桂花　许　丽　俞明宏　陆相卿　王志强

　　　　　游　洋　丁　萧　姚　竞　吴雪华　盛　成

　　　　　吾晓伟　朱建东　张裕来　傅晔星　凌昕瑶

元和街道志办公室

主　　任　陆相卿

成　　员　傅晔星　顾　斌　傅雪娟　张　茜　沈　铭

　　　　　杨海华

江苏省苏州市相城区元和街道志编辑人员

主　　编　茹　仪

专家组成员　陈其弟　傅　强　丁　瑾

　　　　　徐秋明（前期）　王胜建（前期）　周国平

摄　　影　刘　洋　吴志文　王　峰　祁金平　徐军奎

　　　　　潘太林　郁大波　柏洪峰　沈　铭　赵培根

　　　　　吴晓来

统　　筹　新志坊南京文化发展有限公司

　　　　　苏州市相城区地方志办公室

中国名镇志丛书凡例

一、以马克思列宁主义、毛泽东思想、邓小平理论、“三个代表”重要思想、科学发展观、习近平新时代中国特色社会主义思想为指导，坚持辩证唯物主义和历史唯物主义的立场、观点和方法，存真求实，全面、客观、系统记述中国名镇城镇化进程和改革开放成果，反映小康社会建设过程，传承和抢救乡土历史文化，激发爱国爱乡情怀，留住乡愁，为探索中国特色新型城镇化建设、服务乡村振兴战略提供历史智慧和现实借鉴。

二、为全面反映入志事物发展脉络，各志上限尽量追溯至事物发端，下限一般断至各志启动编修年份，个别重大事项可延至搁笔。详今明古，着重反映时代特色和地方特点，重点体现各镇的“名”与“特”。

三、记述地域范围以下限年份的行政辖区为主。为体现名镇在更大区域内的意义，可以从更开阔的区域视野记述与该镇相关的内容。

四、统一采用纲目体，设类目、分目、条目三个层次。横排门类，纵述史实，述而不论。

五、综合运用述、记、志、传、图、表、录等体裁，以志体为主。体裁运用适当创新，篇目设置不求面面俱到。

六、除引用文字和附录文献资料外，统一使用规范的现代语体文记述，行文力求朴实、严谨、简洁、流畅、优美，可读性强。

七、人物部类遵循“生不立传”原则，人物传主按生年排序，只选录对本镇发展有重大影响的人物，不面面俱到。

八、各项数据一般采用国家统计部门数据。数据缺乏的，采用主管部门或主办单位正式提供的数据。

九、数字用法、标点符号用法分别采用国家标准《出版物上数字用法》（GB/T 15835—2011）、《标点符号用法》（GB/T 15834—2011），计量单位采用国家技术监督局 1993 年 12 月发布的《量和单位》系列国家标准。历史上使用的计量单位，如斗、石、里、尺、磅、华氏度等，在引文时可照录。考虑到社会使用习惯，全书中亩不统一换算。

十、中华民国成立前的纪年，使用朝代年号纪年，括注公元年份；中华民国成立后的纪年，均使用公元纪年。志中所称“解放前（后）”，以该镇解放日为界；“新中国成立前（后）”，以中华人民共和国成立日 1949 年 10 月 1 日为界；“改革开放前（后）”，以 1978 年 12 月中共十一届三中全会召开为界。本志“××年代”，凡未加世纪者，均指 20 世纪。

十一、为节省篇幅，避免重复，本志采用条目互见法。参见条目的表示形式为：参见本志“××类目·××分目·××条目”。

十二、对旧志、古籍中的繁体字、冷僻字一般用简化字或通用字替换，易引起误解的则保留。

十三、记述各个历史时期的党派、机构、职务、地名等，均以当时的名称为准。对频繁使用的名称，首次用全称并括注简称，其后用简称。

十四、各镇志需要单独说明的事项，均在各自编后记中记述。

元和街道在中国的位置

新疆维吾尔自治区
乌鲁木齐
西藏自治区
拉萨
青海省
西宁
甘肃省
兰州
内蒙古自治区
呼和浩特
宁夏回族自治区
银川
黑龙江省
哈尔滨
吉林省
长春
辽宁省
沈阳
北京市
北京
天津市
天津
河北省
石家庄
山西省
太原
山东省
济南
河南省
郑州
陕西省
西安
江苏省
南京
元和街道
相城区
安徽省
合肥
上海市
上海
浙江省
杭州
湖北省
武汉
四川省
成都
重庆市
重庆
湖南省
长沙
江西省
南昌
福建省
福州
贵州省
贵阳
云南省
昆明
广西壮族自治区
南宁
广东省
广州
香港
澳门
海南省
海口
海南岛
台湾省
台北
台湾岛
钓鱼岛
赤尾屿
东沙群岛
西沙群岛
永兴岛
中沙群岛
黄岩岛
南沙群岛
曾母暗沙
黄河
长江
渤海
黄海
东海
南海
图例
北京 首都
天津 省级行政中心
未定 国界
省、自治区、直辖市界
特别行政区界
名镇(乡、街道)所在区域
名镇(乡、街道)
1：32 000 000
审图号：GS（2021）8722号

元和街道在江苏省的位置

图 例

南京	省级行政中心
扬州	地级市行政中心
溧阳	县级行政中心
	省级界
	地级市界
	名镇(乡、街道)所在区域
	名镇(乡、街道)

1：3 060 000

审图号：GS（2021）8722号

审图号：图苏E审(2020)036号

苏州吴文化地名研究所 江苏图博地理信息科技有限公司 编制

元和塘（2019年）

相城区摄影协会　提供

苏州御窑金砖博物馆（2019年）　　　元和街道宣传办公室　提供

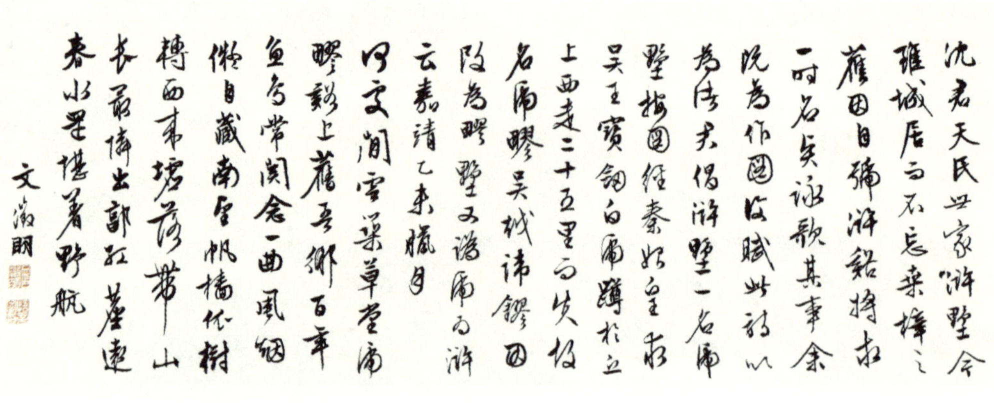

“吴门画派”领袖文徵明书法作品

“世界兵圣”孙武像（孙武纪念园）（2019年）　　相城区摄影协会　提供

苏州缂丝织造技艺被列入国家级非物质文化遗产名录　　元和街道宣传办　提供

夜色下的活力岛广场（2019年）

王峰 摄

俯瞰小外滩（2020年）　　祁金平　摄

苏州花卉植物园（2019年）　　相城区地方志办公室　提供

苏州第二图书馆（2020年）　　徐军奎　摄

苏州市第二工人文化宫（2020年）　　相城区地方志办公室　提供

万家灯火（2019年）

祁金平　摄

目录

1 风物清嘉地　活力新天堂

11 基本街情

13 **区位交通**
13 位置
13 交通
14 **建置区划**
14 地名由来
15 建置沿革
17 辖区变化
19 社区简介
26 附：元和街道代管社区
27 **自然环境**
27 地质地貌
28 气候
29 水系
30 **人口　民族**
30 人口总量
31 民族结构
33 **街道经济**
33 综合经济实力
33 产业发展
36 苏州元联置业有限公司
37 **社会发展**
37 教育
37 医疗卫生
38 文化体育
39 **居民生活**
39 居民收入
39 生活变化
39 社会保障

41 **城市建设**
41 市政建设
42 居民新区建设
42 园林景观建设
44 配套设施
46 环境整治

47 文物古迹

49 **集镇历史街区**
49 陆慕老街
55 蠡口老街
59 **寺庙道院**
59 悟真道院
61 太保堂（陈孝子庙）
61 西尚书庙
61 青龙庙
62 歇墩庙
62 箬林庙
62 李庄庙
62 竹林庵
63 居全寺
63 三乡庙
63 小何金庙
63 白衣庵
64 **古宅园林**
64 胡宅
65 邱宅
65 韩宅
65 祇园
66 **古桥**
67 陆慕宋泾桥
67 陆慕南桥
67 陆慕北桥
67 福昌桥
67 蠡塘桥
68 普济桥
68 含秀桥
69 **古墓**
70 陆贽墓
71 “阁老坟”
71 韩家坟
71 光裕社义冢

73 元和三绝

75 **御窑金砖**
75 发展沿革

83 金砖制作工艺
85 副砖制度
86 督造官员
86 价格
87 附：元和现存明清金砖
87 陆慕御窑址
87 传承保护
91 **陆慕蟋蟀盆**
91 发展沿革
92 烧制工艺
92 传承情况
94 **缂丝织造**
94 发展沿革
96 缂丝工艺流程
98 缂丝技法
101 技艺传承

103 特色产业园区

105 **江苏蠡口国际家具城**
106 发展沿革
109 苏州家具博览会
110 家具品牌和市场
113 经营生产单位
117 市场管理和服务
118 **苏州市相城国际汽车城**
118 发展背景
119 汽车城建设
120 汽车品牌经销商
122 汽车检测服务
124 **元和文化创意产业园**
124 文创园创立
125 功能区及入驻企业
129 **元和高新区片区**
129 科技金融产业
130 数字文创产业
131 数字研发产业
131 智慧健康产业
131 服务贸易（跨境电商）
132 **其他科技园**
132 元和科技园
134 苏州元联科技创业园

135 风土民情

137 **岁时习俗**
137 春节
137 接路头

137 元宵
139 二月初二
139 花朝
139 清明
139 立夏
139 端午
140 中秋节
140 重阳节
140 冬至
140 腊八
141 廿四夜
141 除夕
141 **生产习俗**
141 农耕习俗
142 渔业习俗
142 商业习俗
143 **人生礼仪**
143 婚姻
144 做寿
144 丧葬
145 **庙会**
145 平田禅院庙会
146 三乡庙会
146 老湖（河）泾庙会
146 土地庙会
146 地藏王庙会
148 出会
148 堂前做戏
148 抬猛将
149 **风味美食**
149 酒酿饼
149 锅巴汤
150 母油船鸭
150 白汁鼋菜
150 莼菜氽塘片
151 **光裕口语**
151 光裕口语出陆墓
152 苏白音系
154 词汇

157 文武元和

159 **孙武**
159 孙武生平
160 孙武墓
161 孙武纪念园
164 孙武公祭大典
166 孙武研究

166 **文徵明**
166 长洲文氏
170 文徵明生平
172 文艺成就
177 后世影响
178 文徵明墓
179 文徵明与拙政园

181 艺文掌故

183 **诗选**
183 蠡口（杨备）
183 蠡口绝句
183 陆墓寺
183 宿蠡口
184 寓漕湖钱氏，钱本吴越王裔，聚族于此，地名钱港
184 蠡口夜归
184 陈孝子歌
186 蠡塘舟中晚眺
186 夏日放舟过蠡东别业
186 早发冶场泾
186 白莲寺（吴宽）
186 白莲寺池上
187 陆墓
187 蠡口（王宾）
187 蠡口（赵执信）
187 蠡墓风帆
188 漕河（蠡湖）
188 陆墓（二首）
188 九日同杨潜夫酒罢散步因拜陆宣公墓
189 雨行陆墓道中
189 陆宣公墓道行
189 泊陆墓镇
190 白莲寺山门为风雨所倒口占
190 白莲寺（二首）（释本宏）
190 丁卯宿祇园赋赠童和尚
190 过平田禅院观衡山先生石刻
191 七绝 · 文徵明墓
191 **文选**
191 养鱼经
192 吴中旧事（选录）
192 影园记
193 **碑刻**
193 重修悟真道院记
194 重修悟真道院碑记

195 齐门陆墓镇浚河筑坝
修桥碑记
196 朱庄太保堂陈孝子碑文
197 **民间传说**
197 采莲桥的故事
197 缂丝的传说
198 御窑金砖的故事
200 望齐台
200 **掌故杂记**
200 范蠡西施隐居元和
201 要离刺庆忌与庆忌墓
202 楞伽蟋蟀陆墓盆
203 薛抚台与黄莲头
203 何蓑衣真人与悟真道院
204 陆慕“五芳斋”
205 胡肇汉在元和的行迹

207 名人与名镇

209 **人物传略**
209 陆贽
210 李素
211 陈孝子
211 郭谏臣
212 韩菼
213 马如飞
214 沈金水
215 王茂仙
215 陈阿多
215 张玉明
216 徐祥山
216 顾伟
218 **名人与元和**
218 顾恺之与悟真道院
218 史良参加陆墓公社集体劳动
219 纳米科学家杨培东当选
美国科学院院士
219 张建珍获评江浙沪评弹金榜
大赛“女状元”

221 大事纪略

223 **唐元和三年（808）李素
开元和塘**
223 **明永乐帝赐封御窑**
224 **1860—1863 年太平天国兵事**
224 **1865 年设“光裕社义冢”**
225 **1925 年直奉军阀混战**

225 1939 年“江抗”部队千人破路
226 1937—1943 年日军罪行录
227 1941 年王家庄战斗
227 1956 年陆墓建苏南第一个拖拉机站
228 2002 年陆慕、蠡口两镇合并
228 2012 年元和文化创意产业园开园
229 2012 年苏州婚纱婚庆文化节
229 2016 年首届孙武公祭大典
230 2018 年故宫官式古建筑材料基地授牌苏州御窑金砖厂
231 2019 年相城高新区和元和街道合署

233 附录

235 重要荣誉
236 打造终身教育的品牌——全国社区教育的元和样本
241 转型发展前的苏州（中国）婚纱城

246 主要参考文献

247 编后记

活力岛广场“相之门”（2019年）　　相城区地方志办公室　提供

风物清嘉地　活力新天堂

元和，以唐代苏州古城之北通江水道“元和塘”而命名。她是苏州城北的传奇之地，商圣范蠡也曾在此隐居，世界兵圣孙武和明代吴门画派领袖文徵明归终于此；她是吴语标准音“苏白”的发源地，苏州评弹艺人历史上的朝圣地标；她是苏州工艺的精粹之地，御窑金砖、元和缂丝等国家级“非遗”均出于此，陆慕是故宫金砖的唯一烧造采办之地，至今仍是故宫官式建筑材料基地，与故宫这一世界文化遗产共同进行活态化传承；她是苏州北部新城的核心区，蠡口国家家具城、苏州相城汽车城、元和高新区片区、元和文创园是苏州产业新高地的重要组成部分，展现了苏州新城的现代活力。

周敬王六年（前514），伍子胥为吴国都城选址，他勘察太湖边的地貌土质和水系水情，观察风水天象，由此奠定了苏州这座有2500多年历史而城址不变的古城格局。这座古城开有水陆八座城门，出城北齐门，有一条通往常熟城的水道，为唐代元和三年（808）苏州刺史李素所开，竣工后命名为元和塘。“元和”，寓意唐代安史之乱后中兴而命名的年号，在历史上留下了三个烙印，一是作为国家地理总志的《元和郡县志》，二是唐代谱牒姓氏之学专著《元和姓纂》，三是苏州古城向北通江的太湖水系重要水道——元和塘。

2001年，江苏省撤销吴县市，设立苏州市吴中区和相城区，新的相城区便以当年伍子胥“相土尝水，象天法地”之举而命名。次年，元和塘穿越苏州城北的两个乡镇陆慕和蠡口合并，新设为元和镇，2005年改设为元和街道。“元和街道”的名称同样来自1200年前所开的那条“元和塘”。

朝霞满天（2019年）　　潘太林　摄

一

元和是苏州城北的传奇之地。

在古人的眼里，苏州古城北郭地带，西有虎丘和阳山，含步步高升之意；东为阳澄湖，合子孙绵延之兆。元和的前身之一陆慕镇，本名陆墓，相传是因唐代贤相陆贽的墓葬而得名。然而这个仅有 32 平方千米的软土温水中，不只有一座陆墓，而是分布着数百个有据可查的达官贵人、名人雅士的坟墓及多个规模较大的义冢。其中兵圣孙武、唐代宰相陆贽、明代吴门画派领袖文徵明等名人的墓都在这里。

元和是“兵圣”“百世兵家之师”“东方兵学的鼻祖”孙武的归终之地。春秋时期，从齐国避难奔吴的孙武在吴国隐居，受伍子胥的力荐，以《孙子兵法》十三篇见纳于吴王阖闾，在孙武、伍子胥的直接指挥下，吴国先后伐楚攻越，成就一段霸业。孙武晚年隐居乡间，逝后葬于元和境内。2016 年孙武纪念园建成开放后，一年一度的全球性孙武公祭大典在此举行，这里成为海内外孙武后裔、孙武崇拜者和研究者的祭拜之地、瞻仰之地、纪念之地。

春秋时代的另一个风云人物范蠡也在元和留下了历史痕迹。越王勾践卧薪尝胆复仇灭吴国后，将都城迁到苏州。为越国灭吴立下汗马功劳的谋臣范蠡，急流勇退，辞去上将军之职，带着美人西施逃离政治的风暴眼，辗转到北方经商，晚年自号“陶朱公”，成为齐国的首富，被后人尊为“商圣”、文财神。在前往北方之前，他和西施泛舟于太湖之滨，相传曾隐迹于元和境内，过了一段隐居的生活。元和的前身之一蠡口镇便得名于此，有关范蠡种竹、范蠡养鱼、范蠡造船的故事千百年来在当地百姓中口口相传。

明代文徵明墓是元和的另一个历史地标。这位文天祥的同宗后裔，诗文书画皆工，曾以贡生身份有过短暂入职翰林院的经历，在受到排挤后，彻底摆脱功名的束缚，回到老家，退居林下，过着与翰墨为友、诗画为伴的悠闲生活，主吴中风雅之盟三十余年，名重当代，生徒颇多，成为“吴门画派”领军人物。其画与沈周、唐寅、仇英合称“明四家”；其书法、诗文也很有成就，与唐寅、祝允明、徐祯卿并称“吴中四才子”。

元和还是吴语标准音的发源地和苏州评弹的精神圣地。从明代开始，苏州北郭的声名渐隆。由于繁盛的苏州北城居住着众多的达官贵人、旅客商贾，受城内空间的限制，名士们的园林、别墅便顺着齐门北大街向北营建，陆墓因环境清幽，集中了大量的达官贵人的别墅园林，陆墓镇因此成为知识分子、达官贵人文化交流的场所。由于他们的存在，元和引领了苏州城乃至江南文化的风尚。明代中期后，随着江南商业的兴起和苏州城市地位的上升，以吴方言为基础、以苏州城北陆墓镇语音为标准音的“苏白”开始成为江浙一带的通行语。由于江南读书人较多，在全国各地都有做官或者教书的，“苏白”读书音影响了众多官宦世家和书香门第。作为吴语文化输出传播中心，苏州评弹行业组织光裕社更是以陆墓口音作为标准口音，“光裕之音出陆墓”，加上唐寅、祝允明等一大批文人都以说城北陆墓口音为荣，导致后来苏州话和陆墓趋同。清代，苏州评弹艺人光裕义冢也设在元和境内，元和成为吴语“苏白”的标准之乡和评弹艺人的朝圣地标。

千年人文播衍，元和走出“兵圣”孙武、“商圣”范蠡、“吴门画派”领袖文徵明，为元和种下了智慧之地、艺术之乡的基因。

明代文徵明《林榭煎茶图》（局部）

二

元和是苏州工艺的精粹之地。

一方水土养一方人，一方水土也产生特定的生产方式、生活方式，进而形成一方特定的文化。一般意义上的寻常物，一旦到了苏州人手里，便会精工细作起来，追求精美与雅致，成为艺术精品。明代宋应星在其《天工开物》中写下名句“良玉虽集京师，工巧则推苏郡”。“苏作”“苏艺”“苏州工”“苏帮工”成为中国工艺的代表之一。

2007年，苏州相城区被正式授予“中国民间工艺之乡”的称号。“相城十绝”中的御窑金砖、元和缂丝、陆慕泥盆三绝均出自元和，且都和历史上的皇家宫廷有关。

缂丝，是中国传统丝绸艺术品中的精华，宋元以来一直是皇家御用织物之一，有“一寸缂丝一寸金”和“织中之圣”的盛名。北宋末年靖康之乱后，宋朝迁都临安。随着政治、经济、文化中心的南移，很多名工巧匠也被带到南方，缂丝由原先所制最佳的河北定州传入江南，后基本集中于苏州陆墓、蠡口，即今天的元和一带。明代，陆墓、蠡口缂丝已负盛名。清代，陆墓与蠡口、黄桥交界处的张花村户户有织机，成为著名缂丝村，织物主要是蟒袍、马褂、补子等。一些缂丝艺人专门供职皇室内廷，为慈禧太后缂织《八仙庆寿》袍料、霞帔以及龙袍。

陆墓因地处阳澄湖西岸，土质细腻温润，其土“黏而不散，粉而不沙”，用这种土经过29道工序烧成的砖，“面背四旁色尽纯白，无燥纹，无坠角，叩之声震而清”，被誉为“金砖”。明初永乐帝迁都北京，在营建紫禁城过程中需要大量宫殿用砖，经比对和苏州香山帮工匠的推荐，陆墓砖窑被工部看中，责成63家窑户烧制铺设宫殿的细料方砖，由于质量优良，博得永乐皇帝称赞，赐名窑场为“御窑”。明代正德年间（1506—1521），王鏊主修的《姑苏志》在“窑作”中载：“出齐门陆墓（土质）坚细异他处，工部兴作多于此烧造。”从那时起一直到清末宣统帝逊位的五百多年间，陆墓窑区始终都

成器——一块砖的旅程（苏州御窑金砖博物馆模型展架）　　苏州御窑金砖博物馆　提供

是皇家建筑宫殿室内用砖——金砖的唯一烧造采办之地。现今海内外留下的金砖，均出自相城，故宫的每一块金砖，都来自陆墓。

陆墓细腻的土质，除了用来烧制的金砖专供皇家宫廷而享誉天下外，还有用来制作另一个著名的工艺品——陆墓蟋蟀盆。明宣宗朱瞻基爱好斗蟋蟀，民间亦盛行，蟋蟀盆成为一种流行的器玩。明宣德年间（1426—1435），苏州造促织盆，主要出自陆墓邹、莫二家，蟋蟀盆上镂雕人物、妆采极工巧，所造者尤为精妙。清代，陆墓窑户如鳞，其中就有专门烧制蟋蟀盆的小窑。

时代变迁，虽然封建王朝大幕落下，但是留下的珍贵文化遗产依然值得保护。如今，元和那些曾经专门为皇家制作特供的御窑金砖、元和缂丝等的工艺技术，在故宫文物修复中发挥着不可或缺的作用。“御窑金砖”被纳入了国家级非物质文化遗产名录，为保护传统文化，传承“苏州制造”的底蕴与品质，一座“苏州御窑金砖博物馆”也在元和境内应运而生。苏州陆慕御窑金砖厂获“故宫官式古建筑材料基地”授牌，与故宫这一世界文化遗产共同进行活态化传承。苏州缂丝织造技艺入选国家级非物质文化遗产名录，2009 年缂丝作为中国传统桑蚕丝织技艺入选联合国教科文组织人类非物质文化遗产。元和的缂丝艺人进入故宫参与修复明清皇帝的衮服和龙袍。不仅如此，如今元和三绝实现了从“钦工物料”到“案头清供”，从“富贵标签”到“文化载体”的转身，作为苏州工艺精品走向社会、走向世界，成为传承不息的宝贵财富和文化创新的源泉。

三

元和是苏州北部新城的核心区。

唐代开始，从苏州齐门往北沟通常熟城的元和塘，不仅是一条重要的古航道，也孕育了苏州城北元和塘沿线的城镇发展。明代由于陆墓成为皇家御窑金砖的生产基地，陆墓十泉街南稍的元和塘（此处河面称洋泾塘）东边，成为当年金砖的集散地，元和塘（今称市河）河面上，运送金砖的官船打着“苏州府”的灯笼，挂着皇帝的龙旗。以元和塘为中轴线，两岸的陆墓老街临河而建、街河并行、傍水筑宅、面街枕河，河埠码头，青苔斑驳，错落有致，展现出江南古镇之风韵。“瓦屋鳞比、商舶辐辏……称巨镇焉。”太平天国战争期间，陆墓古镇遭到严重损毁。

2001 年，苏州实施城市北拓东扩发展战略，撤销原吴县市，设立吴中区和相城区，苏州城突破了古城的空间限制，这是古老苏州迈向当代大城时代的一次重要蜕变。新设的相城区由此成为苏州北部新城区，承担起“苏州新门户、城市新家园、产业新高地、生态新空间”的使命，而元和街道也随之成为相城新城区的核心所在。

在 2001 年后的十几年时间里，新的城市框架在苏州古城以北迅速建立。纵贯南北的苏嘉杭高速公路、横贯东西的沪宁高速公路在元和交会，形成了苏州的北枢纽；2010 年，在元和北部建成京沪高铁苏州北站。地铁 2 号线、4 号线从元和南北穿越，广济路北延、人民路北延、中环北线、228 省道、齐门北大街、相城大道及 524 国道，使元和与苏州中心城区无缝对接。

作为相城区中心，元和定位为以居住功能为主，集商贸、科研、文化于一体，具有现代化城市气息、配套齐全的核心区；在空间格局上着力打造“四轴”：以元和塘为南北主轴、以徐图港为东西主轴，打造两侧宽畅“十字形”绿化带，形成绿色空间轴；以相城大道、人民路为南北主轴，形成公共服务设施发展轴。

昔日苏州城北的乡村水乡田园风光被城市化的风貌所取代，一大批住宅小区和商务楼宇拔地而起。公共服务配套的苏州第二图书馆、第二工人文化宫、市妇幼保健院相继落户元和；天虹、繁花、欧尚、环球港等商业综合体以及白金汉爵大酒店、在水一方大酒店、合景威斯汀酒店、润元商业广场、苏城外国语学校、苏州国际外语学校、苏州外国语学校相城分校、相城实验中学、相城人民医院等缤缤纷亮相；15 分钟教育圈、医疗圈、文化圈、休闲圈、社区服务圈全面建成。38 万名老百姓感受着农村变城市、农民变市民的生活巨变。

作为相城区产业新高地的组成部分，元和地域的都市型经济具有鲜明的特点。

蠡口家具城是元和产业发展的第一张名片。20 世纪 80 年代后，苏州经济快速发展，令全国瞩目。伴随着经济的发展，人们也开始追求美好生活。从 80 年代开始，蠡口乡从民间悄然兴起的沙发制造业看到潜藏的巨大商机，从农具生产转向家具生产。1992 年兴建了蠡口家具城，经过二十多年的发展，江苏蠡口国际家具城已经发展成年销售额近 150 亿元，年客流量有 300 万人次，市场集聚 50 座交易大厅，全国第二、华东第一的家具市场，成为苏州市特色商业街区、苏州市服务业重点集聚区。蠡口被中国家具协会授予“中国东部家具商贸之都”称号，与广东乐从、河北香河、四川武侯并称为中国四大家具商贸之都。

蠡口家具专业市场的发展，延伸出与家具配套的货运市场，伴随着城市化进程不断提速，汽车消费业也日趋成熟，在原有汽车市场的基础上，2009 年元和街道境内设立了苏州市相城国际汽车城，至 2019 年，苏州市相城国际汽车城 4S 店云集，太阳路沿线由东至西集聚 48 个汽车品牌，年营业收入近百亿元，成为元和街道以及相城区区域经济转型升级的亮点和引擎。

在国家文化产业政策的引领下，2012 年建设的元和文化创意产业园集中了相城区丰富的传统民间工艺文化资源和文创企业，产业园定位为集文化创意研发设计、生产制作、创业孵化、文化旅游、信息交流、教育培训、展览展示等功能于一体的综合性文化创意产业基地，旨在苏州城北打造一个特色鲜明、品位时尚、富有创意的文化产业高地。这里设立了苏州第一家“非物质文化展览馆”，从事艺术的传承与创新。如今这里已经成为苏州市文化产业示范基地、中央美术学院教产研基地、国内重要的艺术实践基地，传统与创新在这里被完美地融合起来。

2017 年后，苏州市相城区规划设立了五大功能片区，其中元和高新区瞄准“产城融合，产才融合”城市发展新蓝图，全面拥抱“新经济”产业，重点打造以科技金融、数字文创、数字研发、智慧健康为核心，服务贸易（跨境电商）为延伸的“4+1”产业集聚，致力打造成为国际化都市特色区、新经济发展引领区、活力型产城样板区。

从苏州古城向北延伸的人民路，止于元和境内的活力岛城市副中心，这里也成为相城区新城市的地标，是一个以水为魂构筑的“水天堂”，左右两幢建筑中间留出的空间构成巨大的“相之门”，两座建筑中间的半圆形，如同对望的半月，环绕广场的活力环如同双臂拥抱。在夜色之中，这处地标也格外炫目。活力岛也成为当代元和的新象征。

人们常说“上有天堂，下有苏杭”。故宫里帝王威仪的龙袍、每一块金砖，都经由了苏州工匠艺人精心制作，苏州人创造了代表中国的最精致的工艺、最美妙的文化之一。

千百年来，元和流淌着兵圣智慧的基因，流播着江南文人文徵明温润的艺术之风，恪守着陆慕窑户和缂丝艺人们极致执着的细腻绵长。美好的文化生生不息，最终都物化为美好人间所呈现的模样。

古老和现代、传统与时尚在元和交融，这是一片诗意的土地，承载着美好、梦想、希望的土地。千百年来，元和塘像一根脐带，把元和与苏州古城紧密相连，元和和古城共生；今天的元和同样和现代的苏州共生，展示了苏州现代活力新城的格调。

元和夜色（2020年）　　元和街道宣传办公室　提供

基本街情

2002年年初，陆慕、蠡口两镇合并设立元和镇。2005年，撤镇改设元和街道，位于中国历史文化名城苏州古城北，是名副其实的苏州北大门。依托苏州古城和相城区，围绕科学发展主题和转型升级主线，发挥得天独厚的交通区位优势，结合中心城区功能定位和产业布局的优化调整，快速推进城市化进程，发展都市经济，协调推进经济发展、社会事业和生态环境，实现了从农村乡镇到城市街道的华丽转身。经济发展、城市建设、社会管理、居民生活实现了质的飞跃。街道先后获得苏州市依法行政示范单位、江苏省文明乡镇、江苏省和谐社区建设示范街道、全国和谐社区建设示范街道等荣誉称号。

区位交通

位置 元和街道位于苏州古城北 5 千米，享有苏州北大门之美誉。东距昆山 33 千米，西距无锡 25 千米，北至常熟 27 千米。地理坐标：北纬 31° 20′ 16″ ~ 31° 27′ 20″，东经 120° 34′ 51″ ~ 120° 41′ 09″。街道东以相城经济开发区为界，南接苏州市姑苏区，西与黄桥街道相连，北以太阳路与高铁新城接壤，境域面积 45.42 平方千米。

交通 元和交通便捷，具有得天独厚的区位优势。1 ~ 2 小时的交通圈内，可到达上海虹桥、浦东、浙江萧山、无锡苏南、南京禄口 5 大国际机场；苏嘉杭高速公路、沪宁高速公路贯穿元和南北东西，分别设有相城互通和阳澄湖互通道口、苏州东互通和新区互通等道口贯通地面。北部邻近京沪高铁苏州北站。

苏州轨交 2 号线南北穿越元和高架，区域内设陆慕、阳澄湖中路、徐图港、蠡口、富元路、大湾桥、高铁北站 7 个站台。向南对接苏州火车站（可与 4 号线交互换乘），经姑苏景区山塘街站，沿广济路、阊胥路、桐泾路去向吴中区并转往东端尹山湖。向北到达建在原元和胡巷社区地域内的高铁苏州北站，终点为渭塘镇骑河站；4 号线从元和原蠡西村域内起（终）点龙道浜站出发，境内经停姚祥站、活力岛站、孙武纪念园站后，向南穿越姑苏区停靠苏州火车站，可与 2 号线交互换乘，经市区主干道人民路北寺塔站（景点）、察院场站（观前街—苏州名街）等站向南到达吴江区；轨交 4 号线与 1 号线在人民路乐桥站交互换乘；2 号线与 1 号线在广济南路站交互换乘，向东能到达苏州工业园区，向西可达苏州高新区。

从元和地面上苏州高架绕城快速道或中环高架快速道、312 国道，均可快速到达元和周边各乡镇街道，往东去向苏州工业园区，往西去向苏州高新区，往南去向吴江区，经由御窑路—苏虞张公路向北直达张家港市及长江江边码头。从相城大道往北可直达常熟市。

元和城区鸟瞰（2019年）

至2019年，途经相城区公交线路达87条，元和街道区域可乘坐46条公交线路出行，半小时即可到达城区商业生活服务中心和市区内各中学、小学、幼儿园，相城区政府、区行政服务中心，街道办事处及28个社区居委会。

建置区划

地名由来 元和街道的前身为元和镇，2002年2月由陆慕、蠡口两镇合并后新设。

蠡口的地名缘于先秦范蠡。越勾践二十四年、吴夫差二十三年（前473），范蠡助越王勾践灭吴后，功成身退，偕西施隐居境域中陶村养鱼，蠡口由此得名。

郁大波 摄

陆慕的地名相传缘于唐代宰相陆贽。唐永贞元年（805）陆贽葬于境内塔莲桥北堍，境域部分称陆墓。1993 年，为适应开放之投资环境的需要，将陆墓更名为陆慕。

“元和”得名于境内元和塘。唐元和三年（808），苏州刺史李素请于浙西观察使韩皋开常熟塘，自苏州齐门北抵常熟，长 45 千米，竣工后改名为元和塘。“元和”之名始于此。清雍正二年（1724），分苏州府长洲县东南部置元和县，1912 年时元和县并入吴县。

建置沿革 商时期（约前 12 世纪），周部落泰伯、仲雍至江南，在此境域建勾吴国。

西周（前 11 世纪—前 771），境域先后成为吴、越、楚三国领地。

秦始皇嬴政二十六年（前 221），境域隶吴县。

唐万岁通天元年（696），析吴县置长洲县，境域属长洲县。

清代雍正年间（1723—1735），蠡口设镇，隶长洲县依仁乡。

清雍正二年（1724），析长洲县置元和县，漕泾为元和县属区、乡政府驻地。

清宣统三年（1911），陆墓、漕泾属苏州。

1912 年，吴县、长洲、元和 3 个县合并为吴县，蠡口隶于陆墓市。是年，蠡口境内置有蠡南、蠡北、胡巷 3 个镇。

1928 年，吴县分 19 个自治区。蠡口隶于陆墓区（第六区），境内置蠡南、蠡北、胡巷、寺前 4 个镇。

1934年6月，江苏省民政厅核准吴县划为13个区共279个乡镇，蠡口改隶于黄埭区。境内置蠡南、蠡北、胡巷、施埂 4 个乡。

1947 年，吴县并编区、乡、镇，蠡口归蠡胡乡，乡政府设在胡巷，隶于黄埭区直至 1950 年 2 月。

1950 年 3 月，吴县增建枫桥、唯亭、光福、陆墓 4 个区。蠡口、胡巷从黄埭区中析出，改隶于陆墓区。

1953 年 5 月，太湖行政区改建为震泽县，吴县部分乡区的隶属有所调整。是时，境内置有蠡口、胡巷、新建、新泾等乡隶于陆墓区，渔耕（部分）、堰里（部分）、施秦等隶于黄埭区。

1954 年 8 月至 1956 年 3 月，划出虎北、白洋、齐北和新齐 4 个乡，划入新泾和娄北乡。

1956 年 3 月，撤销陆墓区改为陆墓乡，属黄埭区管辖。

1957 年 3 月，胡巷乡全部及蠡口、堰里两乡的大部分并为蠡口乡。9 月，建立陆墓乡人民委员会，辖陆墓、濮泾、徐庄、娄北、善济和新泾 6 个乡。

1958 年，分别成立陆墓人民公社和蠡口人民公社。陆墓公社辖 21 个生产大队 157 个生产小队和 4 个居民委员会；蠡口公社辖 22 个生产大队 229 个生产小队和 1 个居民委员会。

1968 年 3 月，建立蠡口公社革命委员会和陆墓公社革命委员会。

1981 年 12 月，撤销蠡口公社革命委员会和陆墓公社革命委员会，建立蠡口公社管理委员会和陆墓公社管理委员会。

1982 年，陆墓成立下塘市镇居委会。

1983 年，政社分设恢复乡建制。陆墓乡辖 23 个行政村 197 个村民小组和 4 个市镇居民委员会；蠡口乡辖 24 个行政村 235 个村民小组和 1 个市镇居民委员会。

1985 年 9 月，陆墓撤乡建镇，实行镇管村体制。

1990 年，陆墓镇成立娄化市镇居委会。

1993 年，蠡口撤乡建镇，实行镇管村体制。

是年，国务院总理李鹏视察苏州期间途经陆墓，李鹏总理和夫人朱琳建议吴县市领导改“墓”为“慕”。经吴县市政府研究决定，报江苏省民政厅批准，“陆墓”更名为“陆慕”。

2002年2月，陆慕、蠡口二镇合并建元和镇，2005年2月，成立元和街道。

辖区变化 2002年2月，元和镇总面积（含水域面积）69.05平方千米，土地面积66.97平方千米，辖娄北、虎啸、曹庄、吕池、井亭、漈泾、里塘、徐庄、毛泾、夏圩、日益、古巷、凌浜、玉成、韩村、张花、文陵、御窑、花南、韩家、孙埂、南窑、陆渔、姚祥、朱庄、蠡西、蠡口、唐家、蠡东、朱巷、采莲、灵前、登云、黄泥浜、常楼、雪南、太平、胡巷、西公田、朱泾、大湾、秦埂、施埂、莫阳、歇墩、天鹅、蠡渔共47个行政村，以及北街、中街、南街、下塘、娄花、蠡口共6个市镇居委会。

2002年4月，徐庄、灵前、登云、黄泥浜4个行政村及里塘、毛泾、夏圩、韩家、孙埂、采莲等行政村的部分辖区的村民小组，从元和镇划出，并入相城开发区，辖区土地面积变更为55.75平方千米。

2003年1月，6个市镇居委会全部改设社区居委会。2月至6月间，43个行政村区划整合，全镇设13个行政村：娄北、漈泾、古巷、凌浜、御窑、玉成、朱巷、胡巷、朱泾、莫阳、秦埂、姚祥、唐家。具体为将娄北、虎啸和曹庄3个行政村合并为娄北村委会；吕池、井亭和漈泾3个行政村合并为漈泾村委会；夏圩、日益、古巷和孙埂4个行政村合并为古巷村委会；毛泾、凌浜2个行政村合并为凌浜村委会；御窑、花南2个行政村，和文陵行政村中的苏虞张公路（今御窑路段，下同）以东村民小组、张花行政村千禧路（今春申湖路，下同）以南、苏虞张公路以东村民小组；韩村行政村千禧路以南村民小组、划并为御窑村委会；朱庄行政村苏虞张公路以东村民小组、韩村行政村千禧路以北村民小组、玉成行政村苏虞张公路以东村民小组，划并为玉成村委会；朱巷、蠡东2个行政村和大湾行政村北河泾以南村民小组，采莲行政村北3个村民小组，划并为朱巷村委会；胡巷、太平2个行政村和大湾行政村205省道以东、北河泾以北的村民小组划并为胡巷村委会；朱泾、西公田2个行政村和大湾行政村205省道西北部分的村民小组合并为朱泾村委会；莫阳行政村与歇墩、施埂、天鹅3个行政村中苏虞张公路以东的村民小组划并为莫阳村委会；秦埂行政村与歇墩、施埂、莫阳、天鹅行政村中苏虞张公路以西的村民小组划并为秦埂村委会；姚祥行政村和朱庄、文陵、玉成、张花、蠡西5个行政村中苏虞张公路以西的村民小组，合并为姚祥村委会；蠡口、唐家、蠡渔3个行政村，和蠡西行政村中苏虞张公路以东的村民小组划并为唐家村委会。雪南与常楼合并为常楼行政村。6 月，常楼行政村划出，并入相城开发区。是年末，街道户籍总人口 71981 人。

2004 年，镇区辖 13 个行政村、6 个市镇社区居委会。划到开发区的土地与村民户籍同时变更，全镇土地面积减至 52.82 平方千米。

2005 年 2 月，撤销元和镇，设立元和街道。8 月，撤古巷村委会，设立第一个涉农社区居委会——湖沁社区居委会；元和之春、嘉和丽苑、绿色时光、书香苑 4 个商住小区成立元和之春社区居委会。是年，街道区域辖 12 个村委会，8 个社区居委会（其中一个涉农社区居委会）。

2006 年 9 月，撤娄北、朱巷、唐家 3 个村委会，分别建立社区居委会。变更为元和街道辖 9 个村委会，11 个社区居委会（其中 4 个为涉农社区）。

2007 年 6 月，撤销凌浜、漈泾、御窑、姚祥、玉成和朱泾 6 个村委会，分别建社区居委会。街道行政区变为辖 3 个行政村和 17 个社区居委会（10 个为涉农社区）。

2009 年 11 月，撤胡巷、莫阳、秦埂 3 个行政村，分别设立社区居委会，是年行政村全部撤销。成立古巷社区居委会，中街市镇社区并入古巷社区；街道辖 20 个社区居委会（其中 13 个为涉农社区）。

2010 年，成立御苑家园社区居委会。辖区变为 21 个社区居委会（涉农社区数不变）。

2011 年，绿色时光、华辰家园、日益、晨曦馨苑、康桥花园、庆元家园、峰汇园、欧风丽苑、中惠晨曦、凯翔国际等 10 个居民住宅区先后成立社区居委会。原南街市镇居委会并入日益社区。是年，街道辖 31 个社区居委会（涉农社区数不变）。

2012 年 11 月，华元、水韵花都、富元、玉成二期 4 个居民住宅区相继设立社区居委会。是年，街道辖 35 个社区居委会（涉农社区数不变）。

2013 年 7 月，元和之春社区所辖书香苑小区划归唐家社区管辖；秦埂社区并入莫阳社区。是年，街道辖 34 个社区居委会（涉农社区数为 12 个）。

2014 年 2 月，朱泾、胡巷 2 个涉农社区划出，并入高铁新城区，土地与居民户籍同时变更。

2014 年 9 月，原市镇北街社区并入凌浜社区；娄花社区并入娄北社区；下塘社区并入御窑社区；蠡口社区并入唐家社区。是年，街道四至范围为：东至开发区，西跨元和塘与黄桥街道相邻，南与姑苏区为界，北与北河泾街道接壤。区域土地面积减至 45 平方千米，社区居委会减至 28 个（涉农社区数为 10 个）。

2015 年，新建商住小区依云水岸、水漾花城、建元 3 社区居委会；5 月，唐家社区析出安元佳苑一区、二区、六区和书香苑小区，建安元社区居委会；唐家社区更名蠡口社区，社区总数达 32 个。下半年，街道再次调整社区布局，撤玉成一社区，设立玉成社区；撤销玉成二社区，隶属姚祥社区；撤欧风丽苑社区，并入古巷社区；撤中惠晨曦社区，并入香城花园社区；撤凯翔国际社区，并入晨曦馨苑社区。

2016 年 11 月，相城区成立澄阳街道，娄北、湖沁、依云水岸、漕泾 4 个社区名义上划给澄阳街道，但实际仍由元和街道管辖。

2019 年，辖区面积 45.42 平方千米，下辖 28 个社区，在籍户 39009 户，户籍人口 103229 人，外来暂住人口 139919 人。

社区简介

2019 年，街道辖 10 个涉农社区：娄北、漕泾、湖沁、凌浜、御窑、玉成、姚祥、蠡口、朱巷、莫阳。18 个市镇社区：建元、古巷、华元、日益、御苑家园、晨曦馨苑、康桥花园、绿色时光、庆元家园、华辰嘉园、元和之春、峰汇园、水韵花都、富元、香城花园、依云水岸、安元佳苑、水漾花城。

凌浜社区 因辖区内有凌浜桥而得名。2007 年凌浜村委会撤销，设立凌浜社区居委会。辖区面积约 0.9 平方千米。社区辖 20 个自然村，2010 年前已拆迁 16 个。村民主要安置于嘉元花园居住小区。2019 年年末，在籍户 4528 户，在籍人口 5479 人。

御窑社区 辖地居民古时以烧砖瓦窑营生。因质量上乘，进贡皇都建修宫廷。明朝永乐皇帝御赐“御窑”二字，故而得名。2007 年，元和街道撤御窑村委会，设御窑社区居民委员会。区域面积 3.43 平方千米。社区辖 48 个自然村，2010 年前已拆迁 38 个。村民安置于御窑花园、花南家园居多，小部分在御苑家园。社区管理御窑花园南、北两个多层小区，占地面积为 15.33 公顷，建筑面积为 23.55 万平方米；还有花南家园高层小区，占地面积为 9 公顷，建筑面积为 21.1 万平方米。共建居民楼 73 栋。2019 年年末，在籍户 2859 户，在籍人口 8169 人。辖区内有悟真道院、古窑遗址等文保单位，社区建有御窑金砖、蟋蟀盆、砖雕及缂丝四大“非遗”作品展示馆。相城区金砖博物馆、繁花商业中心广场、苏州市公安局、活力岛广场坐落域内。

玉成社区 因辖区内有玉成桥而得名。2007 年撤玉成村委会，建玉成社区居民委员

御窑社区（2019年） 相城区地方志办公室 提供

会。辖25个自然村，2010年前全部拆迁。2005年10月，玉成家园一区首批拆迁户安置入内定居。小区占地面积5.73公顷，建有8幢高层住宅楼，一幢社区办公用房。辖区面积0.73平方千米。2019年年末，在籍户1650户，在籍人口4976人。

姚祥社区 以“姚祥郎”自然村得名。位于元和街道中心西侧。2007年撤姚祥村委会，设姚祥社区居民委员会。区域面积3.24平方千米。辖25个自然村，至2010年年底全部拆迁。拆迁户大部分安置于御苑家园和玉成家园二区，少数安置在玉成家园一区和御窑花园小区。社区管理玉成家园安置小区二区、三区、康桥溪岸、金御华府、西湖君廷、万科VC小镇4个高层商住小区。2014年年初，辖区工业企业140多家达成搬迁协议，2015年年底全部拆除。2019年年末，在籍户2321户，在籍人口7478人。

蠡口社区 原为唐家村，因自然村“唐家角”得名。2006年10月，撤唐家村委会，设唐家社区居委会，辖21个自然村。2010年前已拆迁唐家村、唐家角、寺泾上、杜家里、殷家桥、杨干头、杜家浜、徐家角8个自然村，安置于安元佳苑二区。2013年7月，书香苑小区划归唐家社区。2014年8月，蠡口市镇社区并入唐家社区。2015年5月，唐家社区析出安元佳苑一、二、六3个安置小区及书香苑小区，另建安元社区。2016年8月，撤唐家社区更名为蠡口社区。辖区面积变更为2.12平方千米。2019年年末，在籍户 2376 户，在籍人口 7359 人。社区周边有社区卫生院，有投入 1500 多万元自建的 14 个班级的社区幼儿园，有广登路家具市场一条街，齐门北大街蠡口段家具及家具配件市场、蠡明街小商品市场等。

朱巷社区 由自然村得名。位于元和街道北端。2006 年 8 月撤村设朱巷社区居委会。辖区面积 3.53 平方千米。2019 年年末，在籍户数为 980 户，在籍人口 3345 人。齐门北大街贯穿社区，元和交警中队设在社区西侧；南北向主干道从东往西依次有相城大道、采莲路、齐门北大街；东西向主干道从南往北依次有康元路、富元路、太阳路、中环快速高架道；轻轨 2 号线贯穿社区近邻富元路站；新迁址的蠡口中学、蠡口实验小学坐落区内。

莫阳社区 位于元和街道西北部，以自然村莫阳得名。辖区面积 8.7 平方千米。2007 年莫阳村委会撤销，始设莫阳社区居民委员会。2013 年 4 月，秦埂社区居委会并入莫阳社区居委会，辖 24 个自然村，2010 年前已拆迁 11 个，居民主要安置在玉成家园三区高层小区内。2019 年年末，在籍户 1386 户，在籍人口 5052 人。苏州农业职业技术学院相城校区、苏州市体育运动学校、苏州市振吴中学、苏州市体育科学研究所、顺风港 · 美景高尔夫俱乐部、观赏鱼养殖基地、水相城垂钓俱乐部、江南水乡休闲垂钓场、苏州艺朵茶文化创意园、渭塘酒家、中国苏州花卉植物园、国家级中绿生态园农贸批发市场等坐落区内；城区公交 805、806 路在莫阳社区设始发站。

香城花园社区 原为日益村委会辖地，以“相城”谐音得名。占地面积 0.89 平方千米。香城花园小区建成于 2004 年，有商住楼多层、高层共 218 幢，居民区建成后暂由日益村委会代管。2009 年，设香城花园社区居委会，辖香城花园一至四区、中惠晨曦、日益、老镇区南街共 7 个住宅区。2011 年 11 月，香城花园社区析出香城花园二区、四区、中惠晨曦、日益、老镇区南街。2015 年，街道区域调整，社区辖香城花园一区、二区、三区、中惠晨曦，共 4 个居民区。2019 年年末，社区在籍户 2062 户、在籍人口 5867 人。辖区内有商业街 4 条，个体经营户门店 180 余家，有天虹幼儿园。

古巷社区 位于陆慕老镇区。2003 年 1 月，撤中街居委会，设中街社区居委会。2009 年 11 月，元和街道撤销中街社区居委会，依陆慕原有“古巷村”更名为古巷社区居委会。2011 年 11 月，从古巷社区析出 3 个居民小区，调整后的辖区面积为 0.72 平方千米，辖华美家园、华美福邸、欧风丽苑、古巷新村 4 个商住小区，日益家园安置小区，以及老小区陆峰房产、宋泾新村、新村里、古巷里、酒库弄、中街、姚家弄、程典浜、麦场郎、阳澄湖中路北侧沿街门面房。2019年年末，在籍户2112户，在籍人口6038人。

元和之春社区 原为凌浜行政村辖地，面积0.67平方千米。元和之春花园小区建成于2002年，共有21幢住宅楼，房源372套，建筑面积7.2万平方米，建成后交由凌浜村委会代管。2005年7月，元和之春花园小区从凌浜村委会析出，与嘉和丽园、绿色时光、书香苑4个商住居民区合并，组建元和之春社区居委会。2011年11月，绿色时光小区从元和之春社区析出，设绿色时光社区居委会。2013年7月，书香苑小区从元和之春社区析出，划入唐家社区居委会。2019年年末，元和之春社区辖元和之春花园、嘉和丽园两个居民小区，含多层商住楼共57幢、计166个单元。社区在籍户784户，在籍人口2354人。社区周边春申湖中路及齐门北大街沿街有迪欧咖啡、川福记饭馆等美食休闲场所，还有服装、烟酒批发、家具生产配套工具、空调专卖店等几十家门店。蠡口中心幼儿园分园属管的天元阳光花地幼儿园坐落社区内。

御苑家园社区 因近邻御窑社区而得名。面积1.02平方千米。御苑家园小区2004年始建，建成于2009年。建有多层、高层楼宇123幢，建筑面积44万平方米。部分楼幢安置韩村、御窑、文陵、张花、花南等行政村的拆迁村民，其余楼幢用作商住销售。2010年9月前，御苑家园小区由姚祥社区托管。2010年10月与融城花园小区组建御苑家园社区居委会。至2015年，万家邻里、繁花中心居民区划入，社区辖御苑家园和融城花园、万家邻里、繁花中心共4个居民区。2019年年末，社区在籍户1652户，在籍人口4881人。辖区内有集购物、娱乐、休闲、商务办公于一体的繁花中心商贸区，设有大型超市、电影院、游乐场、商铺、高端写字楼、星级酒店及酒店式公寓等。还有万家邻里生活广场商业综合体。文徵明墓、孙武纪念园坐落社区内。

日益社区 1958年9月成立人民公社，排序称十一大队。1985年设村建制，由“十一”谐音更名日益村民委员会，意为“村级经济日益发展、农民生活日益提高”，辖5个自然村，至2010年，全部拆迁。2009年成立香城花园社区，日益村委会隶香城花园社区。2011年11月，日益村委会和陆慕南街市镇社区及香城花园社区析出的四区（颐园），合并设立日益社区居委会。辖区面积0.83平方千米。社区老居民小区与商住新小区共存，辖宋泾桥南、宋泾里、原齐陆路1至37号、十图里、南村巷、水圩浜、日益中心路及7个居民老街区和香城花园四区（颐园）。2019年年末，在籍户906户，在籍人口3173人。社区内润元路农贸市场、永金生活广场、润元商业广场、中国苏州婚纱城、元和公交公司、新黄埭大酒店、浒通大酒店、欧尚超市、苏州轨交2号线陆慕站等坐落社区内。

晨曦馨苑社区 晨曦馨苑社区成立于2011年11月，2015年6月，凯翔国际社区并入。辖区面积0.55平方千米，辖晨曦馨苑43幢、荣盛阳光名邸30幢、消防小区8幢、凯翔国际大厦2幢、老街坊与乐苑新村26幢5个商住小区，以及古巷二村24幢和澄和家园16幢2个安置房小区。2019年年末，在籍户1803户，在籍人口5212人。辖区周边坐落有相城区城管局、相城区环保局等机构；陆慕实验小学、陆慕集贸市场、元和电信局、中翔电器城、中翔小商品市场、苏州国际外国语学校等。

康桥花园社区 原为陆慕镇凌浜、孙埂行政村所在地。2008年4月，以“情系百姓安康，共架幸福心桥”之寓意命名小区为“康桥花园”，社区亦因此得名。2011年11月，设立康桥花园社区，辖康桥丽都、南山檀郡、中锐琅石3个商住小区，以及与国际服装城、德诚嘉元广场2个商业区配套的2幢公寓房小区。面积0.997平方千米。2019年年末，社区在籍户650户、在籍人口1862人。辖区周边坐落有白金汉爵大酒店、乐天玛特超市、华宇星云汇商业广场、德诚嘉元广场等商贸企业，还有悦豪、东方、南亚等写字大楼。嘉元路上云集交通银行、农业银行、工商银行、建设银行、浙商银行等十多家金融机构，被誉为“金融一条街”。此外还有月星商务广场、大润发超市、天虹百货等企商楼宇；大型铁塔制造企业立中实业公司、相城区体育馆坐落在相城大道西侧。

绿色时光社区 绿色时光小区为拆迁安置与商住混合型住宅区。2011年11月，小区从元和之春社区析出，设立绿色时光社区居委会。区域面积0.63平方千米。绿色时光花园包括多层东区、西区及小高层区三部分共43幢建筑。东区13幢建筑面积35023.2平方米；西区25幢834套房，建筑面积68489.85平方米；高层区5幢392套，建筑面积52030.9平方米；绿化总面积29322平方米。至2019年年末，在籍户610户，在籍人口1830人。

庆元家园社区 原为唐家行政村地域。面积0.99平方千米。社区成立于2011年11月，由庆元家园、唐家社区析出的安元佳苑三区、四区、五区4个拆迁安置小区及万宇名都、中惠晨曦商住房居民区组成，管理住宅楼宇60幢，安置小区居民来自唐家、朱巷、胡巷、朱泾、秦埂等社区动迁户。2019年年末，在籍户437户、在籍人口1409人。辖区周边有元和街道派出所、欧陆风情商业街、万客隆商业街及相城区市民服务中心、相城区市民活动中心、苏州图书馆相城区分馆 、相城区老年大学、元和集贸中心、建设银行等；社区相城大道段马路两侧，均为大型家具展馆与门店。

华辰嘉园社区 原属文陵行政村区域。区域面积 0.98 平方千米。华辰嘉园小区始建于2008年，总建筑面积为23.83万平方米，聚贤路将社区分成南、北两区。2011年11月，建华辰嘉园社区，辖华辰嘉园商住居民区。2019 年年末，居住区在籍户 780 户、在籍人口 2088 人。辖区坐落在城区中心商贸城区域，有御窑小学、御窑幼儿园、聚贤农贸市场、中心商贸城派出所及 2 座 62 层高被称为“相之门”的多功能大楼，配套以商业购物、酒店、居住中心、多功能会议中心、文化艺术展示中心等，总建筑面积达 11 万多平方米，总投资额为 4980 万美元。

峰汇园社区 原属文陵行政村辖地，位于城区中央商贸中心，苏州市区主干道人民路延伸段核心地。面积 1.3 平方千米。峰汇园商住区 2009 年开建，工程分 12 期完成，由 1 区、2 区、3 区、东区四部分组成。区域共建 66 幢高层商住楼群，气势宏伟，属大型商住社区。2011 年 11 月设立社区居委会。2019 年年末，在籍户 1795 户、在籍人口 4425 人。辖区内坐落有活力岛、悟真道院、峰汇商业广场。

华元社区 成立于 2012 年，地域原属毛泾、凌浜行政村地块。辖区面积 1.4 平方千米，辖锦绣江南、知音别苑、天纶小区、花好月圆 4 个居民商住区，社区驻地花好月圆小区 4 幢住宅。2019 年年末，在籍户 1029 户、在籍人口 3319 人。社区内坐落有聚元街、相城人民医院、中翔金融大厦、元和幼儿园、元和小学、特殊教育学校、苏州小外滩等。

水韵花都社区 原属张花行政村辖地，2010 年建成水韵花都商住区，2012 年，水韵花都家园居民点从御窑社区析出设水韵花都社区居民委员会。社区位于苏州市人民路、广济路向北延伸段，属于相城区中心商贸城核心位置，区域面积 0.82 平方千米，共建 19 幢 15 层商住楼宇群。2019 年年末，社区在籍户 635 户、在籍人口 1469 人。社区内坐落有 2 幢商贸大楼及“活力岛”商业板块建筑群体。

富元社区 位于元和街道东北角，区域面积 0.67 平方千米。辖富元家园动迁安置区，2013 年 10 月建成，建筑面积 34 万平方米，占地面积 9.2 万平方米，建高层住宅楼 22 幢，其中商用房 1 幢。配套用房 2604 套，安置朱巷、胡巷、朱泾和常楼 4 个行政村拆迁居民。2014 年 1 月，成立富元社区居民委员会。2019 年年末，在籍户 85 户、户籍人口 209 人。社区周边东侧相城大道上，两侧有大型家具超市，北端有苏州花木交易市场。社区西侧采莲路旁，有江苏省首批示范初中蠡口中学、江苏省蠡口实验小学。东侧相城大道旁有护理院、水连天酒家、采莲商业广场、水天堂大酒店、88 连锁酒店等；轨

欧陆风情商业街（2019年） 柏洪峰 摄

道交通 2 号线富元路站近在社区南大门口。

安元佳苑社区 社区以安置小区得名，原属唐家行政村辖地。区域面积 0.599 平方千米。该社区成立于 2015 年 5 月，由唐家社区析出的 4 个居民小区组成。辖安元佳苑一区、二区、六区 3 个动迁安置小区和书香苑商住小区，共 86 幢住宅楼。2019 年年末，社区在籍户 236 户、在籍人口 653 人。社区距蠡口老街区不足 1 千米，采莲路东侧有相城区市民服务中心和市民活动中心及苏州轨道交通 2 号线蠡口站，采莲路西侧、书香苑小区东侧有相城区燃气公司元和服务站。安元路北侧为元和集贸中心，设有菜市场、超市、大众舞厅、中国银行和中国农业银行网点、人力调剂市场及点心店、饭店、副食品批发等服务性行业网点。

水漾花城社区 原属韩村村委会辖地。区域面积 0.685 平方千米。2015 年 6 月设立社区居委会，辖水漾花城小区 27 幢商住居民楼。2019 年年末，社区在籍户数 1219 户，在籍人口 3113 人。社区内有苏州国际外语学校幼儿园分园。东侧紧邻集婚纱摄影、文化旅游、休闲消费为一体的“婚庆文化旅游产业”链、苏州小外滩景观区。西南向为能容 10 万人的活力岛广场，北向定位为苏州城北 CBD，集旅游、观光、休闲、娱乐、购物、度假多功能之地。

富元路小区与蠡口实验小学（2019年） 相城区地方志办公室 提供

建元社区 原属张花、姚祥村委会辖地。区域面积1.4平方千米。建元社区设立于2015年5月，辖尚景花苑、城立方花园、姑苏裕沁庭、依云华苑4个商品房小区，建商住楼72幢、6478套房。2019年年末，社区在籍户数1109户、在籍人口2510人。社区位于街道中心商贸城地段，苏州市第二工人文化宫坐落社区内，周边有悦邻中心、繁花中心、华润万家等综合性商业广场。

附：元和街道代管社区

娄北社区 位于元和街道最南端。因地处苏州姑苏区娄门北得名“娄北”。2006年撤娄北村委会成立娄北社区居委会。辖区面积3.87平方千米。社区原辖22个自然村，2010年前拆迁野家坟、鱼池村、严家泾浜、徐千泾浜、孙墩浜等自然村。村民安置于嘉元花园、官渎花园、湖沁花园居住小区。2019年，社区辖官渎花园安置小区、化肥新村、羽绒新村3个居民住宅区，有19幢居民楼。在籍户1332户、在籍人口5327人。

漕泾社区 因域地有蠡塘河、内塘河、外塘河、白垅泾、柴米港5条河流，出水口同汇入阳澄湖，百姓形象地喻为五条“水龙”，故有俗名“五龙泾”之称，正名原为“澯泾”，现亦写作“众泾”。辖区面积3.22平方千米。2007年，撤销澯泾村委会设立澯泾社区居委会。2017年，辖24个自然村，2010年前已拆湾里、井亭桥、东海村、王家村4个自然村，村民安置于古巷小区、众泾家园。2019年年末，在籍户1593户、在籍人口5515人。苏州幼儿师范学院、相城区陆慕高级中学、相城区中等专业学校坐落区内。

湖沁社区　原属夏圩行政村。2005年8月撤古巷村委会，更名湖沁社区居委会。辖区面积1.57平方千米。辖23个自然村，2010年前已拆迁17个，村民大部分安置于湖沁花园。社区管理湖沁花园安置小区，及尊园、紫金湾、香府绿洲、书香国际、派克公寓、天湖之春、金磐金等12个商住小区。2019年年末，在籍户1817户、在籍人口5529人。辖区内相城大道两侧，坐落有苏州国际外语学校、中翔生活广场、中翔装饰材料城、中翔小商品市场、中翔电器城、新尚广场、百购广场、在水一方家大酒店、南亚宾馆、家乐福购物超市等。

依云水岸社区　原为日益村委会辖地。面积3.47平方千米。社区居委会成立于2015年5月，辖江南村别墅区计78幢、静湖别墅区计109幢、银丽高尔夫别墅区计196幢、依云水岸别墅区计112幢及众泾家园折迁安置高层居住区6幢，管理5个居民区、501幢居民楼。至2019年年末，社区在籍户263户、在籍人口706人。社区内有依云水岸商业街、启迪幼儿园。

自然环境

地质地貌　在古代泥盆纪前，元和街道地域为浅海。泥盆纪时，因地壳上升而成为陆地。石炭纪早期，海陆更替，又成浅海。后遭地壳强烈震荡，海水侵退，再次成陆，属侏罗系上统区域。历经地壳活动，现为长江下游冲积平原的一部分。地质构造比较简单，基地地层为一短轴倾斜，断层很少，主要为东北向断层。地面标高（吴淞高程）

一般在 2.5 ~ 5 米，属半高田地形。

地面组成为河流冲积物，土质一般为棕黄色黏质壤土。土层地表因接受地面河流的再沉积，土壤剖面中以泥灰埋藏成土母质的湖积物为主，根据钻孔资料分析，为重壤土质地，地层厚，一般为黄色黏土，抗震性强。地基承载力每平方米 120 吨，最低为 8 吨。

气候

元和街道所在地区属北亚热带湿润性季风气候，经由太湖与阳澄湖水体调节作用，具有四季分明，温暖湿润，降水丰沛，日照充足和无霜期较长的气候特点。四季冬夏长，春秋短。年平均降水量 1025 ~ 1129.9 毫米；年平均气温 15.7℃ ~ 15.9℃，1 月平均气温 2.5℃，7 月平均气温 28℃；年均日照 2005 ~ 2179 小时；无霜期 235 天；年平均气压 1014.3 百帕。

春季　3—5 月，气温回升较为缓慢，且冷热交替，天气多变，时有暴热骤冷、春雷和晚霜出现，气温变化呈跳跃式，一般 4 月份会有 3 次冷空气过程。春季阴雨日较多，甚至多达半月，偶有大雨或大暴雨。平均雨日 42 天，占全年总雨日 31%，降水量占全年 29.1%。至 5 月下旬多连晴少雨及高温低湿天气，春季也是冬夏季风交替季节。

夏季　6—8 月，初夏为梅雨期，阴雨天多，日照少，雨量充沛，常有大雨暴雨，湿度大，天气闷热，舒适度差。平均在 6 月 17 日入梅，7 月 10 日出梅，平均梅雨期 24 天。但也有例外，1964 年梅雨期短至 5 天，1956 年梅雨期长达 56 天。梅雨期后进入盛夏，受副热带高气压控制，除地方性雷雨和台风阵雨外，多连续晴天和酷暑天气，日照强烈蒸发旺盛，常有伏旱发生。7 月、8 月平均气温在 25℃以上，但近年出现了短期 35℃ ~ 40℃极端高温天气。极个别年份会出现“凉夏”。夏季雨水量占全年 34.6%。

秋季　9—10 月，夏秋之交受台风影响，常有特大暴雨。入秋后冷空气趋于活跃，9 月中出现寒露风，暖空气渐退，降温较快，俗有“一场秋雨一场寒”。9 月会出现“秋黄梅”，成为一年中第二个降水高峰期，降水量占全年 23.1%。10—11 月常会出现一次气温回升，俗称“小阳春”。多数年份 11 月雨水较少。

冬季　12 月至来年 2 月，北方冷空气频频南下，气温迅速下降。低于 −5℃的严寒冻日，平均每年 2 ~ 3 天。通常在小寒、大寒两节气时温度最低，其间日平均气温为 3.2℃ ~ 3.5℃。冬季最显著天气现象为“寒潮”，平均每年 2 ~ 3 次。24 小时气温下降 10℃以下，1964 年 4 月 6—7 日 24 小时降温 14.9℃。冬季年降水量最少，占全年降水量 13.5%。降雪天气少，地面积雪平均只有 6 天。

水系

上托阳澄湖，下依元和塘，与530多条乡村河道形成网格状水利系统。元和塘、蠡塘河、平门塘、朝阳河、沈思港、洋泾河、采莲河为元和街道内主干河。

元和塘 又名陆塘。唐元和三年（808），由苏州刺史李素开浚。南自苏州齐门宴春桥，北抵常熟，全长45千米，境内长度5.5千米。宽窄不一，水位2.8米深，最宽处达46.8米，最窄处陆墓市河段10米左右。两岸河港众多，境内支流有南河泾、蠡塘河、栈条港、徐图港、洋泾河、黄埭荡、莫家店河等。清乾隆《苏州府志》载，宋乾道七年（1171），“知常熟县惠畴筑元和塘，甃石为路以达府”。明杨涟筑后，久废不修。清乾隆二年（1737），巡抚邵基重筑石塘。到乾隆二十九年又修元和塘。此后，河塘历经废修。咸丰十年（1860），因太平天国战争而烧毁陆墓市镇，元和塘淤塞。历四十多年，修复不足一半，直到光绪二十七年（1901），由吴诏生牵头，开浚元和塘陆墓段4里，且疏浚元和塘段两边的支河。1988年，政府曾拨款修筑下塘堤岸，建水泥石驳岸。2010年后，苏州对北部主要水域元和塘启动景观改造工程，元和塘改造工程首期分为两段进行，塔

元和塘苏州小外滩（2020年） 潘太林 摄

影桥南面将以“修旧如旧”的方式呈现江南典雅精致的临水街道；而塔影桥北面的一段则是景观改造的核心区，也是中心商贸城的又一亮点水景区。

平门塘　南起苏州市郊，北接朝阳河，且向蠡口段延伸，过境段总长 5.65 千米。1997 年，投资 52.426 万元，开挖 4.321 万立方米，修建 2 座桥梁，绿化 6 千米。1998 年又疏浚一次。

蠡塘河　相传越国范蠡所凿。东南起自漕泾阳澄湖边，西北接蠡口段元和塘。全长 7.25 千米，境域内长 3.5 千米。1958 年冬拓浚蠡塘桥至寺前村 2.95 千米，底宽 20 米，底高 0.5 米，堤高 4 ～ 5 米。1969 年冬，拓浚庙西村至五漕泾入阳澄湖段 4.3 千米。1973 年 3 月，拓宽村域内老河道宽度至 25 米。1989 年，拓浚五漕泾 740 米束水段，河底宽 19 米，河底高程 0 米，边坡 1 : 2，新建挡墙 435 米。2007 年，元和水务站疏浚蠡塘桥至五漕泾 6.25 千米河段。2009 年又疏浚蠡塘河大桥至阳澄湖出口处 6 千米河段。2016 年，对蠡塘河河岸两侧建石挡墙计十余千米。

朝阳河　1975 年 10 月至 1976 年 1 月，由原强盗港、横泾港、徐庄港三河开挖连接而成。河底宽 4 ～ 16 米，原来河道上共建有 19 座机耕、人行两用桥，1 座防洪闸、4 座套闸。现元和地段河长 6.7 千米。

2001 年开始，在城区建设开发中，辖区的水系建设，按区政府总体规划设计，经过开挖、填埋、保留等整合，街道内保存千米以上河道 27 条。

人口　民族

人口总量　2001 年 2 月，相城建区开始后，元和地区城市化进程启动，土地需求量迅速扩张，大量征用农民土地，使村民户籍属性、居住环境随之发生根本性改变。至 2019 年，失地农民被陆续安置于 17 个村民住宅区。与此同时，近百家地产公司、建筑商进入元和地域，开发了 72 个商住楼盘，一批批新苏州人陆续到此定居，人口逐年递增。

第五次全国人口普查资料显示，2000 年 11 月 1 日零时，陆慕、蠡口两镇总户籍数 25900 户，户籍总人口 69485 人；其中农业人口 49249 人，非农人口 20236 人。

2002 年 2 月建元和镇，年末统计，全镇在籍户 26201 户，在籍人口 69521 人，男性 34386 人、女性 35135 人；农业人口 39954 人、城镇居民 29567 人。户籍人口密度为 1050.42 人 / 平方千米。

2005 年年末，因部分行政村划出，在籍户 22463 户、在籍人口 61719 人；其中农业人口 44618 人，非农人口 17101 人；户均 2.75 人。户籍人口密度为 1391 人 / 平方千米。

2010 年年末，在籍户 26772 户，在籍人口 74772 人；其中农业人口 46667 人，非农人口 28105 人；户均 2.79 人，密度为 1686 人 / 平方千米。

2011 年年末编撰《中国政区大典》时对辖地统计，元和街道总人口 18 万人，其中常住人口 7.96 万人，流动人口 10.04 万人。总人口中男性 9.48 万人，占 53%；女性 8.53 万人，占 47%；14 岁以下 1.01 万人，占 5.6%；15 ~ 64 岁 15.99 万人，占 88.8%；65 岁及以上 1.00 万人，占 5.6%。

到 2015 年年末，全街道在籍户 28383 户，户籍人口 83143 人；暂住人口达 16.9 万人，流动人口总量达 21 万人。

从 2015 年开始，元和街道为保护地方生态环境，首先从家具生产行业开始整顿，对前店后厂存在火灾隐患，没有毒气、尘埃处理设备的油漆工场，木工车间、灭火设备简易的家具仓库等相关的家具企业，或关闭停办或向外搬迁，到 2017 年年末，元和的家具工厂基本不存在，家具市场货源以广东、四川、江西、浙江外地产品为主。外来务工人员迅速减少，人口密度呈明显下降趋势。2019 年年末，街道在籍户 39009 户，户籍人口 103229 人，常住人口 24.7 万人。

民族结构 域地历来以汉族为主，鲜有少数民族。进入 21 世纪后，人口流动，或因婚嫁、经商、开办企业等，少数民族居民有所增多。2019 年，元和街道有少数民族 24 个、共 1405 人，其中回族 264 人、满族 276 人、朝鲜族 264 人、蒙古族 115 人、土家族 148 人、壮族 78 人、苗族 95 人、侗族 42 人、黎族 9 人、彝族 17 人、藏族 4 人、土族 6 人、布依族 34 人、白族 3 人、瑶族 12 人、达斡尔族 6 人、赫哲族 2 人、锡伯族 6 人、高山族 1 人、傣族 3 人、畲族 16 人、鄂温克族 1 人、仡佬族 2 人、水族 1 人。

城市新家园（2019年）　　　　元和街道宣传办公室　提供

街道经济

综合经济实力 2002年，陆慕、蠡口两镇合并设立元和镇。是年，元和镇实现地区生产总值达18.03亿元，财政收入1.4亿元。第一产业增加值9194万元，第二产业增加值97245万元，第三产业增加值73825万元，全镇一、二、三产比为5∶54∶41。城镇居民人均可支配收入8288元，农民人均纯收入7408元。

2005年，地区生产总值36.56亿元，第一产业增加值6215万元，第二产业增加值18.50亿元，第三产业增加值17.44亿元，工业总产值94.69亿元，税收总额4.18亿元，财政收入4.38亿元。城镇居民人均可支配收入13681元，农民人均纯收入9857元。

2010年，街道经济总收入为231.24亿元，地区生产总值100.23亿元，第一产业增加值7017万元，第二产业增加值43亿元，第三产业增加值56.53亿元，工业总产值175.55亿元，税收总额12.67亿元，财政收入13.95亿元。

2015年，街道完成地区生产总值117亿元，公共财政预算收入16.55亿元，固定资产投资95亿元，工业总产值76亿元，进出口总额3.15亿美元，实现新增注册外资5400万美元，到账外资1.5亿美元，到账内资3亿元。

2019年，全年实现地区生产总值153.03亿元，其中第二产业和第三产业增加值分别占20.66%和79.32%。一般公共预算收入24.31亿元，完成固定资产投资103.26亿元。

产业发展 境内原为乡村，传统经济产业为稻麦主产兼顾河塘养殖，素有“鱼米之乡”之美誉。2002年尚有耕地2.5万多亩，随着农村向城市化转型，城区建设步伐加快，耕地面积逐年减少，至2009年境内已无农用耕地。

20世纪80年代乡镇工业快速发展，使蠡口、陆墓两个乡镇成为苏南乡镇工业发展重镇。1985年，陆墓镇被列为长江三角洲经济开发工业卫星镇，农村综合经济实力连续多年跻身于江苏省和全国百强乡镇行列。蠡口镇闻名遐迩的主要产业是家具业，生产和销售活动覆盖了蠡口全镇。2002年年末，元和镇域有私营企业836家，有上声电子有限公司、罗普斯金铝业股份有限公司（1993年建厂于陆墓镇的台资企业）及大型家具生产厂等规模型企业30多家，以经营家具业为主的个体工商户5817户，工业总产值55亿元。2005年，随着“富民工业区”和“元和科技园”两大产业园基地建成，一批外来企业进驻，新增投资11.09亿元。是年年底，汽车城合计销售额65.27亿元，缴纳国税、地税合计7612.47万元，占街道税收比重2.87%。全省首家台资上市企业中亿丰罗普斯金铝业股份有限公司发展势头迅猛，国家重点高新技术企业苏州上声电子股份有限公司响遍全球，台湾著名食品集团祯祥（苏州）食品有限公司成为省、市农业发展龙头企业。依托元和科技园发展载体，着力淘汰落后产能、加大转型升级、实现退二优二，打造工业

繁花中心广场（2019年）

发展新亮点。至 2019 年年末，规模以上工业企业 22 家，工业总产值 45.13 亿元，新兴产业产值和高新技术产业产值占比 53.7% 和 57.2%。

随着相城中心城区的逐步建成，境内专业市场、楼宇经济、商贸服务等现代服务业快速发展，宾馆、酒店、咖啡馆、KTV 等服务业迅速兴起，第三产业产值占比由 2002 年的 37.8%，上升到 2010 年的 55%。至 2019 年，江苏蠡口国际家具城、相城国际汽车城和中翔小商品市场、中翔家电等大型专业市场已成为相城区发展第三产业优势最强、潜力最大的中心福地。华东最大、全国第二的蠡口家具市场集聚 50 座交易大厅，经营面积达 150 万平方米，实现年销售额 150 亿元，市场云集了国际、国内近千家著名家具企业。来自美国、意大利等国家和地区及中国上海、广东等十几个省、市的 3000 多家

潘太林 摄

客商，到元和街道投资、置业、发展。2019 年有 1600 多家家具生产厂家，3000 多家家具销售商。苏州市相城国际汽车城，汇聚保时捷、宾利、奔驰、宝马等 40 多个世界知名品牌，形成绵延数千米的中高档汽车销售带，有销售企业 45 家，销售车辆超过 4 万台、实现销售收入 94.6 亿元，实现年销售额超过 40 亿元，税收超过 8000 万元。元和大厦、元联大厦、中翔大厦、中翔金融大厦、嘉元广场、月星广场等商务高楼拔地而起，楼宇经济发展势头良好。电子商务、信息技术、现代通信、节能环保等一批新产业新项目不断发展壮大。商贸服务业发展方兴未艾，欧风新天地、南亚宾馆、在水一方大酒店、白金汉爵大酒店、天虹百货、欧尚超市、繁花中心等建设项目落成有效提升城市功能，集聚城市人气，形成了新的增长极点。

苏州元联置业有限公司 创立于 2006 年 10 月，在城乡一体化建设进程中，为探索农村发展、农民富裕新路，由全街道 13 个行政村 41945 名失地农民共同出资组建的新型村级经济联合体。公司成立十余年间，先后投资开发了家具材料配载中心、油漆市场（家具设计展示）、元和大厦、元联中心、兰桂芳商业街、蠡明街、苏州（中国）婚纱城、润元集贸市场等一批大型项目。业务涵盖专业市场、绿化工程、物业管理、房地产开发、金融服务、文化创意等。至 2019 年，公司总资产从成立时 6000 万元扩大到 16 亿元，注册资金 2.02 亿元。累计实现营业收入 11.7 亿元，上缴国家税收 2.38 亿元，失地农民分红 1.9 亿元，股民股本金增长 5 倍；通过创办各类专业市场，为 500 多个失地农民搭建创业致富平台；提供绿化种植养护、物业管理、市场运输等公益性岗位 8000 多个；与南京师范大学、太平兴太公司合作创办南京师范大学苏州实验学校；创办元联劳务专业合作社，为 1300 多名环卫、绿化养护工提供了每人 100 万元的工伤意外保险，使元和百姓群众得到实实在在的实惠。

社会发展

教育 2019年，元和街道辖区内公办民办中小学及幼儿园33所，其中区直属学校4所，属地管理学校及幼儿园29所（其中公办中学2所、公办小学6所、民办小学2所、公办幼儿园6所、普惠性民办幼儿园3所、民办幼儿园8所、十五年一贯制学校2所）。陆慕中心幼儿园和蠡口中心幼儿园为省示范性实验幼儿园。陆慕实验小学的前身为1912年创立的陆墓市立第一小学，蠡口实验小学的前身为创办于1916年的蠡口国民中心小学，均有百年校史。相城实验小学是全日制民办双语小学，由苏州实验小学教育集团全程管理。陆慕实验小学为中国特色教育示范基地，蠡口实验小学是中国艺术家协会江苏省艺术教育基地。相城实验中学是全国百县中小学英语教学最优化实验研究基地、苏州市艺术高级中学优质生源基地；蠡口初级中学是江苏省首批省级示范初中学校、苏州市美育课程基地、苏州市首批艺术教育项目学校、苏州市经典诵读基地学校、苏州市教育局与上海华师大合作的苏州市首批“有效教学实践研究”项目学校，同时是全国“有效教学”联盟学校单位。陆慕高级中学是省四星级普通高中，苏州大学、常州大学、苏州科技学院的优质生源基地。相城中等专业学校开设有机电、电工、财会、营销、物流、计算机、数控模具和化工等专业，机电技术应用和省级会计两专业是省级示范专业。此外，还有一所相城培智学校。

医疗卫生 2019年，元和街道区域范围内有相城人民医院、元和街道卫生院。相城人民医院是区管的集医疗、急救、教学、科研、预防保健和职业病防治为一体的二级甲等综合性医院。设有心血管内科、呼吸内科、普外科、骨科、神经外科、妇产科、儿科、重症医学科等26个临床专科及影像科、检验科等医技科室，普外科细分肝胆、胃肠、肛肠、甲乳4个亚专科，开放22个专科病区，其中神经外科、骨科为市级临床重点专科，呼吸科、普外科、妇产科、消化内科、神经内科、儿科为区级临床重点专科。

苏州外国语学校相城分校（2019年） 相城区地方志办公室 提供

医院长期与北京中日友好医院、北京阜外医院、北京肿瘤医院、复旦大学附属中山医院等知名医院合作。元和街道卫生院为一级甲等全科医院，其皮肤病专科在苏州地域内有较好声誉。2019 年，街道基层卫生服务机构，以元和卫生院为社区卫生服务指导中心（指导范围包含元和街道和澄阳街道部分），下设玉成分中心，娄北、徐庄、御窑、文灵、安元、湖沁、莫阳、富元、蠡口、泰元（为澄阳街道小区服务）等社区卫生服务站。执业（助理）医师 57 人，床位 62 张。街道社区卫生服务中心获评全国示范社区卫生服务中心。

文化体育 2019 年，元和街道有文化站 1 个，图书分馆 2 个（不含苏州第二图书馆），公共文化设施面积 186897 平方米，公共体育设施面积 364099 平方米。古元路元和文体服务中心大楼，包括 9 楼苏州市图书馆元和分馆，有图书 14.1 万册；11 楼有 296 座的灯光舞台剧场，每周有 3 ~ 4 场戏曲文艺团体演出；设有乒乓球室、健身房、舞蹈训练房、音乐教室、多功能厅；6 楼成人教育、社区教育培训教室、电脑考试机房；

7 楼文教中心；室外有足球场、灯光篮球场、门球场等。街道辖区内的省级文保单位有2处，市级文保单位有4处，区级文保单位有2处。国家级“非遗”项目2个、省级2个、区级 8 个。街道区域内有展馆 3 个，分别是御窑金砖博物馆、巧生炉博物馆、中平澄泥堂。各类文、体、艺团队 32 支，街道文体中心利用节假日、时令节日配合街道中心工作，组织社区开展各项文化娱乐活动，月平均 20 多次。

居民生活

居民收入 2002 年，城镇居民人均收入 8288 元，涉农居民人均收入 7408 元。2019 年，城镇居民家庭年均可支配收入 63000 元，其中工资性收入占 67.2%；年均实际支出 53200 元，其中占比较大的 5 项消费支出为食品消费支出、交通通信支出、教育文化娱乐服务支出、居住支出及社会保障支出分别占 17.84%、10.54%、10.23%、15.91% 和 8.64%。

生活变化 2002 年，镇内有供水站 5 个，垃圾处理站 2 个，银行、信用社 12 个，电话机总装量 20913 部。公路里程数 110 千米，小型汽车拥有量 866 辆，有集贸市场 4 个，其中综合市场 2 个。自来水普及率 97%，生活用燃气普及率 92%，有线电视入户率 94%，年末人均住房使用面积 36 平方米。敬老院、福利院 2 个，参加养老保险人数 10505 人，参加农村医疗保障 9646 人。2015 年年末，自来水用户 96231 户，燃气用户 66523 户，互联网宽带用户 55227 户。2019 年，全街道涉农居民自来水用户 103836 户，燃气用户 96734 户。

社会保障 2002—2010 年，镇区拆迁了 63%的自然村，41945 名失地农民全部享受城市养老保险和医疗保险，还享受合作经济组织的股金分红。2010 年 1 月，41945 名失地农民获 4200 万元配送股金和 600 万元股红。2010 年，全街道发放一次性定额补贴 2973.6 万元。2010 年后，被征地农民按月领取保养金。2015 年年底，新型农村合作医

润元路街景（2019年） 元和街道宣传办公室 提供

疗参保 23870 人，新型农村社会养老保险参保 6248 人，人均住房面积 40 平方米。2016 年年底，元和街道城市居民养老保险参保人数为 40016 人，占在籍总人口 89373 人的 44.78%。2017 年，全街道居民医疗参保率为 33.7%。2017 年，被征地农民的平均保养金每月 930 元。2019 年，非就业居民参加居民医保共计 15386 人，享受征地保养金待遇的被征地农民每月可领取 1045 元。街道设有敬老院 1 所，五保对象以分散供养形式，全部纳入城乡社会最低生活保障统筹人员给予补贴。社会福利方面，街道凭借日间照料中心、居家养老服务站（及助餐点）为辖区老人提供多样化的养老服务。至 2019 年，正常运行的日间照料中心（养老服务站）共有 15 个。

城市建设

市政建设　2001 年后，区域内新建的交通主干道，南北向有澄阳路、相城大道、采莲路、齐门北大街、宣公路、御窑路、人民路—金砖路、人民路—织锦路、文灵路、广济北路。东西向有润元路、阳澄湖路（分东、中、西三路段）、华元路、春申湖路（快速化改造）、建元路、安元路、太阳路。

为保障城区安全，预防洪涝灾害发生，内河河口地设置有泵站与闸站，实施区政府与街道两级管理，元和街道内有莫阳、天鹅、老秦埂、曹家娄、船条浜、凌霄园、万泾港、雪泾、宋泾河、黄金浜、蠡口 11 座泵站；西陶村、石家湾、生产河、王家桥港、栈条港、采莲河、北小桥浜、旺河桥、水沿沟、朱家桥 10 座闸站。泵站排涝动力设计为 735 千瓦，流量 15.56 米 ^{3}/ 秒。

塔影桥（2020年）　　沈铭　提供

2019年，城镇规划区面积44.36平方千米，建成38.2平方千米。启动元和高新片区战略发展规划。邀请专业机构编制中心城区产业发展规划和影视文化综保区发展规划，明确以人工智能、文化创意、商务商贸等为重点的产业定位。

居民新区建设 2001年苏州相城区成立后，元和地域成为相城区建设的核心地带。元和镇（街道）成立十多年间，先后规划建设嘉元花园、湖沁花园、澄和家园、御窑花园、玉成家园、御苑家园、花南家园、安元佳苑、庆元家园、绿色时光花园等农民集中居住小区，安置拆迁农户，至2019年，农民人均住房面积40平方米。新建的商品房住宅区则有镜丽湖、依云水岸花园、静湖别墅小区、香城花园、晨曦馨苑、康桥花园、华城国际、尊园雅居、荣盛阳光名邸、知音别苑、嘉和丽园、锦绣江南花园、华美家园、元和之春花园、书香苑、欧风丽苑、蠡明花园、南亚花园、银丽高尔夫别墅、天亚水景苑、峰汇园花园、水韵花都家园、融侨城、丽岛别墅、香府绿洲、锦绣天地、华辰嘉园、西子花园、融城花园、康桥花园、派客公寓、芙蓉村、晨曦印象花园等。是年，全面启动陆慕老街片区、蠡口澄帆路两侧棚户区改造和城市更新。

园林景观建设

建（镇）街道以来，在居住区域按总体规划布局，逐年建起了一批休闲公园。主要有元和公园、府南园、香溢园、玉兰园、学府公园、时光里公园、书香·人才公园等。28个社区内建有小品、小筑、小游园共40余处；街道区域内总绿化面积达350万平方米，街道范围内为民生休闲服务的景观还有元和塘小外滩、苏州御窑金砖博物馆、相城非遗传承展示馆、活力岛休闲广场、苏州中国花卉植物园及孙武纪念园等。

活力岛 活力岛位于苏州中心商贸城的几何中心，是人民路北延的空间节点和地标，相城区的城市中心广场。占地6.67公顷（100亩），建筑面积约3.5万平方米，是苏州市最大的露天剧场，设计规划分为主舞台区、旱喷区、星光大道区和滨湖区四大主体功能区。主舞台为可升降三层舞台，除了地面可容纳近千名观众外，地下为双层停车场，可同时停放车辆880辆；地下有演员化妆区、休息区、彩排区。活力岛两侧的东西风情岛，鸟瞰如两条鲤鱼飞跃龙门。东方风情岛占地8.2公顷，建筑面积2万余平方米。西方风情岛占地7.93公顷，建筑面积3.5万平方米，共有38个单体建筑，以玻璃和钢结构为主体，意在打造极具现代简约风情的摩登都市一线风景。

2019年，相城区启动活力岛城市副中心改造工程，为增加可供居民使用的公共活动空间、有吸引力的慢行活力点，重新为活力双岛注入活力并充分利用城市蓝绿空间，改造工程以打造“活力环＋共享轴＋生态岛”为策略，以活力环串联周边活力设施及活力双岛，从而建立良好的步行系统。同时，明确双岛功能定位，活力东岛以商业服务及文化创意为主，将减少岛上建筑密度，重新塑造生态景观，并与东侧公园整体设计；活力西岛则以研发设计为主，将保留现状建筑，对岛上景观进行整治提升。共享轴则将延续人民路城市空间轴，结合金大地综合体、地下空间建设及绿地公园开发，构建文创共享空间、商住共享空间、商业共享空间，打造活力岛地区高层地标集聚区。

苏州小外滩 元和塘陆慕段是苏州相城区中心商贸城的主要水域。通过改造，河道两岸形成异国风情建筑群，被打造成为世界小姐模特培训机构、温馨情侣酒店、个性婚礼会所和摄影娱乐中心，成为集婚纱摄影、时尚发布、文化旅游、休闲消费于一体的“婚庆文化旅游”集散地。2014 年 3 月 9 日建成开放，总占地面积约 9.75 万平方米，是苏州著名的婚庆文化旅游基地。以塔影桥、S 形彩虹桥、俄罗斯风情建筑、滨河步道等资源为基础，以郁金香、樱花、月季等花卉组成的缤纷花园为补充，其间点缀荷兰风车、皇家马车、欧式火车、水上教堂、空中花园、婚礼现场等各类场景，共同组成广受追捧的婚庆摄影、休闲旅游场所。每天平均有五六十对新人来苏州小外滩拍摄。元和塘两岸设置的 20 个观光码头以及豪华游轮等元素，融异国风情建筑、滨河步道、观光码头、缤纷花卉和各类艺术化摄影场景为一体，共同勾勒出英伦与俄罗斯风情交相辉映的“浪漫生态客厅”。

苏州中国花卉植物园 苏州中国花卉植物园，位于莫阳社区域内。地处太阳路北、广济北路西侧。2006 年开建，由中国科学院武汉植物园规划设计，2010 年正式开园，植物园占地 200 公顷，是华东地区规模最大的国家 AAA 级旅游景区，也是苏州城北以赏花为主题的“天然氧吧”，开园当年到此休闲观花和接受科普知识的游客就超过 100 多万人次。

花卉植物园建设因地制宜，根据四季气候特征和园内多种地况特点，分别种植水生、中生、旱生植物，具有丰富多变的植物园景，园内樱花大道贯通南北。园内集世界花卉大全，共引种宜生植物 1800 多个品种，100 多万株世界各地名贵花木，并以 28 种花木类别，组成如杜鹃角、茶梅角、花带角、花王角、芙蓉角、琼花角、酸枣角、牡丹园、月季园、樱花园、栀子花园及蔷薇、黑松、竹园、梅林、家乡树等 47 个特色园（角）。花王角种植 30 年以上树龄的花王 320 多株，每一棵都是从全国各地移植而来，其中，有树龄超过 1000 年的“紫薇王”、800 年的棠棣和重阳木、400 年的桂花、380

苏州中国花卉植物园（2019年） 赵培根 摄

年的刺五加、310年的紫薇。这些“花中之王”集聚花卉植物园，组成了一部活的“花卉史”。

园内堆奇石、筑曲径，辅以苏式园林小筑，如竹楼、竹廊、风亭等休闲避风挡雨歇息之处。园内西部有一座占地1.5公顷、用土60万立方米堆成的人工山体“五亭山”，山高30米，山顶建有一座五位一体的观景亭，寓意“五谷丰登”。登上山顶可一览植物园全景。出植物园北门，在园中路旁边有水相城垂钓俱乐部和顺南水乡垂钓中心。路旁有5家农家酒店，可接待3000人就餐。

配套设施

2001年后，区域内兴建家乐福、欧尚等多个大型超市；中国银行、建设银行、工商银行、农业银行、招商银行、交通银行、苏州银行、浦发银行、中信银行、华夏银行、光大银行、宁波银行、兴业银行、民生银行等十多家支行坐落嘉元路金融街区；蠡口家具城，相城人民医院、元和卫生院，国家级中绿农副产品批发市场、元和集贸中心、陆慕农贸市场、润元路菜场，公办7所幼儿园、7所小学、3所初级中学、1所高级中学、1所特殊教育学校和1所中等专业技术学校及区市民服务中心、区市民活动中心、区体育馆、苏州市第二图书馆、苏州市第二工人文化宫、元和文化体育中心、苏州市图书馆元和分馆、元和职业教育中心等一批民生服务设施，打造出了15分钟教育圈、医疗圈、文化圈、休闲圈、市民服务圈。

相城天虹购物中心 位于相城大道东、纪元路两侧，购物中心商业面积为11.5万平方米。商场以“畅享欢乐时光的生活中心”为核心定位，涵盖生活零售、儿童成长、吃喝玩乐、便利生活四大板块，通过场景化的主题街区打造、符合定位的业态合理组合、欢乐时光项目的建设、欢乐营销的开展以及数字化打造，在相城大道商圈中形成核心竞争力，与竞争对手形成较强的差异性，突出畅享欢乐生活的风格。

繁花中心 位于阳澄湖西路南侧与人民路西侧交界处，是苏州市城市北部集购物、娱乐、休闲、商务办公于一体的综合体，涵盖大型超市、影院、游乐场、商铺、高端写字楼、星级酒店、酒店式公寓等物业形态。项目总建筑面积超过32万平方米，项目具备较强的规模优势，实现功能业态上的多元化、完整性，可满足区域内的各种需求。

苏州第二图书馆 位于华元路北、广济北路西，占地2.33公顷，2019年正式建成并对外开放，建筑面积达4.5万平方米。该馆作为苏州图书馆的二期工程，规模相当于苏州图书馆的两倍，设计上采用天窗式，相较于老馆的婉约显得更为豪放。该馆功能以

天虹购物中心（2019年） 相城区委宣传部 供稿

文献存储集散为主，是中国第一家智能集成书库，设计藏书容量700万册，同时兼顾图书馆服务功能。

苏州第二工人文化宫 位于广济北路东、玉成路南，建筑面积约7.5万平方米，总投资约5亿元。文化宫集体育运动、休闲娱乐、工作教育于一身，内设2000平方米的篮球馆；3600平方米的2个羽毛球馆共拥有21片塑胶场地，占地1500平方米、放置20张球桌的乒乓球馆；占地2000平方米的剧院，共562个座位。此外还有健身馆、影院、多功能厅、会议室、培训教室等。项目充分考虑到职工、青少年、妇女儿童的不同需求并量身定制，为他们提供健身、休闲的各种活动场地。

书香·人才公园 位于广济北路以西、永方路以东、沈思港路以北、苏州第二图书馆周边，工程总建设面积约21万平方米，总投资1亿元，是相城城区第一个开放式市民文化公园。项目注重城市形象展示，以书香文化为主题，通过“琴棋书画”的传统元素打造富有文化底蕴的城市公园景观。

环境整治 2012年，元和街道建成相城区水处理有限公司，集中处理区域内的生活污水。至2014年年底，街道所有自然村全部通过苏州市、相城区两级自然村综合治理验收考核。2013年开始，将街道内小家具、小冶金、小铸造、低水平废旧材料回收等行业确定为三年专项行动计划的重点，分年度实施淘汰计划。2013—2019年总计已淘汰产能落后企业972家。2019年，工业企业主要集中在元和科技园，其他区域工业企业基本关闭。全街道117条河道按规定设置了相应的河长，成功创建市级城市管理“红旗街道”、示范路和示范社区。

文物古迹

据史书记载，距今5000—6000年前，境域内已有先民在此繁衍生息。经历代不懈奋发，创造了灿烂的地方历史，留下了众多的遗址遗迹、古宅园林、井亭街巷、河湖塘桥、名人墓葬等文化遗产。2019年年末，元和街道有江苏省文物保护单位文徵明墓、陆慕御窑址，苏州市文物保护单位有悟真道院、陆慕南桥、含秀桥、福昌桥，相城区控制文物保护单位有陆慕老街、南街宋泾桥等。

集镇历史街区

陆慕老街 位于原陆慕镇区，南北走向，南起宋泾桥、北至北桥，全长近 2 千米，街宽 2 ~ 3 米不等，碎石铺就。陆墓老街历史悠久，唐永贞元年（805），因宰相陆贽墓址在下塘塔莲桥北堍始有“陆墓”（1993 年后改称陆慕）之称。墓东临元和塘，面积约 2670 平方米，四周有围墙，墓周有罗城，墓道旁有石人、石马、石牌楼。20 世纪 60 年代被毁。

陆慕老街以元和塘为中轴线，老街东为上塘，因曾有十口古井，故称之“十泉街”。街西侧还有多处河棚设有河埠，以方便木船靠岸上街购物或运送货物。街上的井除提供居民饮用水外，还有压镇火患之需。老街西为下塘，其北部被称“金窑街”，因明清时期烧制金砖得名。老街临河建街、街河并行、傍水筑宅、面街枕河，河埠码头青苔斑驳、错落有致，展现出江南古镇之风韵。

历史上陆墓镇“瓦屋鳞比，商舶辐辏……称巨镇焉”[①]。后因清咸丰十年（1860）兵燹，几乎成为废墟。至清末民国初逐步恢复往日的繁华。整条老街蜿蜒伸展，首尾不能相望。街区内古宅老铺，粉墙黛瓦，巷弄宽窄不一、纵横交错。市河上（元和塘陆墓段）南桥、中桥、北桥三座建于清光绪年间（1875—1908）的单孔石拱桥，沟通两岸之交通（现仅存南桥）。两岸街区巷弄相对、桥桥相对、庙庵相对、河港相对，整条老街架构恰如伸展的鱼骨架状。

至 2019 年，老街所存房屋大部分为清末民国初建筑，狭窄幽深，但内部都有天井采光，房屋多为砖木结构，少有深宅大院，大部因年久失修或市镇建设被毁。至今保存的有北街 11 号韩宅，建于清光绪三十三年（1907）。

---

① 吴诏生,《齐门陆墓镇浚河筑坝修桥碑记》。

老街得水陆交通之便，自古人流汇聚、买卖兴隆、集市繁华，从南至北，店铺密集紧凑，各类商铺、茶馆、酒坊、南北货、小吃店、竹木行、成衣铺一家挨一家。店面、作坊、住宅“三位一体”，形成“前店后坊、前店后库、前店后户、楼下店、楼上居”的经营格局。临街店面多为灵活装卸的排门（本地人称为塞板），卸去排门店堂全部敞开，便于营业。老街酒坊较多，有一定规模的酿酒作坊有13家之多，如大同酒坊、范三和酒坊、元昌酒坊、泰康酒坊等，还有王松茂酒坊和万丰酒坊。1954年，上述酒坊公私合营建吴县民生酒厂。一度，陆慕民生黄酒及俗称“糟烧”的白酒曾誉满苏城。其瓜干白酒评比曾名列全省第一。

北街石家是陆墓望族，据传祖上是从陕西一带移居陆墓，以经营米店发迹，创办石聚记米行，至民国，有店面19间、仓房18间、48个露天粮屯，有专用码头，成为“出了齐门外，石姓第一家”的大户。

苏州御窑金砖博物馆内的陆墓古镇模型　　吴志文　摄

1949 年陆墓镇元和塘段若干商业点分布示意图

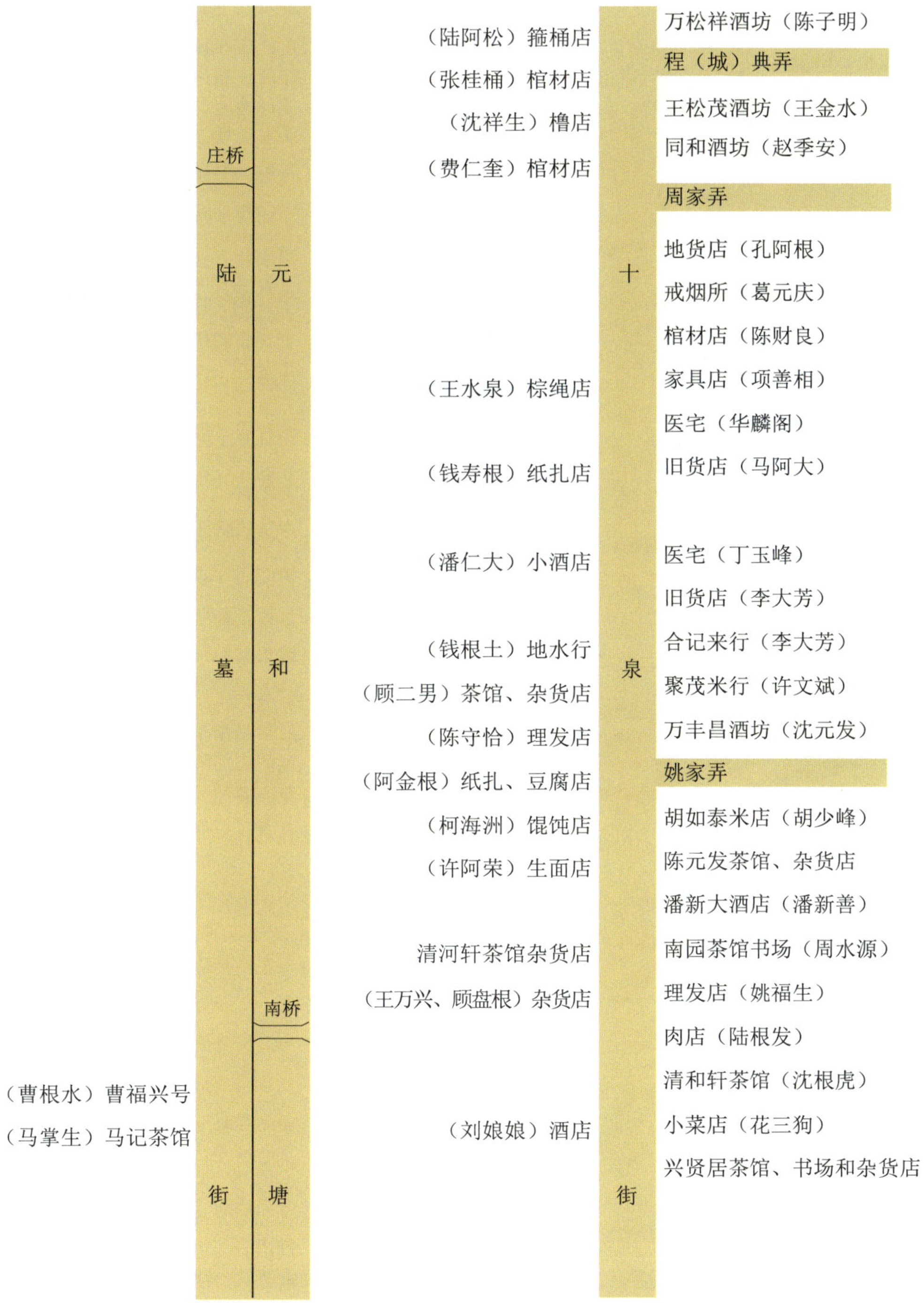

（续图）

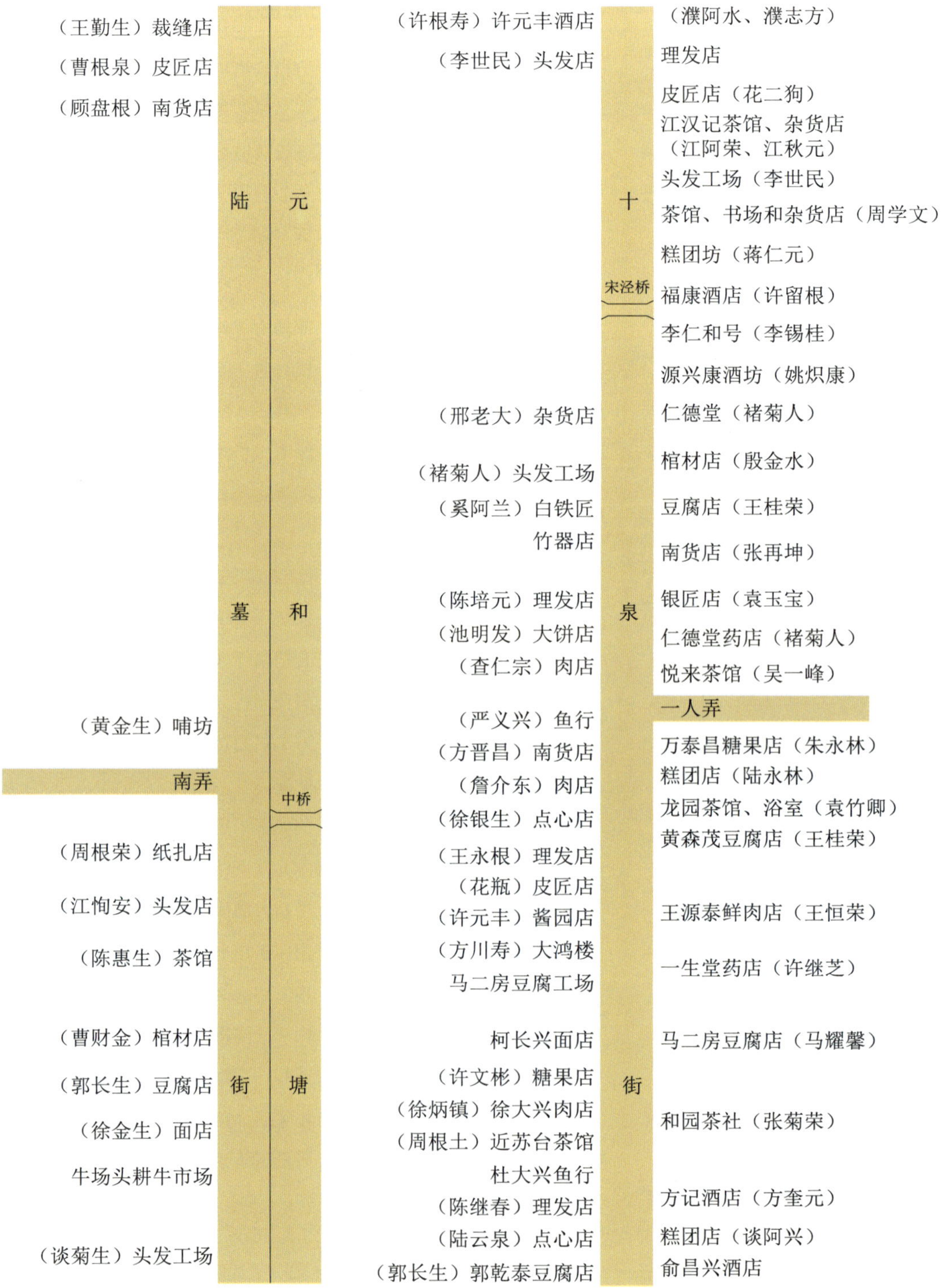
（王勤生）裁缝店
（曹根泉）皮匠店
（顾盘根）南货店
（黄金生）哺坊
南弄
（周根荣）纸扎店
（江恂安）头发店
（陈惠生）茶馆
（曹财金）棺材店
（郭长生）豆腐店
（徐金生）面店
牛场头耕牛市场
（谈菊生）头发工场
陆墓街
元和塘
中桥
（许根寿）许元丰酒店
（李世民）头发店
（邢老大）杂货店
（褚菊人）头发工场
（奚阿兰）白铁匠
竹器店
（陈培元）理发店
（池明发）大饼店
（查仁宗）肉店
（严义兴）鱼行
（方晋昌）南货店
（詹介东）肉店
（徐银生）点心店
（王永根）理发店
（花瓶）皮匠店
（许元丰）酱园店
（方川寿）大鸿楼
马二房豆腐工场
柯长兴面店
（许文彬）糖果店
（徐炳镇）徐大兴肉店
（周根土）近苏台茶馆
杜大兴鱼行
（陈继春）理发店
（陆云泉）点心店
（郭长生）郭乾泰豆腐店
十泉街
宋泾桥
（濮阿水、濮志方）
理发店
皮匠店（花二狗）
江汉记茶馆、杂货店
（江阿荣、江秋元）
头发工场（李世民）
茶馆、书场和杂货店（周学文）
糕团坊（蒋仁元）
福康酒店（许留根）
李仁和号（李锡桂）
源兴康酒坊（姚炽康）
仁德堂（褚菊人）
棺材店（殷金水）
豆腐店（王桂荣）
南货店（张再坤）
银匠店（袁玉宝）
仁德堂药店（褚菊人）
悦来茶馆（吴一峰）
一人弄
万泰昌糖果店（朱永林）
糕团店（陆永林）
龙园茶馆、浴室（袁竹卿）
黄森茂豆腐店（王桂荣）
王源泰鲜肉店（王恒荣）
一生堂药店（许继芝）
马二房豆腐店（马耀馨）
和园茶社（张菊荣）
方记酒店（方奎元）
糕团店（谈阿兴）
俞昌兴酒店

（续图）

陆墓街
元和塘
北桥
十泉街
（章菊轩）兴昌酒坊
（徐炳正等）公记米行
（王全福）王广盛号
（沈玉英）竹行
（郑永顺）泰康酒坊
王通和窑
（周根土）近苏台茶馆
（姚根荣）理发店
王源泰屠宰场
（陆兴兴）竹匠店
（俞湘其）裁缝店
铁匠店
（万水泉）卤菜店
（王选宝）灯笼店
（徐炳镇）屠宰场
（朱仁根）香烛店
（王连生）糕团店
（方心元）放绣花
（龚坤泉）纸扎店
（陈小弟）糕团坊
（严阿寿）苎麻店
（程全福）糕团店
（邢阿菊）邢泰记铁匠店
（王继积）竹行
（詹介治）木行
（华文卿）糖坊
德茂竹行
（曹敖泉）曹聚兴旧货店
元昌（大同）酒坊
常安居茶馆
（邢根荣）铁匠店
（韩秋生）竹行
（顾阿大）铁匠店
（吴晁银）木器店
（季阿荣）豆腐店
（海泉）纸扎店
（沈进）永大商店
煤炭店（徐阿炳）
鱼行（杨步高）
一寿堂药店（许伯荣）
锡作（徐金根）
纸扎店（周菊根）
芷江茶馆兼书场（邹根荣）
铁匠店（顾阿二）
圆作店（俞家生）
板壁弄
陈洽泰糖坊（陈桐生）
木匠店（刘光景）
锦仙园茶馆兼书场（曹老太）
糕团店（程全福）
茶馆（张桂福）
久丰油车坊（袁竹卿）
芦席、棺材店（袁根寿）
德茂竹行（潘文德）
竹场弄
元昌酒坊（章迪轩）
纸扎店（李金荣）
常安居茶馆（赵福根）
钱义兴旧货店（钱仁宗）
茶馆店（沈小弟）
小猪行（承汉范）

（续图）

陆墓街
元和塘
十泉街
前杏桥
塔莲桥
钓桥
北弄
庄家弄
（曹天仪）银店
（庄金虎）春园茶馆
（褚菊人等）复兴米行
（王洪兴等）同新酱园店
（潘楷仁）荣泰布店
（顾洪财）豆腐店
咸鱼行
（钦耕香）静园茶馆
（李保正）杂货店
豫长春店
（徐金男）纸扎店
邵有记桐油店
（范福生）范苑
（张樊功、钱文荣等）同茂米行
石聚记米行
（朱菊生）铁匠店
（王亭良）灯罩店
农具店
（李惠兴）成衣铺
天城溪南北货店（吴溪贤）
常乐茶馆（彭财宝、袁阿夯）
典当、范三和酒坊（范新载）
肉店（潘金寿）
面馆（芦邦林）
南货店（瞿阿玉）
百货店（张大男）
咸鱼行（马大宝）
馄饨店（盛其宝）
豫长春酱园（叶××委潘寿山代管）
南货店（潘得祺）
南货店（陈根基）
正源馆饭店（吴锡宝）
苎麻店（徐春生）
一寿堂药店（许阿炳）
公大米行（杨金虎）
麻线店（凌云金）
石聚记米行（石保世）
天丰酱园店（石保世）
瞿聚盛旧货店（瞿阿三）
烟馆（陈永寿）
米行（韩兴发）
漆匠店（王川寿）
银匠店
（徐炳章）砖瓦行
（徐怡元）砖瓦行
（王根大）橹店
（徐步云）医宅
（王家全）王同和号
（丁继荣）丁万茂酒坊
（王秉石）王通和号

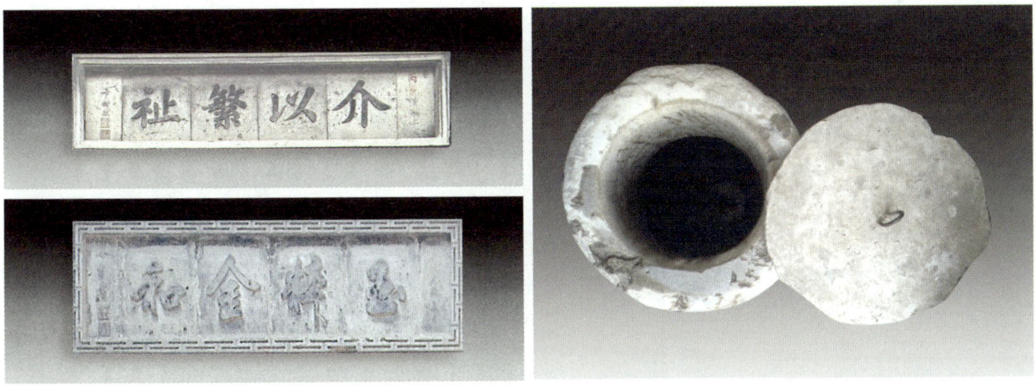

陆慕北街砖雕门楣及古井井圈　　　　元和街道办公室　提供

陆慕老街文化底蕴深厚。据 2005 年版《陆慕镇志》载，明清时期御窑金砖装载码头就在北街下塘。下塘街西不远处有省级文保单位“文徵明墓”“御窑址”，市级文保单位“悟真道院”和建于清光绪年间（1875—1908）的南桥。2009 年 12 月 3 日，相城区人民政府公布陆慕老街为相城区控保单位。

蠡口老街　南起猛将堂，北止观音堂，东为苏常公路，西靠元和塘。始建于清代中叶。原街分为南、中、北三部分，全长约 1500 米，有朱家桥、干煞桥、蠡塘桥衔接相连。南北两头沿街开设店铺，为商贸集中之地；中街主要是居民住户。整个老街，由南而北，成“一”字扁担形，街道宽度不足 3 米。旧时以石砖铺就。元和塘南北穿境而过，南街有普济桥，跨元和塘，为塘西百姓来往老街的主要通道。普济桥为旧式石拱桥，建

蠡口北街南端（左图）与北端（右图）　　　　源自2006年版《蠡口镇志》

1949 年蠡口市镇商业网点布局示意图

北天成酱油店(吴伯贤)		严记铁匠店(严连生)
金记茶馆店(金凤林)		王裕隆杂货店(王振华)
天保堂药店(王荣德)		陶记杂货店(陶杏生)
王记豆腐店(王祥钧)	北行门	汪记杂货店(汪世忠)
陈记肉店(陈德昌)		周二嫂饭店(杜周氏)
张记茶馆店(张阿二)		王家豆腐店(王祥荣)
朱家小猪行(朱松林)		同泰顺南货店(周兆南)
吴记茶馆店(吴仁荣)		养生堂药店(周兆南)
金记大饼店(金兴福)		周记布摊(周素芳)
泰源米行(沈颖东)		李记理发店(李义昌)
汪记杂货店(汪俊才)		叶记茶馆店(叶坤氏)
吴记豆腐店(吴阿林)		同春堂药店(汪志学)
万源米行(沈启东)		厚生昌南货店(朱厚生)
钔大成银匠店(胡炳生)		天兴馆面店(王宏本)
三省堂药店(吴炳先)		桂香村糖果店(杨宝林)
季记茶馆店(季云翔)	北	近悦斋糖果店(周贵福)
协丰酱油店(李庆熙)		天成永南货店(吴家贤)
赵记肉店(赵金寿)	街	
梁达文牙科		
曹记茶馆店(曹春荣)		

（续图）

陈记杂货店(陈阿木)		金记大饼店(金小毛)
张记地鲜店(张坤元)	北	潘记酱油店(潘灶生)
万记理发店(万阿水)	街	潘记饭店(潘氏)
胡记点心店(胡阿六)		
▲曹记茶馆店(曹志继)		
▲记寿堂棺材店(陆阿木)		
▲姚记铁匠店(姚阿根)	鑫塘桥	

说明：▲为鑫塘桥横街

胡记豆腐店(吴振定)		南天成酱油店(吴仲康)
沈记米行(沈央乐)		朱家豆腐店(朱洪贤)
秦记香烛店(秦惠华)	朱家桥	同济堂药店(张琴一)
张记理发店(张根生)		毛记糖果店(毛伟)
倪记茶馆店(倪龙生)		罗家烟馆(罗根生)
万记茶馆店(万阿狗)		李国安齿科
源昌杂货店(张春山)		乾昌杂货店（沈财源)
许记鱼摊(许荣林)	南	汪记酒店(汪东)
文丰布店(周岳亭)	街	秦记酒店(秦阿木)
薛记茶馆店(薛祖德)		牡丹理发店(朱水泉)
张万昌地鲜(张永发)		薛家饭店(薛田映)
陈贵记杂货(陈阿贵)		薛记裁缝店(薛招宝)
俞记肉店(俞阿多)		杨记糖果店(杨锦芳)

（续图）

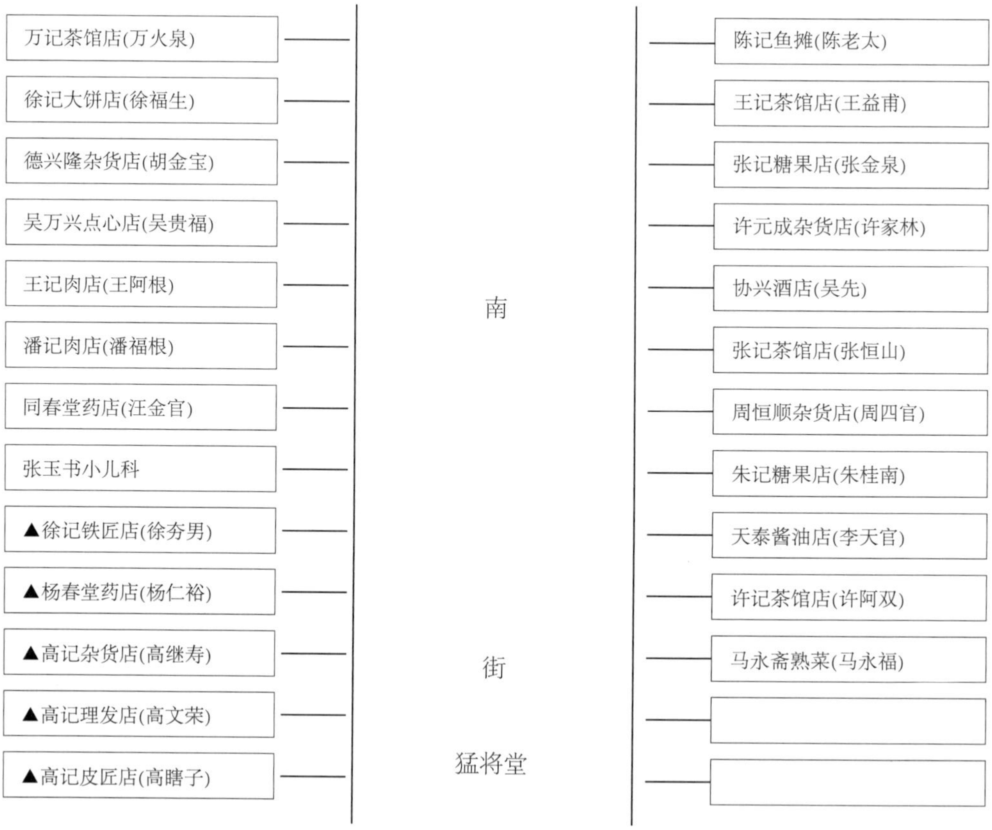

说明：▲为大桥（普济桥）下塘

于清代，为蠡口主要古迹之一。中街原有跨元和塘的庆忌桥，因年代久远，早已坍塌。为方便行人，后以渡船来往，故称其地为摆渡口。蠡口北街在黄埭荡与蠡塘河交汇处北侧，原由古石拱桥蠡塘桥连接北街与中街。桥南有斗姆阁，桥北即为北街街口。

旧时街镇主要从事商贸活动。蠡口镇南北两街店铺繁密，街道两侧开有茶馆店、面饭店、国药店、布店、米行、酱油杂货店、豆腐作坊、小酒店、肉店、麻线店。设有鱼桶摊、蔬菜摊、油条大饼摊。规模较大的，南街有南天成，北街有北天成。少有外来流动人口，街上的交易全在镇上居民及附近农民之间进行，是自给自足式的商品交换。镇北街蠡塘河边有国家粮库和集镇唯一的轧米厂。

民国时，水上交通经过蠡口的有黄埭班（苏州平门至黄埭镇）和常熟班（苏州平门至常熟城）轮船，经元和塘、黄埭塘，开往常熟和黄埭。还有一日一班的梅村班（苏州金门至无锡梅村镇）、杨舍班（苏州金门至杨舍镇）。在中街摆渡口设有轮船码头。陆上交通主要有苏州开往常熟的汽车，每隔 2 ~ 3 小时有一班车经过蠡口，苏常公路蠡口段设有蠡口汽车站（原址在葫芦浜北侧）。

民国时期，镇上办有一所国民小学，校址在中街摆渡口东面观音堂里，解放初期，移至南街朱家桥北端、原地主朱石溪宅院内，之后发展为中心小学。1958 年蠡塘桥南办起中学。20 世纪 50 年代中期，在中街一曹姓地主宅院内办起联合诊所。60 年代后，在中街东侧开拓东西向长 50 余米新街，并建造“十楼十底”商业大楼，商业中心开始转移。联合诊所发展为蠡口医院，相对集中了吴县北部地区的各科医生，随后又发展为地区医院，集中收治周边北至渭塘、北桥，东至湘（城）沺（泾）太（平），西至黄埭、黄桥的患者。其间，老街上先后办起木业社、机械厂、胶木厂、造船厂、沙发厂、棉麻厂等。

20 世纪 80 年代末，经济建设热潮渐起，蠡口乡政府在苏常公路东侧，规划和实施蠡口镇新区建设，各类商贸活动及企事业单位逐步东移，90 年代新区形成，蠡口老街不再有商贸活动，原来的商店房舍一部分为老街的居民住房，另外一部分为外来人口所租住。2019 年年末，老街南、中、北三段街区，多为普通陈年旧屋，有的已成危房，子女成家早已迁移新居。老街原住民大都自愿要求拆迁，街道办事处已实施分批动迁。

寺庙道院

悟真道院 位于御窑社区北。原为老何金庙（即老河泾庙），又称顾恺之祠，是为纪念东晋著名画家顾恺之而建造的。《武陵小史》载，庙“一在陆墓船底桥”。船底（抵）桥在原御窑村北船抵浜（今已拆除）。1941 年，《吴县各区寺庙调查表》称“老何金庙”（即老河泾庙）在八字桥。八字桥，因两座小石桥所构成的“八”字形状得名。相传老何金庙始建于宋淳熙三年（1176），是宋书生何中立退休之所，何中立道号蓑衣真人，传说凡民间疾苦，他祷翦衣蓑，煎服如神，院内曾有淳熙御书“通神庵”三个大

悟真道院鸟瞰（2019年）　　相城区地方志办公室　提供

字的石碑。此说并不确。明洪武初叶道元修建悟真道院。明天顺六年（1462）道士童守初重修。崇祯元年（1628）钮道禄复修。据明吴宽《重修悟真道院记》载，成化十四年（1478）吴宽路过齐门之北，苏州府学学生张嘉玉（吴宽的门生）时借悟真道院修习课业，吴宽遂造访了悟真道院。童守初在里人支持下，遂募建真武殿。清康熙年间（1662—1722），道士田洪科、里人欧阳钢等恢复扩建旧址，募建真武殿、玉皇阁。乾隆年间（1736—1795），老河泾庙更名“悟真道院”。光绪年间（1875—1908）重修，住持僧德霖，有9间庙舍。殿宇为砖木结构，六根木柱，又粗又直，经专家考证，系南宋建筑，正中小阁，原有顾恺之塑像。大殿上原有乾隆皇帝的御笔匾额“英风千古”。还有白马、观音殿和阎王殿等。大殿后面的小庭院里有四棵古金桂，树冠都超过殿檐。后殿是圣公圣母殿。清代彭

悟真道院苏州市文物保护单位标志碑
相城区地方志办公室　提供

定求有《重修悟真道院碑记》。1949年苏州解放后，观舍作粮库，故保存完好，尚有大殿、偏殿、厢房等20多间，大殿北面是一排堂屋。门屋前还有一对花岗石狮子。1986年，吴县人民政府拨款5000元，修缮大殿偏殿，在大门西边立“悟真道院”石碑，列为县级文物保护单位。2001年3月，列为苏州市级文物保护单位。2006年，扩建玉皇殿，建筑面积400平方米。2009年，建财神殿、慈航殿、吕祖殿、文昌殿、元辰殿以及山门、金钟、玉磬亭。2010年，道院总建筑面积19.4万平方米。2011年10月，重修后的悟真道院对外开放。至2019年，悟真道院保存完好。

太保堂（陈孝子庙） 坐落在原朱庄村（今姚祥社区），原朱庄小学所在地。据民国《吴县志》载:“陈孝子庙在蠡口张家庄，明弘治十二年（1499）建，孝子名兴立，宋初农人，母嗜临顿路糕，每日徒足往买，隆庆二年（1568）知府吴善言重修。”

庙的规模初为二开间二进，后扩建至八开间二进，逢初一、十五香火不断，代代不息。每年农历二月廿二，请戏班在庙堂前搭台唱戏两天，民间有“二月廿二，堂前做戏”之说。有石碑一块记载事迹，碑现存于吴中区文管会碑廊。1949年，部分建筑拆除，部分改建成学校。因城镇建设土地征用，学校搬迁，村庄全部拆除。

西尚书庙 据民国《吴县志》载“西尚书土地庙在蠡口北三家村”。即现蠡东机房，俗称“野荡头”的地方，后搬迁至采莲村杜家庄与朱巷村庙西交界处。民间传说庙建于唐初，庙内供奉老爷姓陆，人称陆仙公子，是替人看病的“郎中”，有一年皇后娘娘染病，御医无能为力，遂张榜告示遍访名医，陆仙公子经举荐入宫，治好了皇后的病，皇上十分高兴，官封其为“尚书”，身后建庙供奉享受世代香火。

庙为八开间门面二进，中间天井，后有大殿，旁有厢房，四旁古木遮掩，庙后有饮马池塘，大殿正中供奉“尚书老爷”，旁有观音殿，两侧厢房为班房，园内有天库，供烧香烛之用。解放后，西侧改为“采莲小学”，东侧为七大队（采莲村）大队部及部分村办工业用房，直至“文化大革命”房屋完好，至20世纪70年代末全部拆除，夷为平地，材料全部用于建造采莲村村部和采莲小学。后村部易地重建，采莲小学亦搬迁。2017年尚剩部分庙基。

青龙庙 青龙庙原在蠡西村龙道浜（今姚祥社区）。龙道浜，以其谐音，应作“龙逃浜”，意为青龙由别处逃至此地。此庙二进五间，庙不大而香火盛。庙前有4棵银杏树，四周绿荫蔽地，环境清幽。庙内正殿供奉青龙，旁供观音菩萨。逢初一、十五香客不断。1958年拆除。今由香客募集资金重建青龙庙于元和塘西侧。

歇墩庙 坐落在原歇墩村（今莫阳社区），古称“雪峰庵”，年代较久，规模较大。整个建筑为五开间三进，旁还有三开间门面的土地庙，门前场地有古银杏数棵，需六七人合抱，另有榉树两棵亦需五六人合抱，1958 年被砍。庙屋一度作大队办公室，一部分为小学校用房，主要建筑在“文化大革命”后期拆除。后翻建成一所完全小学，称歇墩小学，保留庙内一口古井，仍为学校使用，井水清冽甘甜。20 世纪 90 年代初，香客自发筹资在原址东首建造三开间庙堂。2017 年年底前，为建设相城区中环快速道，该地段被征用全部拆除，古井栏圈（清代）被相城区文管会收藏。

箬林庙 位于原蠡口村六组（今蠡口社区），现农贸市场即为原庙宅基所在地。庙为五开间门面二进，东西班房六间，第二进中间为大殿，中塑老爷坐像，坐北朝南，东西各塑有皂隶及官船，坐像后有朝北坐像一尊，俗称“二老爷”，大殿西侧还有观音殿，供奉观音菩萨，园子西侧是厢房，东西各有“天库”，供烧香烛之用。正门外有御道，道旁有 6 棵斗口粗柏树及 2 棵高大的梧桐树，庙后为一大片竹林，西北角有 1 株皂角树，直径有一米以上。1958 年人民公社成立后，在庙内办起丝织厂，1966 年庙屋拆除，所有材料用于建造位于蠡口中街葫芦浜口的公社大会堂和机关办公用房。庙基地因公社建造砖瓦厂，专门在此安装砖坯轧机，将高大的庙宅基整成平地，后改造成农田，至 1991 年蠡口镇规划新区，实施小城镇建设，遂在此建造蠡口镇农贸市场。元和镇成立后新建元和集贸市场，老镇农贸市场翻建为商场。

李庄庙 位于原胡巷村李庄（今北河泾街道朱泾社区），供奉的是“庆忌明皇”，当地百姓有“李庄土地，庆忌明王”之说。庙宇始建年代不详。庙所规模较大，门面为五开间，共分三进，中间为园子，两旁为隔厢，总共有房屋 15 间 4 隔厢，门前有 2 棵榉树，直径在 1 米左右。1953 年被征用为粮食仓库，60 年代末庙屋拆除，庙基尚存，后重建。2008 年始，建京沪高铁和苏州北站及规划高铁新城区，胡巷村委会辖区土地遂被征用拆迁。2010 年后庙屋拆除。2019 年在相城区殡仪馆北侧，由胡巷社区负责募集资金重建李庄庙及管理工作。

竹林庵 位于原唐家村寺泾上（今安元佳苑社区），庙所为四开间二进，第一进中供奉“猛将老爷”，东供奉“五方圣贤”，西为灶间。后一进为观音殿，供奉观音菩萨，园内中间有 1 棵直径在 80 厘米以上的朴树。整个庙基占地 3300 多平方米。有庙田 0.2 公顷（3 亩），田中有坟，坟中间有荷花缸。1962 年因建造栈条巷小学，拆除竹林庵，至 2019 年，小学已并入蠡口小学，校址地征作别用。

居全寺 俗称“车（读‘机’）钱寺”，在原文陵村里（李）浜（今御苑家园社区），今阳澄湖西路北侧。其东侧原村名聚贤庄，谐名而来。原寺门朝西南，后门到河埂郎，东面到高泾浜，北面为车钱庄村，西至今苏埭公路。前殿称拜佛殿，主殿大雄宝殿又称云盘殿，兴盛时有百余名寺僧。寺庙早废，1958 年，庙碑、洗碗池废。现主殿附近残存两块青石莲花柱石，柱面中间圆形直径为 68 厘米。今已不见任何遗迹。原址地亦拆迁作别用。

三乡庙 位于原徐庄村北（今澄阳街道徐庄社区）。传说为吴泰伯的后裔季札所建，故亦称季王庙。因是白鹤仙王三乡之土地庙，俗称“三乡庙”。庙原坐落在一块高地上，坐北朝南。庙共三进，20 多间殿宇。庙正门四间，前有一对石狮子，上有戏楼。进入二进为大天井，两边各有 6 间厢房。往里一排 5 间是大殿，中间供奉季札神像，身旁边两侧有侍从、皂隶。正殿西 5 间，有西书房、三乡太太殿屋，正中供季札父母神像。后殿东侧 6 间，作炊灶用斋之处。庙前石狮和两块碑均毁于 1958 年。新建的三乡庙前，存有一口古井。

小何金庙 位于陆慕下塘南街 135 号。坐西朝东，前面是陆塘（今称市河）。《武陵小史》记载，何金庙“一在庄桥北首”。沿河有照墙，庙有三进，大门上原有一块匾额，上书“晋敕封顾恺之庙”。门房两侧有应差和马夫的塑像。大殿前有香炉等器物。大殿里雕有顾恺之像，由整段檀香木制成。殿上两边塑皂隶像。近门处放置 6 对行牌，除“肃静”和“回避”外，还有“水土两部尚书”“总理金鹅三乡”等。大殿左厢房是“圣公圣母堂”，供顾恺之的父母塑像；右厢房是顾恺之的祖宗堂。后曾作供销社采购站，2019 年尚有残存建筑。

白衣庵 位于陆慕下塘北桥西南堍，在黄豆芽村（今下塘北弄一带，以居民多以制黄豆芽得名）之北。原为白衣古寺，亦称白莲寺、白莲教寺。三国吴赤乌十年（247），僧了然建。此为元和境内最早的佛寺。后毁，僧法云（荣）重建。明洪武三年（1370），僧证果、法圆重修。弘治间圮，善福道琼者更加建葺。寺内有宋朝卧佛名笔，明朝吴宽有记，其诗云：“焕然华构已增修，檀越金多手自投。想见望齐门北去，绕檐松竹带清流。”清顺治十三年（1656），僧镜月、一苇（微）和一音重建大殿。康熙二十六年（1687）七月十一，大风雨，山门倒塌，子因募建山门及天王殿，一音和慧传协募铸大钟。徐崧《白莲寺山门为风雨所倒口占》诗云：“名蓝尽说赤乌年，为慕庐山号白莲。最是山门关出入，怪他风雨不相怜。”白莲寺，南为宋泾河，西面临街，山门对着南桥，北至程（城）典弄，东到苏虞公路。寺院规模很大，传说有 5048 间殿宇，清末毁于战火。后由慧智比丘尼募化重建，庵内供一尊白衣观音，更名白衣庵。1949 年解放前后，有 3 间平屋和两夹厢、天井及后面 3 楼 3 底（底 3 间，高 3 层）。2019 年庵尚存在，存有白衣庵楷书“白”字砖一方。

古宅园林

胡宅 在濛泾小镇 39 号，户主胡祖熙。是元和现存最早的门楼建筑，除三块砖雕受损外，其余完好。门额上款为“乾隆戊辰岁孟夏，为鹤老年道兄书”。题额为楷书“腾蛟起凤”。取自唐王勃《滕王阁序》：“腾蛟起凤，孟学士之词宗；紫电青霜，王将军

胡宅（2019年） 元和街道宣传办 提供

之武库。”题额上方正中雕刻着一对蝙蝠，两边是八仙仙器。内门楼西向，南北两旁尚存两间夹厢。2019年，宅尚在。

邱宅 在陆慕下塘街115号，户主邱伯明。清咸丰十年（1860）陆墓街道遭兵燹，房屋半椽片瓦无存。后邱宅重建，门楼上镶嵌着一块砖额，上款为“同治庚午桂月谷旦”；题额为楷书“竹苞松茂”，落款为“华锡爵书”。2017年前拆除。

韩宅（2019年） 元和街道宣传办公室 提供

韩宅 建于清代，在陆慕上塘北街11号。户主韩布媛，坐东面西，保存较完好。其宅三进，面宽3间11.2米，进深37.6米，粉墙黛瓦、窗棂门楣、砖雕木刻、技艺精湛，屋内存有古井两眼，进门屋后面是砖雕门楼，横额上款为“光绪丁未年夏月吉立”；书额楷书“富贵繁华”，落款为“汪鸣銮书”，后砖雕被毁。大厅用花岗石板平铺，大厅前后的天井里植桂花5株。庭院清净幽雅。2017年后拆迁。

祇园 在白莲寺北里许，相传为红莲寺旧址。后更为园居，易姓不一。清康熙十七年（1678），金阊陈室郑氏，法名上果，刻旃檀圣像，购该园供奉，请童硕宏禅师主之。时正营建大殿，因遇灾荒停工，及童禅师从灵岩山到此，大殿才得以竣工。师勒有《鼎建祇园大殿碑记》。另有徐崧《丁卯宿祇园赋赠童和尚》，记为：“为爱闲园胜，支公作退居。溪通池水活，门入径桥虚。系艇窗前树，挥毫石上书。安能常到此，相对话樵渔？”已废，何时拆毁不详。

古桥

原陆慕境内元和塘两岸的桥梁别具一格，构成当地独特的“碧水小桥多，人家尽枕河”的自然景观。具有“桥挑桥”“桥对桥”“桥负庙”之特色。陆慕老街从南往北，共有宋泾桥、南桥、中桥、北桥、塔莲桥、庄桥、北小桥、南小桥、香炉浜桥、王泾浜桥、广惠桥、钓桥、前杏桥十余座石桥，为陆慕“三多”之一。漎泾境内还有福昌桥、含秀桥。

陆慕南桥（2019年）　　吴晓来　摄

陆慕宋泾桥 在陆慕十泉街（上塘）南，相传该桥始建于宋朝，为花岗石小拱桥。桥宽 2.7 米，长 16 米。桥顶上有一块巨大的紫石，长 247 厘米，宽 92 厘米。中间为圆形太极图。桥北的花岗石石栏上刻楷书："明永乐二十一年钱义东募众重建，明成化十三年白莲寺募众重建。大清光绪五年长洲县吴政科募众重建。"此桥是元和现存最古老的石拱桥。

陆慕南桥 原名太平桥，位于陆慕老街南端，跨元和塘。始建年代不详，清咸丰十年（1860）毁于兵事，重建于光绪二十八年（1902）。单孔石拱桥，东西走向，桥堍傍靠枕桥，俗称桥挑桥。主桥长 18.4 米，宽 3.2 米，跨径 9.8 米。引桥台阶东为 20 级，西为 18 级，两侧枕桥南北跨度 18.8 米，宽 3.5 米。拱券为纵联分节并列砌筑，9 道券石，上设护拱石。金刚石条石叠砌，并加丁头石，南北金刚墙内嵌置 4 根明柱，桥身南侧明柱镌刻"光绪壬寅孟春涓吉""藩宪拨款同人集资"；北侧明柱镌刻"重建中桥南桥两座""开浚全镇官河支河"。桥洞东西侧拱券上均刻有"禁止捕捉"字样。桥心石刻有如意、葫芦等"暗八仙"花纹。主桥与枕桥两侧均设有望柱、栏杆。有《齐门陆墓镇浚河筑坝修桥碑记》。南桥东南面为宋泾桥和香炉浜桥，三桥鼎立。2009 年 7 月，被列为苏州市级文物保护单位。

陆慕北桥 在原陆慕老街北端，花岗石拱桥。20 世纪 60 年代初拆除，在其北面建水泥桥，名利农桥，东堍南向有一块花岗石桥额，左刻"同治五年七月重修"，中间刻"秀毓澜迴"四个楷体字，右刻"仁济堂司□□造"，疑为老北桥横额。今水泥拱桥已拆除，土地已被征用，桥额不知流入何处。

福昌桥 位于�泾社区。清嘉庆元年（1796）建，光绪三十一年（1905）重建。单孔两条石质梁桥，跨内塘河，东西走向。长 12.9 米，宽 1.5 米，跨径 4.3 米，矢高 2.5 米。桥墩为花岗石金刚墙条石砌叠，两侧各有 2 根立柱，中间夹 7 块排石。桥面用 2 条长 5.5 米、宽 0.8 米的花岗石条铺设。南侧石条上镌刻"嘉庆丙辰光绪乙巳重建福昌桥"13 个楷体字。2019 年 8 月，被列为苏州市文物保护单位。

蠡塘桥 在蠡口北街，蠡塘河、黄埭荡和元和塘三河相交处，跨蠡塘河，沟通中街与北街交通的单孔古石拱桥。造型优美、结构精巧，桥体高耸挺拔，桥洞状如满月，用料精细，每石均雕以图案，或旭日东升，或夕阳西下。20 世纪 70 年代因影响蠡塘河水路运输被拆，后改建现代拱形水泥桥。新建桥南堍遗有桥联条石一柱，上刻"范蠡轻舟碧波行"。此桥东向左右桥柱上刻："一泓秋水寄怀情，范蠡轻舟碧波行。"西向左右桥柱上刻："东接龙漴西联埭水，南临苏齐北望虞山。"[①]

普济桥 位于蠡口老街南端。清光绪年间（1875—1908）建造，跨元和塘，单孔石拱桥，东西走向，有桥联。桥长33米，中宽3.1米，矢高7米，净跨10.7米。花岗石结构，拱券采用纵联分节并列砌制成马蹄形，东西桥坡铺设石阶，桥栏砖砌。1992年，拓宽元和塘时拆除。

含秀桥 位于漴泾社区柴米港上。始建年代不详，清光绪十五年（1889），由里人集资重建。花岗石单孔拱桥，5道拱券构成，跨柴米港，东西向。长16.6米，宽2.9米，跨径6米，矢高3.6米。桥心石有雕刻，设明柱4根、望柱10根和条石桥栏，拱券为纵联分节并列砌制，桥墩为金刚墙条石叠砌。全桥青石、花岗石混建，东西桥堍各设台阶18级，南侧楷书桥联"鼓棹南来港名柴米，扬帆东去河号洋澄"。由于年代久远，北面的篆体桥联模糊难辨。2009年12月，被列为苏州市相城区文物控制保护单位。

含秀桥（2019年） 吴晓来 摄

① 龙漴（蠡塘河东端）通阳澄湖，西入元和塘；埭水即黄埭荡。蠡塘河与黄埭荡为东西向，直线相通；苏齐：苏指苏州、齐指齐门，虞山为常熟古城北的一山。苏州与常熟元和塘直线相贯。

陆宣公墓原碑残碑

古墓

陆慕地区自古地势突兀，西面有虎丘和南阳山，寓步步高升之意；东部为阳澄湖，隐子孙绵延之义，许多达官贵人、文人雅客葬于此，仅文陵、御窑和虎啸一带，就有数百处墓葬。其中，孙武墓在原虎啸村孙墩浜，2005 年 5 月 12 日，在文陵村孙家门自然村修建孙武墓园。文徵明墓在御窑社区（孙武墓和文徵明墓见《文武元和》）。

民国尚存的陆贽墓前方的牌坊　　苏州市方志馆　提供

陆贽墓　墓址在陆慕下塘塔莲桥北堍，东临元和塘。坟茔坐西朝东，墓地面积约2670平方米。封土为馒头形，高2米多，直径8米多。坟地上留有一块青石碑座，长103厘米，宽38厘米，高41厘米。周围是罗城。前有石人、石马、石牌楼，石牌楼高6米多，四周有院墙。墓南建有塔院、陆宣公祠，祠内有陆贽塑像。墓地上有200多株古柏。其坟院为苏州凤凰街陆氏后裔所有。有墓道志记，陆贽的父亲陆侃曾任溧阳令，以贽显贵，授赠礼部尚书。去世后初葬苏州，建陆贽墓在此，故地称陆墓。《苏州府志》载，陆宣公祠“旧在齐门外六里。相传公卒于忠州，归葬其地。墓旁有塔院”。

1984年，陆墓镇文物普查时，夏圩村农民发现《重建圆通庵记》石碑，为清乾隆二十六年（1761）石刻。碑长 160 厘米，宽 80 厘米。其上刻有“齐门外三里陆墓镇，唐陆宣公衣冠墓之地”。陆贽墓为衣冠冢。今域地已被整平待用。

“阁老坟” 在原娄北村（今娄北社区），当地人称“申阁老坟”[①]，墓占地约 1.33 公顷（20 亩）。其坟在墓地东北部，封土出地近丈，青石罗城，墓冢朝西南。神道两侧有 2 个石人，2 匹石马。前为照池，通玉池河，池底有两口阴井。主坟旁边各有一个小坟，四周散布着 500 多棵松树。坟地东南处是申家祠堂，三环拱券门，主厅供祭礼祀，东西夹厢放置着长生牌位和棺材，祭田有 100 多亩。20 世纪 70 至 80 年代，农村大搞平田整地，所有坟墓全部拆除，改作粮田。

韩家坟 在原韩家村（今湖沁社区），相传为清朝状元韩菼的墓地。墓碑朝南，神道上原有石人、石马、石龟、华表等。1958 年挖掘时，只有一口空棺材，棺材两旁各有四个铁环，用铁链穿环，吊空在墓穴里，下有积水。已毁。

光裕社义冢 位于陆慕麦场郎。清同治四年（1865），评弹艺人许殿华、姚士章和马如飞呈请苏州府建义冢。凡所属评弹艺人去世后，无墓地者可寄存或安葬于此。相传墓地有房屋数间，以供存放棺材。第一进为石库门，三间。入内为天井，里面也有三间，中间的为灵堂，供祭奠。评弹名家马如飞、黄兆麟、许继祥和夏荷生等人，先后安葬在此。1949 年后堂屋早已不存，其地陆续建有屋舍、陆墓小学和经商店面。至 2017 年年底，麦场郎地块尚未征用开发，基本完好。

① 墓主待考。2005 年版《陆慕镇志》作申时行墓，误。申时行墓在今苏州市吴中区越溪街道新丰村。

苏州中国花卉植物园（2019年）

相城区地方志办公室 提供

元和三绝

元和民间工艺制作技艺源远流长，艺人辈出，特色显著。南宋时期，缂丝工艺由定州传入陆墓，并加以发展；南宋起陆墓始创蟋蟀盆制作。明代，陆墓御窑以烧制金砖闻名。明清以后，明清家具、圆作制作及纸扎技艺流传至今。1949 年后，特别是改革开放以来，元和人在继承和发扬传统的基础上发展创新，获得成功。至 2019 年年底，元和街道共有国家级“非遗”项目 2 个——苏州御窑金砖制作技艺、苏州缂丝织造技艺；省级“非遗”项目 2 个——陆慕蟋蟀盆制作技艺、仿古铜器制作技艺。其中御窑金砖、蟋蟀盆、缂丝声名最著，被称为“元和三绝”。

御窑金砖

发展沿革　自明永乐十九年（1421），明成祖朱棣迁都北京，兴建紫禁城大量用砖，派官员到苏州监制。《四库全书总目提要·造砖图说》载："明永乐中，始造砖于苏州，责其役于长洲窑户六十三家。砖长二尺二寸，径一尺七寸。其土必取城东北陆墓所产干黄作金银色者。"所制青砖细腻坚硬，"敲之有声，断之无孔"，用于铺设皇家主要宫殿室内。从现存三种金砖款式上看，明代烧造的砖被称为"方砖"，其中万历以后多称之为"细料方砖"；清代顺治以后一直称为"金砖"，其中康熙始称"细料金砖"，嘉庆始称"见方金砖"。

刻有铭文的金砖——御窑金砖　博物馆　提供

金砖制作工序图录

1. 掘

2. 运

3. 晒

4. 椎

5. 舂

6. 磨

7. 筛

8. 滤

9. 晾

10. 晞

11. 勒

12. 踏

13. 揉

14. 托

15. 装

16. 擦

17. 碾

18. 槌

19. 翻

20. 筑

21. 遮

22. 晾

23. 装窑

24. 糠草熏一月

25. 片柴烧一月

26. 棵柴烧一月

27. 松枝烧四十日

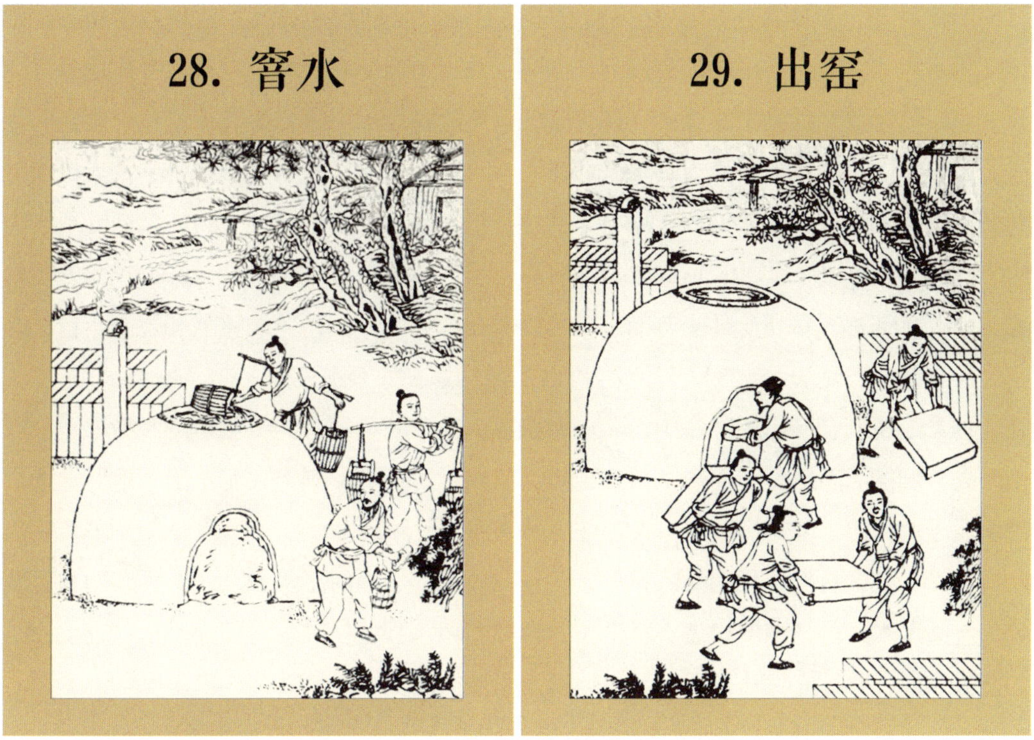

《金砖制作工序图录》

元和街道御窑村（社区），原名余窑村，位于陆慕街西，面积约 1 平方千米。该地一带素有砖瓦生产传统，历史悠久，尤以生产“金砖”闻名。明朝永乐皇帝将烧制“金砖”的双窑连体窑赐名“御窑”，村因此而改名。现存砖窑为明清时期古砖窑。

20 世纪 40 年代，金全根家有 1 座冲天窑；袁银根、袁阿三和袁阿五 3 户合用 2 座冲天窑；曹宝根和曹水泉 2 户合用 1 座冲天窑。1954 年，村建御窑砖瓦厂，有大窑小窑各 1 座。1979 年，新建 2 座盘窑。1989 年，御窑砖瓦厂在塘上村建 2 座大窑，恢复金砖生产。1991 年，御窑砖瓦厂迁至善济桥东，建 4 座大窑，占地超过 2 公顷。2005 年 7 月，经中国古建筑研究协会鉴定，陆慕御窑金砖为质量信得过产品。

2010 年 12 月，御窑砖瓦厂再次迁移至北桥街道灵峰村，新建 4 座大窑，占地 3.23 公顷（48.5 亩），年产金砖 4000 块。

金砖制作工艺

因属皇家专用品，古代御窑金砖制作的精细程度和烧制周期等，与普通青砖相差悬殊，因而成就了苏州御窑金砖制作技艺，也提升了作为金砖唯一指定烧造窑区陆慕窑工的制作技艺。

明清时期，金砖规格主要有一尺七寸见方、二尺见方、二尺二寸见方 3 种。金砖铭文所示尺寸，为出窑后的糙砖尺寸，实际尺寸通常会留有余地，以便砍磨后达到标准尺寸。目前保留完整铭文的金砖，都为未经砍磨的糙砖。另外，还有少量特殊规格的金砖。1989 年，基本恢复御窑金砖制作技艺后生产的新金砖，规格以毫米计，大大增加了其精密度。大金砖规格为 700×700×100，中金砖规格为 630×630×80，大加厚规格为 500×500×65，中加厚规格为 400×400×45，尺八方规格为 350×350×35，尺六方规格为 300×300×30。每块金砖上刻有“苏州陆墓御窑砖瓦厂制造”的铭款和烧制年份。御窑金砖烧制工艺复杂，至今沿袭传统手工制作，共有 20 余道工序。

选泥 烧制金砖需用陈黏土，不能有杂质。选取陆墓特有的黄色粉细沙型黏土。取土时先打洞探明表层泥土厚薄，采样定点，鉴别土质优劣，确定采泥范围。然后把选取的黄泥土运到砖坯制作场地堆起来，任雨淋冰冻，自然风化。

炼泥 把经自然风化的泥堆扒开，用铁锹斩泥，拣掉僵土块和杂质。连续四五遍后均匀浇适量水，再把泥堆起盖上草帘子，称“闷泥”。两三天后再扒开泥堆，斩泥泼水。如此五六遍，并反复踩踏，直至黄泥黏稠如糯米年糕。

部分明代金砖　　御窑金砖博物馆　提供

制坯 先把砖坯盒放在一平面上，一般以厚实、光滑、平整的石板为基础，再放上一块平整且略大于砖盒的木板，均匀地撒上少许草木灰以防粘板，然后取稍多于砖坯、炼好的黏泥放置到砖坯盒中填满，窑工赤脚将坯盒中的黏泥踩实，使坯盒中的砖坯无气孔。然后用钢丝沿坯盒表面切去多余的黏泥，再用砖杆（用较硬的木材制作成一个挺直的平面，宽 5 厘米左右，长出砖盒两个把手的木棍）沿砖盒表面来回压制磨平。然后解开砖坯盒，两人连同底板一起将砖坯抬至阴凉干燥的室内，平放至稍干后，再竖立起来阴干。如此来回翻倒五六次，直至发白干燥、坚硬。其间必须保持其完整性，不缺边、角，无划痕及裂纹。张问之《请增烧造工价疏》中记载："阅八月而后成坯。"

装窑 烧制金砖须用大窑。窑四周装置其他砖做围护，在窑中间部位装置金砖坯。装窑时两人抬砖坯，在窑中靠着其他砖坯呈人字形竖直镂空装置金砖坯，上下左右须参差搭牢，以防倒伏。行及列间还须留有火弄，以保证火苗能烧到每一个角落，也能保证窨水时，水气能涉及每块砖坯。每窑装坯 400 块左右，少则不利效益，多则不利质量。

烧制 "防骤火激烈。"先用稻麦柴、砻糠作燃料，文火熏烧一个月；然后以片柴烧一个月，又以棵柴烧一个月，再用松枝烧 40 天，共烧制 130 天。在这期间不能断火，随时观察火候，及时去掉膛内柴灰，并逐步关闭天眼、烟窗。最后窑温达到 1000 度以上时，封膛。

窨水 封膛后，立即在窑顶天眼上做水池。不间断地往水池中加水，使水渗入窑内汽化，使氢气、氧气与陶土起化学反应，砖成青灰色。后闷窑 6 天冷却 4 天，再打开膛门、天眼、烟窗进一步散热。

打磨 烧好的金砖从窑里搬运到工场里掸去烟灰，作初步筛选、分类堆放，然后打磨。先用墨线定样，用刨子把金砖六面刨得合乎尺码、光滑，再用细磨石蘸水打磨，最后用硬木板蘸水细磨。

出窑 金砖经打磨加工后包装待运。

副砖制度 明代，烧制金砖就有副砖制度，即窑户在烧制皇家要求的金砖（正砖）同时，加造或另造一定数量的备用砖（副砖）。清乾隆年间（1736—1795），江苏巡抚张渠的奏折中写到，"金砖成造维艰""合式者，往往十不得二，并有全窑无一砖可用者"。副砖的质量稍次于正砖，落选的副砖更次一点。副砖与正砖一窑所出。据《钦定大清会典》《钦定大清会典事例》记载，旧例二尺金砖烧造一正二副，尺七金砖烧造一正一副；顺治十二年（1655）题准，"每副砖十块，应减去七块，准造三块"。顺治十五年（1658），覆准金砖各按“一正一副开销”。

康熙十八年（1679），“每正砖十，准造副砖三”。康熙二十九年，又准“每正砖十，烧造副砖一”。康熙二十九年开始的“十正一副”制度，实际操作中难以施行，地方官员常以摊派公捐等方式，让窑户按照一正一副的数量烧造金砖。

乾隆三年（1738），江苏巡抚许容题请恢复副砖制度，即尺七及二尺金砖以“一正一副”烧造，二尺二寸金砖以“一正二副”烧造。建议正砖开销动用地丁钱粮，副砖开销则用“存公银两”。初被工部驳回，后再次上奏有所通融，“每造正砖十块，准动存公银两烧造副砖一块”，但副砖必须与正砖一起送往京城。乾隆四年，江苏巡抚张渠上奏，请求解决副砖烧造费用开销的问题“二尺二寸金砖准造一正二副，一尺七寸与二尺金砖准造一正一副”，“所造副砖数量内除斑驳破损不全者仍行弃毁外，如有尚系纯全之砖，应再加挑选，一体给发运解部收贮”。后同意按“十正三副”烧造：“乾隆四年覆准，一尺七寸、二尺及二尺二寸金砖均照顺治十二年、康熙十八年正十副三例烧造。”金砖十正三副的副砖制度沿用至宣统末年。

督造官员 明永乐至清宣统年间（1403—1911），金砖由朝廷工部下达烧制任务，苏州知府督造。具体负责的官员通过地方保甲落实到窑户，层层订立契约。至2010年，发现遗存金砖留名的苏州府官员有：明天启年间（1621—1627）的阎应衍，清雍正年间（1723—1735）的周梦锦，乾隆年间（1736—1795）的黄鹤鸣、刘慥、赵酉、李廷敬、傅炯、胡世铨，嘉庆年间（1796—1820）的任兆炯、周锷、瑭琸，道光年间（1821—1850）的额腾伊、李国瑞、汪云任，咸丰年间（1851—1861）的钟殿选，同治年间（1862—1874）的荆德模、李铭皖，光绪年间（1875—1908）的谭钧培、许佑身、魁元，宣统年间（1909—1911）的何刚德。陆墓御窑还承担徐州、池州、常州、镇江等府治“委造”金砖任务，这些委造金砖铭印上都标有委造年份、府治以及官员的姓名。如“正德十四年春季分造贰尺方砖委官池州府同知张”“正德十四年夏季分造贰尺方砖委官直隶徐州同知俞绫”和“正德十四年夏季分造贰尺方砖委官镇江府通判张沂”。

价格 清乾隆《元和县志》记载：御窑金砖或三五而选一，或数十而选一。每窑产优质金砖，数量极其有限，所以价格相当昂贵。清康熙四十八年（1709），一块2尺见方金砖造价9钱6分白银，相当于当时一石二斗（82.5公斤）大米。1989年，大金砖90元／块，中金砖75元／块，大加厚38元／块，中加厚15.20元／块，尺八方13元／块，尺六方11元／块。2001年，大金砖180元／块，中金砖130元／块，大加厚

49元/块，中加厚18.30元/块，尺八方15.50元/块，尺六方13.20元/块。2005年，大金砖190元/块，中金砖145元/块，大加厚52元/块，中加厚19.40元/块，尺八方16.30元/块，尺六方13.80元/块。2010年，大金砖208元/块，中金砖173元/块，大加厚61元/块，中加厚22.50元/块，尺八方19.20元/块，尺六方16.10元/块。

附：元和现存明清金砖

御窑村姚家存明正德元年（1506）五月烧制金砖两块，标有年号、烧制时间、府名、监制官吏姓名、烧制窑户姓名等，未标明尺寸。韩家村王家存一方明代“正德十四年夏季分成造贰尺方砖”，标明尺寸和砖名。古巷村徐家保存一块明代“天启陆年成造尺七细料方砖”。上塘村万家保存一块清代“顺治十三年造尺柒细料方砖”（残块）。上塘村潘家保存一块“康熙贰拾壹年造细料金砖”。毛泾村胡家保存一块清雍正十年（1732）金砖。御窑村金家保存一块“乾隆二年成造细料二尺二寸金砖”，上有帝号、年份、质地、尺寸、砖名、府名、官名、甲次和窑户姓名等铭款。香炉浜张家保存一块“嘉庆拾贰年成造细料贰尺贰寸金砖”，长形，较少见。南窑6队杨家保存一块宣统三年（1911）烧制的金砖，属特大号金砖。另有少量金砖字迹漫漶，无法辨认。

陆慕御窑址 位于御窑社区。窑址南北坐向，东西长35米，南北宽33米，占地1155平方米。窑址为晚清风格，或始建于明代。外部为双窑连体结构，内部窑膛和烟囱各自独立，窑内呈圆锥形，拱形窑门，圆柱形烟囱。渗水池位于窑顶。2006年6月，被列为江苏省文物保护单位。

传承保护

御窑金砖传承 自明初永乐帝南都北迁并营建紫禁城开始，一直到清末宣统帝宣布逊位的五百多年间，陆墓（陆慕）窑区始终都是皇家建筑宫殿室内用砖——金砖的烧造采办之地。清王朝灭亡后，御窑金砖制作技艺一度流散民间。“文化大革命”期间，金砖制作技艺几乎中断。苏州御窑金砖厂是始建于1950年的一家古建砖瓦生产企业。1984年，《参考消息》转载《明镜快报》一则消息称，海外侨胞目睹故宫地面坑坑洼洼，以为国内金砖工艺已经失传。时任陆墓镇御窑村党支部书记的曹福南致书故宫博物院，

学生在陆慕御窑前写生（2019年）　　元和街道宣传办公室　提供

呼吁抢救金砖制作工艺。此后，故宫博物院古建部主任李润德专程到苏州，达成重制金砖意向。1989 年，苏州陆墓御窑砖瓦厂基本恢复金砖制作技艺，为苏州玄妙观成功烧制首批 200 块新金砖。1990 年，御窑砖瓦厂为故宫提供新金砖样品。此后，御窑金砖因其独特制作工艺而成为当今修缮古代皇家建筑唯一的指定用砖。除了皇家建筑外，民间古建筑的修缮以及高档仿古建筑的兴建，也使用恢复古法后的御窑新金砖。

苏州御窑金砖第五代传人金梅泉十多岁就随父学习金砖制作，1984 年担任御窑砖瓦厂厂长。2006 年 5 月 20 日，御窑金砖的制作工艺被列入第一批国家级非物质文化遗产保护名录。6 月，窑址被列为省级文物保护单位。2007 年 6 月，御窑砖瓦厂厂长金梅泉成为第一批国家级非物质文化遗产项目代表性传承人。12 月，御窑金砖在第八届中国民间文艺“山花奖”民间工艺精品展展出。相城区启动陆慕古御窑保护工程，出台《陆慕古御窑保护框架意见》，并把泥质相近的北桥街道灵峰村西部地区选为新的御窑金砖生产基地，使御窑金砖形成“南研发展示、北生产烧制”的格局。自2008年起，金砖厂启动古法重制明清原味金砖项目。金梅泉招聘部分老窑户的后代，通过言传身教，使他们掌握制造金砖的基本技艺。2010年3月，金梅泉在古御窑前举行传承仪式，将祖传一百多年的制砖工具“碰板”和三枚制砖印章交给长女金瑾。金瑾接掌御窑砖瓦厂，正式成为御窑金砖制作的第六代传人。2013年12月，首批按古法重制的原味金砖试炼试烧成功出窑。2014年，御窑金砖制作技艺散存民间一百年后首次进京展陈。2015年，苏州御窑金砖厂将用古法重制而成的新金砖样品送检景德镇陶瓷大学国家陶瓷质量监督检测中心，并与古金砖进行比对。结果显示，新制金砖的质量已非常接近古金砖。自此，御窑金砖厂成为唯一有能力生产古法金砖的企业。

烧制金砖的御窑（2019年）　　相城区地方志办公室　提供

2018 年 3 月 23 日，苏州陆慕御窑金砖厂在御窑遗址窑烧制了 4 个多月、以古法重制的金砖出窑。此次以古法重制的金砖，是自清宣统三年（1911）后，金砖第一次在老窑中进行烧制。窑内按古法重制的 630 块砖坯在经过 130 天焙烧、10 天窨水、4 天冷窑后出窑。所有金砖出窑后被运往金砖厂，专门的质检人员依据《清宫金砖档案》记载，按古法对每块金砖进行仔细检测。御窑金砖厂在这批金砖中选出精品，将三种尺寸共计 100 块金砖送往故宫用于古建筑修缮。此外还有部分供给国际陶艺协会主席雅克 · 考夫曼，用于 2018 年 5 月底举办的金砖作品展。

苏州御窑金砖博物馆 2016 年 5 月 18 日，苏州御窑金砖博物馆开馆。位于中心商贸城与陆慕老镇之间，占地面积近 3.9 万平方米，建筑面积 1.5 万余平方米，是全国唯一以展陈“御窑金砖”为主题的博物馆。整座博物馆由游客中心、主馆、御窑址、残窑址、当代艺术交流中心、文创体验馆等几个功能区域组成。该馆传承传统工艺，展示皇家御用的自明朝永乐至清朝宣统年间（1909—1911）的 1266 块金砖。主馆分“开物”“成器”“致用”三个篇章，以一块金砖的视角，详细描绘了金砖从生产、运输至成材使用的过程。开篇列举金砖制造的 9 道工序，通过时间轴的推移，讲述了金砖“由土变砖”的神奇过程。中篇通过展陈格局的布置，构筑姑苏与京城的对望，将金砖从相城到京城的漕运旅途进行分段解读。终篇通过对史料和实景的展示，诉说金砖在京城致用的故事。整座博物馆的核心灵魂则是馆区内的双孔连体御窑，这座古砖窑从清朝晚期开始投入使用，至今窑火未断，是国内少有的“活态文物”。2019 年 3 月，被列为国家 AAAA 级旅游景区。

陆慕蟋蟀盆

发展沿革　南宋，陆墓开始烧制蟋蟀盆，以精巧闻名。明宣宗朱瞻基爱好斗蟋蟀，民间亦盛行。明李诩《戒庵老人漫笔》载："宣德时苏州造促织盆，出陆墓邹、莫二家。曾见雕镂人物、妆采极工巧。又有大秀、小秀所造者尤妙。"清钱思元《吴门补乘》载："陆墓窑户如鳞"，其中有专门烧制蟋蟀盆小窑的描述。清末民国初，陆墓制盆名家李秀芳、王云樵、杨洪兴、李栋敏等人，曾为梅兰芳、穆藕初、徐兰芷等名流定制过"兰""藕""霜"等蟋蟀盆。抗日战争时期，陆墓蟋蟀盆烧制业衰落。20 世纪 50 年代，陆墓有少量窑户烧制蟋蟀盆供应市场，60—70 年代中断。90 年代，陆慕蟋蟀盆烧制业逐渐恢复并兴盛起来。2000 年，御窑、南窑、日益等村有 150 多户农户烧制蟋蟀盆，产品销往北京、上海、无锡、南京、天津、武汉等国内城市及国外市场。至 2017 年，元

陆慕蟋蟀盆　　吴志文　摄

和有 2 家蟋蟀盆专业生产厂、1 家经营商店。

烧制工艺

陆慕蟋蟀盆制作，从选泥至成品，有十多道工序。主要有选泥炼泥、锻锭压模、制坯刻花、焙烧研磨。

选泥炼泥 以阳澄湖周边泥土为上品。清除表层土，取原始土，以黄、青、白三色生泥为佳。采集的泥土露天存放一年，待其自然分解为细颗粒状。将细粒干泥粉浸泡于水缸或水池内，清除杂物。用竹竿或木棍将水缸中浸泡的泥粉捣成泥浆，稠厚均匀，然后用细网筛到另一缸中，去除泥浆中颗粒使之更纯。沉淀数日，再搅拌过滤，如此反复三次谓“三搅三滤”。所用细网，一遍比一遍细，最后将澄清的水倒去，剩下泥浆。将黏稠的泥浆装布袋扎紧，慢慢阴干或晒干，阴、晒时要经常翻袋透气，使其内外干湿均匀成料泥，储于通风室内数月再使用。

锻锭压模 将阴干或晒干的细泥加上适量的水，反复炼踏成团，达到黏韧滑亮，再锤打分段，做成泥锭。泥锭大小，根据制盆需要而定，一盆一锭。根据不同盆形将泥锭称重，均匀分量。制盆土模有 3 种，分盆圈（盆身）、盆底和盆盖。土模四壁用粉末细泥涂抹，以利脱模。然后将泥分别挫捶成条状或方形，分别置于 3 种模内，压出粗坯后脱模晾干。

制坯刻花 将盆坯内外修刮至光滑。待稍硬后，即放转盘打光，如有气泡，用针一一刺破，将气挤出后用泥填平修光，使盆坯内外光滑平整。在盆坯底压上印章，再用锯尺把盆圈下部锯除，留出平稳均匀的一圈平面，然后用同样的 泥浆做涂胶，涂在盆圈锯平处，压上盆底，使盆底盆圈成一体。在盆盖锯槽口，分别有凹凸之榫，榫头必须与盆圈匹配，不可有丝毫松动，使盆、盖合榫，严丝合缝。最后做光晾干，经晒或烘使盆坯干硬。

焙烧研磨 烧制蟋蟀盆用砖砌小窑，也有以铁桶代窑。装窑为叠装，窑不能有裂缝。焙烧用木柴，窑火控制在 900 摄氏度左右，掌握火候和时间。每窑烧 2 ~ 12 小时，窑内制品出现冻水透明状，火苗呈橙黄色，即可封窑。约停窑 10 小时后，趁热出窑，将盆放入水缸或水池中浸泡一周左右，让其充分吸收水分后取出。待干后，反复研磨盖、盆，然后用刀具在盆体上细心雕刻画面，并根据画的内容，上色、抛光即为成品。

传承情况 明清时期，制盆名家有邹显之、邹振荣、邹宏发、邹唯新、李公亮、杨鸿兴和袁鸿石等；民国时期，有李东明、袁恒顺等。1980 年，陆墓南窑村叶逢春烧制的

陆慕蟋蟀盆作品　　元和街道社会事业局　提供

直筒蟹壳青水盆和盆中盆由上海蟋蟀研究会定购收藏。1981 年，陆墓南窑村徐鸿江烧制的代表作品八仙盆，一套 8 个，每个盆壁刻一位仙人全身像。南窑村安学良烧制的九龙蟋蟀盆，顶盖刻凹形蟠龙，腰鼓形盆壁上印有 8 条吐水小龙，造型生动传神。2000 年，南窑村蒋泉林烧制的九龙蟋蟀盆，直桶式壁上印有 4 幅升腾小龙，每 2 条相向呈双龙戏珠状，有大红、水青和墨青三色。2001 年 2 月，南窑村袁中平烧制的“百子蟋蟀盆”获第二届中国民间文艺“山花奖”；“胜战计盆”“麒麟唤真龙盆”在第三届中国工艺美术大师精品博览会上分别获得银奖、铜奖。“松竹随缘盆”“麒麟唤真龙盆”获首届中华（天津）民间艺术精品博览会金奖、中国杭州国际手工艺博览会银奖。2007 年，袁中平烧制的“岁寒三友盆”获苏州市第七届“五个一工程奖”。2008 年，袁中平被苏州市政府列为非物质文化遗产项目“陆慕蟋蟀盆制作技艺”代表性传承人。2010 年，袁中华的“抽丝双底盆”获江苏省工艺美术精品展艺博杯金奖。同年，袁中华被江苏省人力资源和社会保障厅授予国家级“高级工艺美术师”称号，2013 年，袁中华被江苏省政府列为非物质文化遗产项目“陆慕蟋蟀盆制作技艺”代表性传承人。

2005 年 1 月，蟋蟀盆雕刻陈列馆在齐门北大街蠡塘桥南堍上声公司旧厂房内设立，陈列馆占地面积 40 平方米，展陈蟋蟀盆、雕刻图片，其中藏品 300 件（幅），陈列品 3000 件（幅）。

缂丝织造

发展沿革　缂丝，亦作刻丝、克丝，以“通经断纬”的高超技法，使花纹图案呈现“承空观之如雕缕之像”，被誉为“织中之圣”。因为图案精美，工艺复杂，因而有“一寸缂丝一寸金”之说。宋代靖康以后，迁都临安（今杭州），随着政治、经济、文化中心的南移，工艺美术由北南迁，很多名工巧匠也被带到南方，缂丝由原先所制最佳的河北定州传入江南，开始在松江、苏州一带流行并得到发展，后基本集中于苏州陆墓、蠡口一带。明代，除宫中有御用缂丝艺人外，苏州缂丝已有相当规模，形成了自己的风格，当时在苏州齐门外陆墓镇已有一批艺人，从事缂丝织造。陆墓、蠡口缂丝已负盛名。明代王锜《寓圃杂记》称成化间，吴中“刻丝、累漆之属……今皆精妙”。名工朱良栋缂制的《瑶池献寿图》（藏于北京故宫博物院）轮廓清晰，尤为冠绝。名家吴圻缂制的沈周《蟠桃仙》也为北京故宫博物院收藏。清光绪末年，陆墓张花村沈四桥、王新亭供职皇室内廷，为慈禧太后缂织《八仙庆寿》袍料和霞帔。蠡口姚祥村沈金水为宣统皇帝爱新觉罗·溥仪登基赶制2件龙袍。1915年，王新亭之子王锦亭缂织的《麻姑献寿图》参展巴拿马国际博览会并获奖。清代，陆墓与蠡口、黄桥交界处的张花村户户有织机，成为著名的缂丝村，织物主要是蟒袍、马褂、补子等。清末，境内缂丝生产衰落，艺人减少。民国初，陆墓、蠡口、黄桥和阳澄湖周边地区只有少数农户从事此业，为宫廷织造过缂丝的工匠仅存数人。20世纪20年代，境内缂丝生产一度“工艺式微，生计几绝”。陆墓王氏缂丝传人王茂仙同蠡口艺人沈金水等，联络上海租界商人，组织艺人生产缂丝产品出口。其时王、沈两人家有织机80余台。抗日战争时期，缂丝艺人大多转业，技艺几近失传。

1952年，王茂仙应邀到无锡江苏省苏南美术工场传授缂丝技艺。1954年，王茂仙、沈金水、徐祥山、张玉明、沈根水、赵金水等艺人成立缂丝组。陆墓、蠡口、黄桥一带农户恢复缂丝生产，产品多售于上海工艺品商店。1957年，蠡口姚祥村组织近20台织机生产缂丝。是年10月，蠡口缂丝厂成立，有40多台织机和40多名艺人，产品出口欧美等国家和地区。1963年，蠡口缂丝厂解散。苏州刺绣研究所组织李荣根等赴京复制故宫藏品《梅花寒鹊图》。1972年，陆墓、蠡口艺人陈阿多、沈根娣、孙雪英、陈杏根、邱水宝、邱阿妹调入东山吴县工艺美术研究所缂丝车间。1973年，陆墓、蠡口设立吴县缂丝厂分厂。1982年，陆墓缂丝一分厂研制成功“三异缂丝”。1985年，陆墓缂丝一分厂与上海丝绸进出口公司联营，更名为上海丝绸缎进出口公司缂丝联营一厂，增建蠡口加工厂。1986年，蠡口加工厂与江苏丝绸进出口公司联营。陆墓镇张花村全村472户，有300多户从业。1989年，蠡口北街王水珍名下缂织机有近200台，主要缂织日本和服腰带。1992—1998年，蠡口镇有30多户缂丝专业户，平均每户有缂织机100台，全村缂丝年产值3亿元左右。1999年，张花村有171家缂丝户，陆慕镇袁埂郎34户中，有27户以缂织日本和服腰带为主。2010年，有缂丝厂2家，从业人员29人。2019年，元和街道有缂丝从业人员30人。

缂丝选稿（临齐白石作品） 苏州市地方志办公室 提供

缂丝工艺流程

缂丝工艺流程分 30 多道，主要有选稿、调经、牵经、挑交、打翻头、拦经面、绘样、配线、摇线、缂织、整理、装裱。

选稿 样稿一般由客户提供，艺人自制作品多以历代名画为粉本。现代艺人也选油画和照片为样稿。

团扇缂丝　　苏州市地方志办公室　提供

调经　将每根经线穿过竹筘缝隙，固定卷绕到织机的后送经轴上。

牵经　把生丝经线牵出，固定到前卷经轴上。

挑交　把经面上的经丝奇偶交替分成一根上一根下两层，按照作品效果的粗细表现需要，分成多种经线组合的上下两层。

打翻头　把每根经线扣上丝线卷，结在翻头木条板上，分为上下两排，使经面可上可下交替开口。

拦经面　在上好的经面上，拉上几梭纬线，使经面排列均匀。

绘样　把图案勾稿用撑样板托于经丝下面，用毛笔依样在经面上勾画出图样轮廓。

配线　根据图稿色彩，选取用于缂织色彩的纬线。

摇线　将彩色纬线摇绕至梭子中的竽筒上，然后将线筒装进梭子。

缂织　脚踏竹棒，控制翻头上下开口，手工穿梭后，将拨子在纬线上均匀拨压，另一只手将线条轻轻按捺，逐渐放松，然后交替经面开口穿梭拨压。根据图案结构采用不同的缂绢技法，完成后将作品从织机上剪下。

整理　完成后的缂丝作品正面附毛（纬线线头），铺平后用剪刀修剪无痕，如作品有较大竖破缝，需用细针色线缝合。

装裱　将作品拉平装裱，装裱框多选优质红木。至此，作品完成。

缂丝技法

指缂丝工艺表现技法或称戗法、戗色法、镶色，其中包括色线的使用技巧。常用技法有平缂、勾缂、搭梭、结、掼缂、长短戗、木梳戗、凤尾戗、掺和戗、包心戗、斜戗、压扬梭、盘梭、合花线、子母线、刻鳞法、透缂、三蓝缂法、水墨缂法、三色金缂法、缂丝毛和缂绣混色法 22 种。

平缂　又称齐缂。依照图案色彩的变化顺经纬之理进行平纹交织。

勾缂　又称勾边。用于纹样边缘以区别主体纹样色彩的另一种色线，缂出明显的边界或轮廓线。主要用在图案、花卉枝叶的轮廓线等具有分别色彩层次，以及划分纹样界线的地方。

搭梭　又称笃门闩。织到两种不同颜色花纹相接的边缘时，对形成的“竖破缝”，每隔一定距离用两边的色纬相互搭绕对方色区的一根经线，使之连为一体。

结　用相近的两色或三色丝线，按退晕的色阶层次顺序缂织，使纹样增加立体感和层次感。

缂丝世家传人王嘉良　　祁金平 摄

攒缂 用两种或两种以上相邻的不同颜色丝线，依纹样轮廓顺序有层次排列缂织，起到晕色效果。

长短戗 又称梅花戗。在花纹由深至浅的晕色中，利用缂丝线条伸展的长短变化使色纬与浅色纬互相交叉，以取得自然晕色效果。

木梳戗 用不同色阶的丝线互相交错戗织，使粗细相同或者由粗变细的长短连缘整齐划一，如同木梳齿缘一般。

凤尾戗 以两种色线交替缂织长短、粗细不同的线条，线条的戗头一排粗钝一排细尖，粗短，细长，粗细相间排列。因形如凤尾而得名。

掺和戗 由深到浅的过渡，或深浅色交替，不一定平均使用。深浅变化为表现图案的层次。

包心戗 从两边同时向中间戗色，使颜色产生深浅不同的层次变化，以表现图案的立体感和转折变化。

斜戗 按图案丝理顺序缂织。主要用于表现鸟的羽毛蓬松感。这里除了需掰丝外，还借鉴刺绣针法原理以达到颜色转光的效果。

压扬梭 用两上两下的梳法排列开来，做两梭更换一个翻头。用于隔花图案如窗隔花、门花等。

盘梭 用两个梭子在同一根经线，一上一下盘绕缂织，形成人字形。

合花线 用两种或两种以上深浅不同的色丝捻成线，以表现花纹的质感和明暗变化。

子母线 分为单子母和双子母经。用一根纬线在两根经线上缠绕，使缂丝制品层次更加分明，疏密均匀而富有装饰性，并能解决“竖破缝”问题。

刻鳞法 以斜戗和环戗为主，其形象似鱼龙鳞甲片。

透缂 即双面缂。缂丝制品两面花纹相应，外观清晰平整，如刺绣的双面绣。

缂丝龙袍 吴志文 摄

三蓝缂法　在浅色底子上用深蓝、品蓝、月白三色退晕，戗缂成各种花纹图案。

水墨缂法　在浅色底子上用黑色、深灰、浅灰三晕色戗缂法织制花纹。

三色金缂法　在深色底子上运用三种颜色，深浅不同的捻金银线，使缂丝作品有花纹闪亮的效果。

缂丝毛　用丝线缂织底纹，毛线缂织花纹，使花纹具有毛线凸起的装饰效果，物象质感逼真。

缂绣混色法　在缂丝作品上结合缂丝、刺绣和彩绘三种手法，增强织物的装饰效果和艺术表现力。

技艺传承　1957年，陆墓张花村王茂仙出席全国第一次工艺美术代表大会，其作品有《鹅竹》《牛郎织女》《莲塘乳鸭图》《八仙图》等。1966年，张玉明和俞家荣按轻工业部要求缂织毛泽东诗词《七律·长征》，作品长6米，宽1.7米，参展全国新题材工艺品展览会，后挂置北京人民大会堂西藏厅。沈金水晚年两幅《金地缂丝牡丹屏》分别被北京故宫博物院、天津艺术博物院收藏。1972年，陆墓张花村徐祥山缂织《玉兰牡丹图》，翌年，毛泽东主席将其赠送朝鲜国家主席金日成。1977年，张玉明、俞家荣、奚月敏等为毛主席纪念堂缂织《西江月·井冈山》，作品长8米，宽2米。1978年，张玉明、李荣根为北京十三陵办事处复制定陵地下宫殿出土的明万历皇帝缂丝衮服，后获第四届中国工艺美术“百花奖”金杯奖。1980年，陆墓张花村王嘉良（又名王加良）以多种技法缂织《三星图》，获1982年江苏省工艺美术精品“百花奖”。是年9月，蠡口姚祥村陈阿多，随中国工艺代表团赴香港现场表演缂丝技艺；其代表作品有《童子拜观音》《金鸡牡丹》《紫藤双雀》《清溪浴鸭图》等。1983年，王嘉良缂织《得意图》在德国国际博览会展出，代表作品有何香凝绘制、沈钧儒题款的《猛虎图》。2004年，王嘉良等人为在苏州召开的第二十八届世界遗产大会缂织吉祥物《圆圆》。

2004年1月，缂丝制作陈列馆在嘉元路凌浜社区设立，陈列馆占地面积130平方米，展陈缂丝精品藏品件15件，陈列品件86件。2006年，苏州缂丝织造技艺入选国家级非物质文化遗产名录。2009年，缂丝作为中国蚕桑丝织技艺入选世界非物质文化遗产。2008年，王嘉良成功复制明神宗朱翊钧的衮服。2010年，王嘉良缂织的2件仿清龙袍作品，分别获得第五届中国民间工艺品博览会金奖和江苏省艺术博览会金奖。2013年，故宫博物院第一次引入70多位社会人才修复文物，王建江作为缂丝世家的第六代传人，第一次被请进宫修文物参与修复乾隆“福、寿、绵、长”四条屏。其后，成功复制明朝孔雀羽翎龙袍和清朝乾隆缂金十二章龙袍。同年 10 月，王建江与妻子周建妹合作织造的“仿清代龙袍”在首届中国红木家具博览会中式家居用品暨江苏苏州工艺美术精品展会上获银奖。

2017 年元和街道非物质文化遗产传承人一览表

表 1

项目名称	传承人	级别
御窑金砖制作技艺	金梅泉	国家级
	金　瑾	区级
蟋蟀盆制作技艺	袁中华	省级
	袁中平	市级
	苏晓红	区级
	曹　超	区级
	叶逢春	区级
缂丝织品制作技艺	王嘉良	省级
	王建江	市级
	王昌江	区级
	王水珍	区级
	周建妹	区级
	王明荣	区级
	袁雪琴	区级
仿古铜器制作技艺	陈巧生	省级
	陈冠丞	区级
二胡制作技艺	周　健	区级
金银丝镶嵌技艺	冯文寅	区级
面塑技艺	李顺才	区级
	姚长英	区级
赏石制作技艺	李金生	区级
食品雕刻技艺	李顺才	区级

特色产业园区

20世纪90年代，蠡口家具城就已经成为全国第二、华东第一的家具市场。2002年2月，陆慕、蠡口两镇合并成立元和街道。街道利用两镇优势，对中心城区产业规划了片区化发展思路，以产业规划为导向，重点发展文化创意、商务商贸、人工智能三大产业，引导和鼓励培育专业特色楼宇，吸引优质企业入驻，此外还发挥独特的区位优势，统筹推进城区文商智旅全产业链发展，为相城中心城区注入新的商业活力。2010年，街道利用自身的资源兴建各类服务业投资载体，鼓励房地产商兴建各类中高档商务写字楼，以便发展“楼宇经济”和现代“税源经济”。同时，还注重引入软件行业、高科技行业、科研机构等各类集约型企业。2019年，元和街道立足“五大功能片区”的元和高新区片区，重点发展文化创意、人工智能、大健康和商务商贸等产业。街道特色产业中较为著名的有江苏蠡口国际家具城、苏州市相城国际汽车城、元和文化创意产业园、元和科技园等。

江苏蠡口国际家具城

蠡口家具城建于 1992 年，是华东第一、全国第二的家具市场，先后被苏州市政府命名为特色商业街区，被表彰为苏州市服务业重点集聚区，“优秀家具产业集群”，被中国家具协会授予“中国东部家具商贸之都”称号。家具城总建筑面积 150 余万平方米，有 3000 余家厂商进驻，4000 个摊位，从业人员 5 万余人，年客流量 300 万人次。经过多年发展，家具城不仅是终端消费者的卖场，更有一半业务来自大宗批发业务，聚集到这里的江苏总经销、华东总经销达百家之多，仍在扩大建设的家具物流园把家具仓储、

蠡口国际家具城（2019年） 元和街道宣传办 提供

中国蠡口家具市场（2019年） 元和街道宣传办 提供

运输、质检、金融、通信整合在一个平台上，不论是普通消费者还是大宗买家，所有顾客都能在这里享受到一站式服务。2019 年，家具城领跑全国家具行业，其销售额 145 亿元。

发展沿革 民国时期至新中国成立初，蠡口地区有金记、谈记、董记、殷记等几家圆作店，从事脚盆、脸盆、马桶、提桶（水桶）、浴桶等家具制作。居民、农户每逢有嫁囡送女一类的喜事，便去店里定制，或请工匠上门打造。20 世纪 50 年代末，随着集体经济的壮大，人民生活水平的提高，家具业开始兴起。1962 年，吴县手工业联社把全镇从事作坊生产的工匠组织起来，成立蠡口木业社。木业社除生产船橹、木犁等农用器具外，同时生产少量木床、五斗橱、小方台、盆桶等家用产品。当时木材紧张，要想买到一件家具，还须“卖面子”“开后门”。家庭作坊式的沙发生产在蠡西村、蠡口村、蠡东村、胡巷村、太平村等地发展起来。1976 年，蠡西村开办沙发厂，所生产的沙发，有的用扁担挑到街上叫卖，有的用船载至较远的乡镇去兜售。由于成本低，价格便宜，式样又新型别致，销售效益很好，越来越多的农户在家里开起了沙发作坊。

20 世纪 80 年代初，蠡口乡工业办公室（后称工业公司）看到民间悄然兴起的沙发制造业潜藏很大的商机，遂将蠡口木业社改名为蠡口沙发木器厂，并由生产农具转为生产家具。90 年代初，根据发展需要，再次迁址到殷巷桥西堍（现金米兰广场），职工由原来 20 人增加到 100 多人，进行流水作业生产。与此同时，挂集体单位牌子、私人承包的佳乐沙发厂、精华沙发厂等相继诞生。大湾村沙发专业户开始大量生产罗圈椅，经过一定资本积累，部分私营业主前往广东、云南等地购进成批白坯（半成品）家具，油漆加工后销售，蠡口的家具生产与外省市生产厂家挂上了关系。

1991 年夏天，蠡口金属家具厂厂长王根元，专程南下广州进行市场调查，在番禺县看到当地建立的家具市场进销两旺，回来后便提出“建一方市场、兴一串产业、活一片经济、富一方群众”建立家具市场的设想，得到乡党委、乡政府的支持，由蠡口金属家具厂、蠡口冷轧带钢厂、蠡口童床厂等乡办企业联合组成吴县家具实业公司。1992 年 1 月 28 日，乡政府投资 300 万元，在万里路（今齐门北大街）和广登路（后称家具大道）交叉口建成“蠡口家具城”，形成全国第二、华东第一的家具市场，吸引了广东、福建、浙江、上海等大批客商到蠡口投资建厂。家具销售首次出现规模型市场，“蠡口家具城，家具第一城”的广告语开始打响。家具城占地 1.67 平方千米，营业面积 1.5 万平方米，设 4 个展销厅，75 间配套房。除本地家具生产销售商外，还有广东、福建、浙江、上海、黑龙江和天津等地的家具供销商入驻。1993 年，蠡口家具城在吴县团结桥、苏州东环路和吴江平望镇开设家具连锁商场。1994 年，蠡口沙发家具厂、蠡口供销社和一些沙

20世纪90年代蠡口家具市场　　相城区地方志办公室　提供

发专业户分别在蠡口万里路雪泾桥南、蠡中路、蠡苑大街交叉口开设苏常家具城、蠡口沙发家具总汇和金梦家具城，营业面积均在3000平方米以上。万里路从蠡口家具城至蠡口与陆慕交界处齐陆路两侧，广登路从蠡口家具城至蠡口沙发厂公路两侧，以及205省道大湾桥公路周边，家具营业场所连接成片，成为家具行业的集散地，并逐步影响到周边市镇。

1997年，陆慕镇在齐陆路（今齐门北大街）凌浜村段建家具批发市场。同年，面对家具市场格局分散、产品质量不一、生产基础薄弱、营业场所简陋、安全隐患较多等问题，蠡口镇党委提出由镇政府牵线搭桥、企业业主“唱戏”、总公司加强管理的商业思路，着手组建“江苏蠡口国际家具城”（以下简称国际家具城），选址沪宁高速公路北接线和蠡口家具大道交会处，总投资8000万元，占地面积6万平方米，建造3幢标志性家具营业大楼。1998年11月28日，江苏蠡口国际家具城正式开业，汇海隆（广东馆）、金米兰、新世纪、华美特、快鹿、名门、金富门和宝得隆等十多幢营业大楼陆续建成，每幢营业面积均在1万平方米以上；万里路、广登路两侧的营业场所全面重建、扩建。同年，陆慕镇在齐陆路（今齐门北大街）凌浜村段建家具批发市场。是年，江苏蠡口国际家具城被省工商局核准为省级专业市场。1999年，陆慕镇投资850万元，在徐庄村彭安浜至凌浜村开辟金源路（今建元路），在路两侧建起新天地、超时代、东方明珠、喜来登、金源、今日、千禧、金利来（苏州）等家具商厦。2000年国际家具城年销售额突破35亿元。同年11月，蠡口镇举办江苏省蠡口家具市场发展研讨会，并被江苏省工商局评为江苏省专业文明市场。2001年年底，市场总投资15亿元，占地面积47公顷，家具市场形成规模，营业大厅和仓储面积居国内第二、华东第一。市场环境的改善进一步吸引了外商、外资和民间资本的投入。上海、浙江、四川、广东等各地名牌家具均进入国际家具城销售，形成品牌效应。

2002年，陆慕、蠡口两镇合并成立元和镇。同时，将两地家具市场全部整合进入江苏蠡口国际家具城，营业和仓储面积80万平方米，年客流量300万人次。2006年12月，蠡口国际家具城被苏州市政府命名为“苏州市家具（相城）特色产业基地”。2007年4月，被苏州市政府授予“苏州市服务业重点集聚区”称号。2009年6月，被中国家具协会授予“中国东部家具商贸之都”称号。2010年，被苏州市政府命名为特色商业街区。金马家具厂、雅梦床垫厂、蠡口家具厂、金鑫红木厂、蠡东红木厂、万丽软体家具厂、五爱红木厂、奇虹沙发厂、蠡口冯记红木厂、美丽华家具厂等民营企业先后开业。2015

年被授予“优秀家具产业集群”荣誉。2016 年获评市级优秀服务业集聚区。至 2019 年，市场总投资超过 32 亿元，总占地面积约 50 公顷（750 亩），总建筑面积近百万平方米，经营面积 65 多万平方米，仓储面积 30 多万平方米，其中规模家具展销大厅 41 座；从业人员逾 4 万余人，为 4000 多个失地农民提供了再就业岗位，为 3000 多人提供创业致富平台，全年销售额超 145 亿元。市场依托优越的投资环境、优惠的政策、优良的服务吸引着众多的投资者和家具客商，云集了国际、国内近千家著名家具企业。来自美国、意大利等国家和地区及上海、广东等十几个省、市的 3000 多家客商，在此投资、置业、发展。蠡口家具城还辐射和带动整个相城区家具产业和其他行业全面的发展，家具产业促进了苏州经济社会发展。

2002 年—2019 年江苏蠡口国际家具城销售情况表

表 2　　单位：亿元

年份	销售额	年份	销售额
2002	58	2011	126
2003	65	2012	135
2004	65	2013	140
2005	70	2014	150
2006	80	2015	148
2007	88	2016	150
2008	95	2017	145
2009	100	2018	150
2010	120	2019	145

苏州家具博览会　2008 年，中国家具产值 6500 亿元，其中出口占 1/3，受全球金融风暴影响，行业产能过剩，结构不合理，导致家具行业的整体调整，出口企业由外销转向内销，内需市场成为所有家具企业的“主战场”，相城区政府领导决定举办苏州家具展览会，希望能开拓内需市场、寻找商机，促进整个家具行业持续健康发展。2009 年 6 月 5 日，由苏州市相城区人民政府主办、元和街道办事处和苏州市家具协会协办的首届苏州家具展览会在苏州国际博览中心举办，会期 3 天。展会宗旨为“为买家找卖家，为卖家找买家；让中流成为主流，让中间成为中坚”，希望让更多的人了解蠡口家具制

造、让更多的人选择蠡口家具市场、让更多的人走进相城。展会主会场设在苏州国际博览中心，面积8万平方米；分会场设在蠡口家具市场，面积150万平方米。6月6日，中国家具协会携手广东乐从、河北香河、四川武侯等家具产地在分会场举行“家具服务农村”活动启动仪式。这是继“家电下乡”“汽车下乡”之后，又一个“保增长、扩内需、调结构”的举措，与“家电下乡”“汽车下乡”有所不同的是，“家具服务农村”不享受国家退税政策的优惠，是家具行业应对金融危机的自发行动，与国家部署的“家电下乡”“汽车下乡”等有同样重要的意义。是日，举行了“共建中国东部家具商贸之都”揭牌仪式和“中国4+1家具商贸之都联盟”成立签约仪式，江苏蠡口被中国家具协会授予“中国东部家具商贸之都”称号，与广东乐从、河北香河、四川武侯并称为中国四大家具商贸之都。

展会期间，主会场参展厂家有356家，分会场有近6000家。新增经销商8063家，其中，相城区参展企业新增经销商3423家，年销售收入合计增加41.07亿元。参展种类包括民用家具、办公家具、红木家具、家居饰品、家具原辅材料等。现场签约8063户，现场成交金额1.13亿元，协议成交金额2.4亿元。观展客商突破10万人。展会向参展商颁发了展位设计奖、最佳产品奖、功能创新奖、制造工艺奖、最佳创意奖等。区政府、组委会启动和调用了电视、报纸、网络、户外广告及专业杂志等多种全方位立体宣传形式，中央电视台、江苏卫视、苏州广电集团、《扬子晚报》、苏州日报集团、搜狐网等63家媒体作追踪报道。截至2009年6月11日，以苏州家具展览会为关键词进行google搜索，涉及苏州家具展的网上信息搜索结果已达225万条。此后展会每年举办，至2019年，连续11年举办苏州家具博览会，每年吸引数百家企业参展，逾10万人观展，成交额10亿元左右。

家具品牌和市场

蠡口家具城建立之前，蠡口生产和销售的家具没有什么品牌，随着蠡口家具城的开发，销售市场的不断扩大，众多外资、外商参与蠡口家具业的生产和销售，国内外的各类名牌家具进入蠡口销售市场。据2001年统计，蠡口国际家具城各大家具商厦中推出的家具品牌有：香港“海港轩”“顾家工艺”“帝博”“富运”“富牌”“蓝鹰”“金顺龙”“金丰”等家具、香港“宝艺”红木家具，广州“标卓”家私、广东“美梦思”软体家具、东莞“金利元”红木家具，浙江“富得宝”“玉环金源”“玉环天源”家具、宁波“康艺”“大森”“新丝路”家具、杭州“圣奥”办公家具和“春光”“博洋”家具，西班牙“哥丽达”家具，成都“金茂”“兴丰木业”家具，上海“皇冠”家具，苏州“依福园”套房家具，我国台湾“龙门”沙发，北京“希隆”家具。此外尚有“联邦”“皮匠大师”“花为媒”“奇木”“新山水”“大明”等品牌。家具城管委会引导企业在提高自身内涵，争创蠡口家具自己的品牌，按照“企业自愿、社会评价、市场认可、政府引导”的原则，组织一批有相当规模，管理有体系，产品质量和声誉较好的企业，申报“苏州名牌产品”。2017 年，新宏基、斯可馨、金顺龙、华强等 18 家企业的产品被评为“苏州名牌产品”，亚博家艺被评为苏州服务业名牌，“新宏基”“金顺龙”被评为苏州市知名商标。2018 年后不再开展相关评比。

家具街市主要分布在建元路、广登路、相城大道、齐门北大街、大湾桥等处。

建元路街市　东起相城大道，西至齐门北大街，长 1.74 千米。该街市主要以名品家具专卖为特色，有金宝马国际家具城、阳阳家具城、鼎宏国际家具城、新时代家具城、金海隆国际家具城、超景家具广场、华东国际家具城、荣立森家具博览中心、超级家具广场、苏隆家具馆、圣博兰家具馆、金鼎源家居馆、新兴家具商场、环球家具广场、新天一家居馆、悦嘉家具馆 16 家大型家具商场；还有 110 家销售门店。

广登路街市　东起相城大道，西至齐门北大街，长 1.63 千米。该街两侧有 418 家销售门店，有金米兰 1 家家具商场，还有近 500 家销售门店。

华东国际家具城（2019年）　　元和街道宣传办公室　提供

相城大道街市 南起建元路好家居全球生活馆，北至华风材料城，长3千米。该区域为大型商厦主要集中区。有家具博览中心、金利源家具博览中心、美圣龙家具广场（原今日国际家具城）、新天地国际家具城3号馆、汇海隆家用博览中心、汇海隆深圳馆、汇海隆家居杨博广场、白领家居广场、好家居全球生活馆、东方明珠国际家具城、喜来登家具广场、超时代国际家具城、新天地国际家具城1号馆、新天地国际家具城2号馆、常盛家具广场、家具发展有限公司（A幢）、新世纪家具发展有限公司、金富门家具有限公司、快鹿家具发展有限公司、世博家具有限公司、名门家具有限公司、宝得隆家具有限公司和汇金办公家具展览中心等大型商厦，还有23家其他家具门店、1家家具配料店。

齐门北大街街市 南起春申湖路，北至蠡口热电厂南大门，长4千米。该街有454家经营家具门店，其中较大商厦有苏常家具城、万利盈家具城、好运家具城3家；另有

江苏蠡口国际家具城（2019年）

37 家家具及相关配套生产厂家，73 家家具生产辅料商店。

大湾桥街市　南起蠡口热电有限公司，北至大湾桥，为齐门北大街街市的延伸段，长约 1.5 千米。该街有 65 家家具门店、23 家家具生产厂家、3 家家具配件生产厂、17 家生活服务行业门店。

经营生产单位

1998 年，蠡口国际家具城成为华东第一、全国第二的家具市场，吸引了广东、福建、浙江、上海等大批商客到蠡口投资建厂造馆，2001 年年底，注册登记的家具生产厂家就达 350 多家。至 2019 年，逐步形成了以蠡口家具城为核心，辐射和带动全区家具产业和其他行业全面发展的格局，销售市场主要集中在元和街道，有汇海隆家居世博广场、金米兰家具广场、常盛家具广场等；生产企业主要分布在元和、黄桥、北桥、渭

相城区地方志办公室　提供

塘、开发区等地，主要有佳乐沙发厂、精华沙发厂、蠡口家具厂、万丽软体家具厂等。

苏州家具博览中心 位于相城大道1300号，建筑面积6300平方米，经营面积为6万平方米。2005年开业，主要经营实木套房、新中式、欧式套房、客厅家居、软体床等民用家具。2019年，共入驻商户168家。

金利源家具博览中心 位于相城大道1388号，建筑面积3.9万平方米，经营面积为2.6万平方米。2000年开业，主要经营中高档民用家具，集全国各地知名家具品牌，品类繁多。2019年，入驻商户92家。

美圣龙家具广场 位于相城大道1398号，建筑面积2.4万平方米，经营面积1.4万平方米。1999年开业，主要经营办公、民用家具。2019年，入驻商户66家。

新天地3号馆 位于相城大道1600号，建筑面积1.4万平方米，经营面积1.08万平方米。2000年开业，主要经营民用家具。2019年，入驻商户26家。

汇海隆家具博览中心（L栋） 位于相城大道1688号，建筑面积8800平方米，经营面积1.1万平方米。主要经营软体休闲、轻奢、意式极简、新中式、欧式、美式、法式、实木系列家具。2019年，入驻商家40家。

深圳馆 位于相城大道1750号，建筑面积1.08万平方米，经营面积8000平方米。2009年开业，主要经营民用家具。 2019年，入驻商户41家。

新东方 位于相城大道1751号，建筑面积4500平方米，经营面积8600平方米。2009年开业，主要经营红木、办公、民用家具。2019年，入驻商家55家。

卢孚宫 位于相城大道1888号，建筑面积3.9万平方米，经营面积3.1万平方米。1998年开业，主要经营民用家具。2019年，入驻商户106家。

台湾馆 位于相城大道1988号，建筑面积2.1万平方米，经营面积1.9万平方米，1998年开业，主要经营民用家具。2019年，入驻商户64家。

顺德馆 位于相城大道1853号，建筑面积2.8万平方米，经营面积2.2万平方米。2010年开业，主要经营民用家具。2019年，入驻商户43家。

东方明珠 位于相城大道1895号，建筑面积3.4万平方米，经营面积2.3万平方米。2000年开业，主要经营民用家具。2019年，入驻商户66家。

喜来登 位于相城大道1933号，建筑面积2.2万平方米，经营面积1.5万平方米。1999年开业，主要经营零售批发民用家具。2019年，入驻商户122家。

超时代 位于相城大道1933号，建筑面积2.7万平方米，经营面积1.7万平方米。

1999 年开业，主要经营民用家具。2019 年，入驻商户 134 家。

新天地 1、2 号馆　位于相城大道 2015 号，建筑面积 2.7 万平方米，经营面积 2.3 万平方米。2000 年开业，主要经营民用家具。2019 年，入驻商户 111 家。

蠡口家具工厂直销中心（A 栋）　位于相城大道 2105 号，建筑面积 3 万平方米，经营面积 1.3 万平方米。1998 年开业，主要经营民用家具。2019 年，入驻商户 104 家。

新世纪　位于相城大道 2155 号，建筑面积 1.5 万平方米，经营面积 8700 平方米。1998 年开业，主要经营民用家具。2019 年，入驻商户 44 家。

金苹果　位于相城大道 2199 号，建筑面积 1.7 万平方米，经营面积 8900 平方米。2001 年开业，主要经营民用家具。2019 年，入驻商户 21 家。

快鹿　位于相城大道 2255 号，建筑面积 1.6 万平方米，经营面积 7500 平方米。2001 年开业，主要经营办公家具。2019 年，入驻商户 32 家。

东方明珠蠡口家具世博园（2019年）　元和街道宣传办公室　提供

世博 位于相城大道2299号，建筑面积2.6万平方米，经营面积9600平方米。2000年开业，主要经营办公家具。2019年，入驻商户33家。

名门 位于相城大道2335号，建筑面积6400平方米，经营面积9400平方米。2000年开业，主要经营办公家具。2019年，入驻商户13家。

宝德隆 位于相城大道2339号，建筑面积7200平方米，经营面积8900平方米。于2001年开业，主要经营办公家具。2019年，入驻商户12家。

金万丽 位于相城大道2355号，建筑面积7200平方米，经营面积8900平方米。2001年开业，主要经营办公家具。2019年，入驻商户13家。

喜尔登 位于相城大道2343号，建筑面积6900平方米，经营面积3200平方米。2001年开业，主要经营办公家具。2019年，入驻商户11家。

美丽华 位于相城大道2345号，建筑面积6900平方米，经营面积3200平方米。2001年开业，主要经营办公家具。2019年，入驻商户17家。

吉美雅 位于相城大道2425号，建筑面积15000平方米，经营面积1万平方米。2001年开业，主要经营办公家具。2019年，入驻商户24家。

紫罗兰 位于相城大道2455号，建筑面积1.4万平方米，经营面积9500平方米。2001年开业，主要经营办公家具。2019年，入驻商户10家。

金宝马 位于建元路3号，建筑面积7500平方米，经营面积2500平方米。2000年开业，主要经营民用家具。2019年，入驻商户37家。

阳阳 位于建元路7号，建筑面积2200平方米，经营面积3000平方米。2002年开业，主要经营民用家具。2019年，入驻商户30家。

鼎宏 位于建元路9号，建筑面积1500平方米，经营面积4700平方米。2000年开业，主要经营民用家具。2019年，入驻商户27家。

金海隆东厅 位于建元路11号，建筑面积3300平方米，经营面积8000平方米。2001年开业，主要经营民用家具。2019年，入驻商户43家。

金海隆西厅 位于建元路15号，建筑面积6000平方米，经营面积7200平方米。2001年开业，主要经营民用家具。2019年，入驻商户22家。

超景 位于建元路19号，建筑面积2500平方米，经营面积4400平方米。2001年开业，主要经营民用家具。2019年，入驻商户6家。

新天一 位于建元路49号，建筑面积3800平方米，经营面积3300平方米。2019

年开业，主要经营办公家具。2019 年，入驻商户 16 家。

悦嘉 位于建元路 53 号，建筑面积 9600 平方米，经营面积 4500 平方米。开业于 2002 年，主要经营民用家具。2019 年，入驻商户 14 家。

华东 5 号馆 位于建元路 18 号，建筑面积 2.8 万平方米，经营面积 2.8 万平方米。2000 年开业，主要经营民用家具。2019 年，入驻商户 103 家。

荣立森 位于建元路 88 号，建筑面积 8500 平方米，经营面积 2.3 万平方米。2002 年开业。2019 年，入驻商户 75 家。

超级馆 位于建元路 98 号，建筑面积 1500 平方米，经营面积 6300 平方米。2002 年开业，主要经营酒店家具。2019 年，入驻商户 22 家。

安吉馆（苏隆） 位于建元路 100 号，建筑面积 3300 平方米，经营面积 6800 平方米。2002 年开业，主要经营酒店家具。2019 年，入驻商户 36 家。

圣博兰 位于建元路 106 号，建筑面积 1300 平方米，经营面积 3100 平方米。2019 年开业，主要经营民用家具。2019 年，入驻商户 5 家。

金鼎源 位于建元路 106 号，建筑面积 1300 平方米，经营面积 5600 平方米。2019 年开业。2019 年，入驻商户 6 家。

金米兰 位于广登路 201 号，建筑面积 4.2 万平方米，经营面积 4.2 万平方米。1999 年开业，主要经营民用家具，是集批发、零售于一体的“一站式”采购中心。2019 年，入驻商户 318 家。

市场管理和服务 家具城经过三十多年的培育和发展，知名度日益提高、投资环境日趋优越，吸引着众多的家具生产企业和商家在此创业和经营。家具城管委会、家具行业协会、家具检测中心、配载中心、消费者投诉站分工明确、有序运行，逐步形成“政府指导、行业自律、部门监督”三位一体的管理模式，为投资者和消费者提供优质服务。家具企业和市场的不断发展，培育了一批懂管理、善经营、有技术、会操作的生产技术人才和经营管理销售人才，同时也吸引了各地家具行业的销售精英和技术人员到此加盟。成功举办“长三角、珠三角家具行业发展高峰论坛”“中国家具发展高峰论坛”；与南京林业大学、苏州科技学院搭建校企平台，为蠡口家具行业跨越发展提供人才支撑。同时，组织家具业厂商学习国家有关法律法规，提高自身素质，争创诚信经营户、诚信商场，落实亮照经营、持证上岗、明码标价（标识），提供产品使用说明书等相应措施，创建消费放心行业。至 2019 年，创建“江苏省三 A 级价格诚信单位”3 个，“苏州市消费放心场所”7个，“苏州市诚信单位”57个，“苏州市消费者满意单位”37个，“苏州市‘零投诉’企业”72个，省、市、区三级“巾帼文明示范岗”37个，家具城“党员诚信经营户”41家，928家经营户成为“诚信经营户”。

随着苏州市及相城区对元和街道布局调整与保护生态环境的需求，家具生产逐渐实施整顿，实施关、停、改、搬等策略，至2017年年底街道内生产厂企已不复存在。2017年，家具城管理办推进消防安全网格化监管，与所有商场、生产企业及沿街店铺签订责任书、告知书、承诺书，整改完成隐患，整治“三合一”场所408家。2019年，在家具城范围内制作大型户外公益广告250块，室内宣传展架170个，共计电子屏和移动字幕18块。配合区“消保委”处理日常消费投诉，采集、汇总、整理商场内每一个经营户信息，建立商场基本档案。对商场所有经营户、经营店铺依次逐一排摸，开展“一户一档”登记工作，至年末，共完成2000多户经营户信息登记。

苏州市相城国际汽车城

苏州市相城国际汽车城是元和街道以及相城区区域经济转型升级的亮点和引擎。苏州市相城国际汽车城成立于2009年，地理位置优越，交通十分便捷，众多国际、国内汽车品牌入驻，至2019年，太阳路沿线的苏州市相城国际汽车城4S店云集，由东至西集聚48个汽车品牌。当年销售额96.09亿元，上缴税金2.7亿元。2016年，苏州市相城国际汽车城管理委员会获年度苏州汽车最具影响力企业称号。

发展背景 20世纪90年代，蠡口镇由家具集散交易，办起了华东第一、全国第二的江苏蠡口国际家具城。这个省级家具专业市场集聚了3000多家具生产厂商和经销商，鼎盛时年销售额达150亿元，延伸出为家具配套的油漆专业市场和货运市场，元和街道拥有汽车市场基础，伴随着城市化进程不断提速，汽车消费业也日趋成熟。同时，成立前的汽车城区域内有几家4S店零散分布在太阳路两侧，考虑到汽车行业今后的发展前景，建设汽车城的方案应运而生，并作为相城区“十二五”的重点项目。

2009年，苏州市相城国际汽车城（以下简称汽车城）成立。位于太阳路以北，苏虞张公路东侧。汽车城一期建设于2010年2月至2011年8月。2014年7月，苏州市相城国际汽车城管理委员会成立，具体负责管理汽车城日常运行。汽车城地理位置优越，西、南为交通要道苏虞张公路和太阳路，东面临河，环境优美。距苏嘉杭高速公路约6千米，距沪宁高速公路约8千米，距苏州火车站约10千米，紧靠在建的京沪高铁，交通十分便捷。众多国际、国内汽车品牌纷纷入驻。元和街道在苏虞张公路东太阳路南启动了汽车城二期项目。二期工程占地约13.3公顷（200亩），建筑面积25.52万平方米。管委会通过优化一整套服务，来挖掘汽车城最大的产能效益。至2019年，太阳路沿线的苏州市相城国际汽车城4S店云集，由东至西集聚48个汽车品牌，其中有保时捷、宾利、奔驰、宝马、奥迪、凯迪拉克等高端品牌，也有大众、丰田、本田、现代、别克等中档品牌。

汽车城建设 2009年，相城区发展和改革局批复同意元和街道办事处上报的苏州市相城国际汽车城立项建设。项目选址位于相城区太阳路以北、苏虞张公路东侧；项目总投资6亿元，占地面积27.4公顷（411亩），其中1.5亿元由镇财政拨款，4.5亿元利用银行贷款；4S店用房建筑面积13万平方米，公用建筑面积约3万平方米，道路和广场约10万平方米，绿化面积7.6万平方米。由苏州元润投资管理有限公司统一按招商入驻品牌的建店要求建设，建成后以租赁形式租给各入驻经销商，收取土地、房屋租金及物业管理费。是年，苏州市相城国际汽车城成立，东起相城区澄阳路，西至原苏虞张公路（现为御窑路）。作为相城区“十二五”重点项目，建有各级品牌汽车4S店16幢及综合服务楼1幢，连线太阳路沿线的品牌汽车4S店，打造绵延6千米的汽车消费带。主体运营由苏州元润投资管理有限公司负责，制定了对汽车城统一规划、统一开发和统一招商的措施，并依托整体规划、科学布局及现代建筑设计手法，形成一个既有品牌消费，又有二手车交易、办证、银行、保险和餐饮服务配套，集汽车销售、展示、保养、维修于一体的综合性汽车消费市场，全力打造高档次的综合性汽车集散地。一期建设时间从2010年2月至2011年8月。2010年9月，苏州轨道交通四号线机务段规划改变，选址变更为汽车城地块内，共计该机务段在汽车城地块内占地面积约8.24公顷，同月，相城区政府要求，汽车城内所有地块按各品牌4S店建设要求分割拍卖。汽车城一期规划为：占地面积19.16公顷，所有地块分割拍卖（综合楼地块除外）。

苏州市相城国际汽车城（2019年） 相城区地方志办公室 提供

2014 年 7 月，苏州市相城国际汽车城管理委员会成立，具体负责管理汽车城日常运行，定期联系消防、安监等部门进行安全检查，与媒体合作做好宣传、推广市场。同时，元和街道投入大量资金对汽车城的销售环境进行大规模改造，配套了沿街绿化、雨污水管网、区域内路灯照明设施等惠民工程，大大提升了相城国际汽车城的整体形象，得到了各品牌 4S 店的一致好评。随着发展的需要，2014 年，汽车城二期项目动工建设，位于太阳路南、苏虞张东、元和塘以西，占地约 13.33 公顷，由苏州元润投资管理有限公司投资2000万元，计划建设有品牌4S店4幢、汽车检测线1幢、二手车交易市场1幢、汽车文化馆 1 幢及综合服务楼 1 幢。2019 年，汽车城 4S 店总占地面积 25.52 万平方米。

汽车品牌经销商 苏州市相城国际汽车城项目立项后，在元和街道主要领导的努力下，包括上海永达集团、苏州华成集团在内的多个国内知名汽车销售企业亲临汽车城地块考察。2019 年，太阳路沿线已有的 4S 店有（由东至西）：宝驰捷（高档车维修）、裕达丰田、广汽本田、东昌福特、凯迪拉克、雪佛兰、现代、东昌别克、英菲尼迪、进口大众、保时捷、宾利、元星奔驰、骏宝行宝马、广汽丰田、东风日产、斯巴鲁、奥迪、上海大众、斯柯达、长安轿车 A 网、长安铃木、长安轿车 B 网、广汽传祺、雷诺、东风标致、东风风行、众泰、郑州日产、宜飞美福平行进口、宝沃、长城、东风商用车、东风乘用车、江淮、力帆（以上从奥迪以后为新建汽车城一期内品牌）、长安马自达、东风本田、北汽威旺、北汽新能源等 48 个汽车品牌。还有检测线和二手车交易市场。

创建于 2008 年的苏州骏宝行汽车销售服务有限公司，是第一家全新概念 BMW 汽车 4S 经销商，通过现代化的数据联网系统，进行高效能的客户档案、维修进度及零件库存的数据化管理，为客户提供 BMW 全线产品的汽车销售、维修以及原厂配件、售后服务、信息反馈等服务。

2011 年 9 月开业的苏州保时捷中心，展厅可同时展现 12 款保时捷车型，是保时捷在大苏州区的唯一授权 4S 店经销商和服务点，服务范围覆盖苏州市区和县级市，包括昆山、太仓、张家港、常熟，通过独特的个性化程序与保时捷独家配件，提供高标准的设计定制和售后服务。

苏州元星汽车服务有限公司，隶属于香港利星行集团，拥有近 200 个停车位，高大明亮的展厅可同时展示 20 辆奔驰展车，全面满足客户的品鉴需求。专业销售团队全员经过梅赛德斯 - 奔驰统一系统培训和相关资格认证，为客户提供专业、贴心的购车体验以及服务。2015 年销量达 2113 辆。

大众4S店（2019年）　　元和街道宣传办公室　提供

成立于2012年的苏州奥润汽车销售服务有限公司，是苏州第二家城市展厅概念的奥迪4S经销商，也是苏州地区最大的奥迪4S店，拥有宽大的新车展示厅、舒适宽敞的客户休息区，为客户提供奥迪全线产品的汽车销售、维修以及原厂配件、售后、信息反馈等服务。

汽车检测服务　2016年3月，苏州市相城国际汽车城区域党建工作站联合明安斯巴鲁汽车销售服务公司，开展以“汽车维修知识宣传、汽车故障诊断咨询”为主题的免费检测活动，邀请汽车维修专家进社区，为广大居民群众的爱车进行免费检测。活动现场，维修技师们携带便携电脑、各类仪器，为车辆进行检测排查，检测出刹车片过度损耗、转向灯故障、机油油位过低等各类问题，让车主对车辆当前的整体性能有了充分掌握，有效提升了安全行车系数。因仍有部分品牌意向入驻，2016年后又在苏州市相城国际汽车城一期对面建设汽车城二期项目。二期项目占地约13.3公顷（200亩），品牌4S店4幢，汽车检测线1幢、二手车交易市场1幢、汽车文化馆1幢及综合服务楼1幢，至2019年，其中两块4S店用地及检测线用地已拍卖，长安马自达汽车4S店、东风本田汽车4S店、吉利、LYNK、五菱宝骏已开业售车。

奔驰4S店（2019年）　　　　相城区地方志办公室　提供

2011 年—2019 年相城国际汽车城销售和税收情况表

表 3

年份	销售额（万元）	税收收入（万元）	入驻品牌（家）
2011			9
2012	340523.16	4426.49	13
2013	431091.30	7490.81	26
2014	544368.83	3410.14	30
2015	652735.14	7612.47	30
2016	832083.85	12874.13	38
2017	946096.42	22713.94	50
2018	960866.18	27028.13	47
2019	985034.79	24568.98	48

说明：表中税收收入包括国税收入和地税收入

2019 年相城国际汽车城企业荣获“元和街道百强企业销售超亿元”称号单位一览表

表 4　　单位：万元

企业名称	销售额	税收收入
苏州元星汽车服务有限公司	203171.22	7369.27
苏州骏宝行汽车销售服务有限公司	128897.46	2867.43
苏州捷骏汽车销售服务有限公司	115623.85	5164.09
苏州奥润汽车销售服务有限公司	70009.00	990.23
苏州东昌汽车销售服务有限公司	40067.18	838.36
苏州诚隆汽车销售服务有限公司	32446.60	1002.92
苏州裕达丰田汽车销售服务有限公司	25253.10	430.30
苏州东昌凯帝汽车销售服务有限公司	23986.66	480.20
苏州宾捷汽车销售服务有限公司	20978.47	2879.96
苏州东昌英菲尼迪汽车销售服务有限公司	15119.10	321.08

元和文化创意产业园

文创园创立 2010年11月，相城区区长曹后灵、元和街道党工委书记李志远等，在北京中央美术学院城市设计学院与苏州市知己文化投资管理有限公司（简称“知己公司”）负责人林辉和中央美术学院城市设计学院副院长诸迪等专家，研讨元和文化创意产业园成立相关事宜并签订合作协议。双方议定的运行原则是建立市场化、企业化运作机制，充分整合优势资源，以文化创意成果产业化、市场化为出发点，风险投资作为发展的助推器，增值服务作为发展的核心竞争力，不断创新管理模式和运作机制，推进文化创意产业链的形成，为文化创意产业服务。2011年2月，由相城区元和街道成立元和文化创意产业园筹备小组，街道招商办具体负责项目跟进与协调。知己公司作为项目的具体运营管理单位也开始组织团队进驻相城区。元和街道与知己公司经过友好协商，确定由双方共同出资。其中，元和街道出资改造产业园外围，包括建筑体、道路、绿化等；知己公司出资改造建筑体内部，包括室内装修，安装中央空调、电梯等。同时，聘请金点艺术和中央美院一起对位于相城区万里路268号（苏州美声电子有限公司）的工业厂房进行整体的设计与改造，经过9个多月的紧张施工，于12月18日完工。项目整体的装饰制作由金点艺术完成。

2012年11月，元和文化创意产业园正式成立开园。元和文创园运行原则是“政府支持、行业集中、市场运作、功能完善”；发展定位是形成以市场为导向，集文化创意研发设计、生产制作、创业孵化、文化旅游、信息交流、教育培训、展览展示等功能于一体的综合性文化创意产业基地，旨在苏州城北打造一个特色鲜明、品位时尚、富有创意的文化产业高地。至2019年，元和文创园集聚了巧生炉博物馆、大石金生艺术馆、相城非遗馆、张继馨艺术馆等文化展馆，轩华红木文化艺术馆以及数家文创公司等20多家文化企业，其中从事网络推广及线上交易约50人，研发设计及创意人员60余人，

元和文化创意产业园（2019年） 吴晓来 摄

接待及服务人员 100 余人，留学归国人员和引进海外高级人才 4 人。元和文创园成为相城文化建设的新地标。

2013 年至 2019 年，文创园引进了国家级大师艺术馆、博物馆、美术馆，组建团队进行艺术品线上线下的宣传推广、交流交易，配合政府部门挖掘民间传统艺术，成立非物质文化展览馆，在艺术的创新与传承方面，做到了国内领先，备受各级领导、各大美术院校、艺术行业、家居设计行业及广大艺术设计爱好者的关注与一致好评并屡获殊荣。获得“苏州市文化产业示范基地 ”“苏州市旅游商品研发基地”“苏州科技学院艺术实践基地”“中国美术产业联盟常委单位”“中央美术学院教产研基地”“苏州市科普教育基地”“苏州市社会科学普及示范基地”“苏州艺术高级中学艺术实践基地”等荣誉称号。

功能区及入驻企业

元和文化创意产业园南接蠡口国际家具城，北靠京沪高铁苏州北站，总投资 1.2 亿元，占地面积约 2.67 公顷（40 多亩），建筑面积 2 万多平方米。“创意创造财富，艺术点亮生活”为文创园的设计理念，园内由艺术展览与拍卖、文化艺术企业总部、文化创意孵化中心、艺术设计学院、艺术家公寓等 5 个主要功能区组成。分三期建设。第一期

巧生炉博物馆（2019年）　　吴晓来　摄

项目在开园前完成，建筑面积1.8万平方米，全部由旧工业厂房改造而成。主体建筑有三层，共1.3万平方米，分为A、B两栋楼。A栋一、二楼为4000平方米的旅游产品展示区，三楼为电子商务办公区，有设计与电子商务企业7家，人员60余人，全天开展网上推广交易，实施线上线下新品同时发布与展示，让文化创意成果通过网络迅速传播并转化（接单定制），成为全天候贸易服务平台。B栋楼是高端艺术品展览展示、版权交易、新品发布、创业孵化、工艺传承、艺术培训等展示交易区域。主要入驻单位有：一楼的巧生炉博物馆，二楼的相城非遗馆和张继馨艺术馆，三楼的益浦美术馆、苏州大石金生艺术馆和苏州古记家居文化设计有限公司。

巧生炉博物馆　2013年5月开馆，面积近2500平方米，总投资超过3500万元，主要展示传统铜炉铸造技艺以及近四十年来陈巧生家族收藏的明清铜炉和近千鼎“巧生炉”经典作品，并承担起向社会公众传播中国传统铜炉文化和香道文化的功能与使命。苏州巧生炉博物馆是经国家批准注册的专题博物馆，是全国第一家也是唯一一家铜炉主题博物馆。展馆共分五个部分，第一部分“炉之有名　始于博山”，第二部分“炉之盛行　大明宣德”，第三部分“巧生制炉　以今胜古”，第四部分“沧海遗珍　古炉撷英”，

第五部分“非遗传人 陈氏巧生”。以各类“巧生炉”作品及制作技艺为主线，由香道馆、技艺体验馆、禅房、琴棋书画演示区、模具工具区等组成。

相城非遗馆 2014年5月开馆，面积800平方米，陈列出自相城区20多位“非遗”传承人之手的展品200余件，包括御窑金砖、缂丝织造、黄桥铜器、太平船模、陆慕泥盆、明清家具、相城面塑、苏州泥塑、苏工核雕、金银丝镶嵌、草编等列入区级以上非物质文化遗产代表作名录的14个项目，主要展示传统技艺和美术两个“非遗”类别作品。其中包括“相城十绝”的代表作。

大石金生艺术馆 2016年5月开馆，位于苏州元和文化创意产业园三楼，面积1500平方米，分为主体展示区、科普教室和石友休闲交流区三个区域，其中，主体展示区展示李金生几十年精心收藏、制作的雅石、根雕、红木制作小品等2000余件艺术品。

张继馨艺术馆 2017年1月开馆，位于元和文化创意产业园B栋二楼，面积约1300平方米。艺术馆收藏有著名书画家张继馨捐赠的作品1578件，其中有中国画288幅、书法133幅、常用印103方、写生作品915幅、个人收藏名家书画作品23幅、古玩116个。张继馨19岁时拜“吴门画派”嫡系传人张辛稼门下。他长期坚持美术创作，深入生活，观察细致入微，做到形神兼备。他的花鸟画炉火纯青，透露出浓厚的江南

张继馨艺术馆（2019年） 相城区地方志办公室 提供

水乡生活气息，形成了鲜明的创作风格。艺术馆展出的1578件捐赠作品为其多年创作、收藏，这些书、画、印不仅是艺术馆的瑰宝，更是“吴门书派”“吴门画派”“吴门印派”继承和发扬的重要标志。

轩华红木文化艺术馆 2017年5月开馆，是一家以红木文化为主题的综合艺术馆。馆内设置饰品陈列区和家具模拟空间展示区，既能直观接触、比较不同种类木料细微的差别，又能欣赏到精美的木雕艺术作品，还可通过体验模拟家居环境中红木家具陈列摆设，深入了解每件家具的功能和意义，让人感受到古老又充满活力的传统文化。该馆运营管理由江苏轩华文化发展有限公司负责。

相城非遗馆展陈（2019年） 相城区地方志办公室 提供

元和高新区片区

2017年起，苏州相城区结合“2035城市规划修编”，规划设立阳澄生态新区（高铁新城）、国家级经济技术开发区、省级相城高新区、元和高新区、省级阳澄湖生态旅游度假区“五大功能片区”。元和高新区依托元和街道、黄桥街道和澄阳街道，规划建设面积62.5平方千米，重点发展文化创意、人工智能、大健康和商务商贸等产业。根据元和高新区的规划，2017年后，元和街道重点打造以科技金融、数字文创、数字研发、智慧健康为核心，服务贸易（跨境电商）为延伸的“4+1”产业集聚。截至2019年年底，相城高新区累计已落户企业492家（符合“4+1”产业定位的科技金融类企业5家、数字文创类企业45家、数字研发类企业253家、智慧健康类企业89家、服务贸易类企业100家），总产值达53.15亿元，税收为18281.55万元。2019年，营收合计37.78亿元，税收为1.05亿元。

科技金融产业 截至2019年年底，元和高新区已招引并落户1家科技金融企业——北京科蓝软件系统（苏州）有限公司；成立基金2只——蠡溪创投和国和日日顺；正在注册基金2只——科蓝光荣基金和北塔成长一期；注册基金管理公司1家——苏州齐泽投资管理有限公司。

北京科蓝软件项目总投资10亿元，计划建设长三角科技研发中心，全面承接大陆云盾研发业务和韩国SUNJESOFT数据库中心，打造世界一流的数字化集团总部研发中心，着力发展国产数据库的研发、建设国家信息中心数据保全创新示范中心、科蓝新一代互联网银行核心系统研发。蠡溪基金规模1亿元，基金聚焦元和高新区和相城区重点发展的产业领域；苏州国和日日顺智能供应链股权投资基金合伙企业（有限合伙）基金规模不低于6亿元，基金主要聚焦于智能物流供应链的仓、运、配等多个环节，投资领域覆盖智能装备、信息科技及供应链金融，应用场景包括仓储服务、多式联运、快递快运、大件、冷链、跨境及同城配送等。科蓝光荣基金，基金规模预计 2 亿元，由科蓝软件、金控集团、蠡溪基金出资；苏州北塔成长一期股权投资合伙企业（有限合伙），基金规模预计1亿元，基金重点关注教育消费升级新需求，投资覆盖教育科技、国际教育、教育信息化等潜力赛道。

元和高新区计划利用天虹 9 楼空间，依托北京大学数字中国研究院、南开大学中国财富经济研究院与江苏银行的产研协同，拟建设科技金融集聚区，携手打造经济金融合作新高地。

数字文创产业 为大力发展数字文创产业，以江苏泰丰文化传播股份有限公司（以下简称“泰丰文化”）为代表的数字文创类企业发展迅速。至 2019 年年底，数字文创类

活力大厦（2020年） 元和街道宣传办公室 提供

企业已落户 45 家，营收合计 4.31 亿元，税收 4590.28 万元。泰丰文化，是国内新三板上市公司中重要的文创产业板块成员，也是国内书画艺术交易经纪市场领跑者，公司致力于弘扬中华传统文化艺术、促进艺术产业全面发展，通过科技化方式提供区块链鉴证、艺术电商、艺术文创商店、艺术经纪专业培训、艺术媒体、艺术品标准化工程服务。旗下设有艺术经纪公司、艺术线上艺廊、美术馆、书画院、培训机构等，年平均举办近 1000 场文创艺术展览。2019 年营业收入 5517.31 万元，子公司苏州漾丰艺术交流有限公司 2019 年营业收入 3266.96 万元。2019 年，成功入选苏州市总部企业和市级人工智能大数据应用示范企业。

数字研发产业 为全面推进数字研发产业发展，助力大数据企业集聚和创新研发能力提升。在数字研发细分领域，覆盖大数据、工业互联网、智能驾驶等重点领域，以大数据企业分布最多，主要涉及数据处理、云计算软件开发、计算机软硬件及辅助设备的技术开发、物联网等。至 2019 年年底，数字研发类企业已落户 253 家，营收合计 11.43 亿元，税收 3250.18 万元。微缔软件专门针对中国机械装备、模具制造、精密机械电子零部件、电子电器以及医药化工等制造行业研究设计开发企业管理软件，2019 年营业收入 527.59 万元，税收 10.36 万元。

智慧健康产业 通过在智慧医疗、医疗器械等领域率先发力，积极探索与大院大所的合作共建，以医疗器械销售、贸易以及医疗领域技术开发为主，至 2019 年年底，智慧健康类企业已落户 89 家，营收合计 2.72 亿元，税收 2142.34 万元。苏州浩克贸易有限公司，涵盖医疗器械销售、医疗材料研发、医疗运输以及智能健康产品和服务等领域。2019 年营业收入 2836.79 万元，税收 314.27 万元。

服务贸易（跨境电商） 坚持创新引领，不断通过服务创新，提升服务贸易生态环境，开拓跨境电商发展新高地。引进了苏州爱果乐科技有限公司、苏州聚翔玻璃科技有限公司、江苏德邦物流有限公司、苏州蒙牛乳业销售有限公司、苏州天泓燃气有限公司等企业，2019 年销售收入均在亿元以上。截至 2019 年年底，服务贸易（跨境电商）类企业已落户 100 家，营收合计 34.68 亿元，税收 8122.25 万元。苏州爱果乐科技有限公司，拥有“爱果乐”品牌，主要从事智能儿童学习桌椅的研发、销售。2019 年营业收入 21378.63 万元，税收 914.49 万元。2018 年 6 月获天图资本 1 亿元的 A 轮融资，2019 年进行 B 轮融资，投后估值 12 亿元。

其他科技园

元和科技园　元和科技园位于太阳路以南、富元路以北，东接相城开发区泰元社区，西临相城大道，总面积1平方千米。2002年2月开工建设，一期工程建成厂房7幢，二期工程建成厂房14幢。

元和科技园为街道镇级工业集中区，街道的工业企业主要集中在科技园内。土地的使用有两种形式：一种为政府土地直接出让给企业自建生产厂房，共有27家，计53.67公顷（805亩）。其中利用政府出让土地自建生产厂房、并注册进行生产的企业有11家；企业自建厂房后除自用于生产外，其余用于出租的有9家；自建厂房全部出租的有7家。另一种是街道政府划拨土地给下属单位，由集体出资建房出租招商，如元和资产公司在园内建有3栋厂房出租；有经济实力的社区，如御窑社区、娄北社区、姚祥社区、凌浜社区、湖沁社区、唐家社区等各自建厂房用于出租给企业，其收益用于解决失地农民经济补助，或以股红形式分发给农户。凌浜社区和湖沁社区联合投资建造“职工之家”生活用房，为科技园外来民工解决住宿问题。

在科技园内所有注册企业中，有学校1家，食品生产企业1家，其他机械、电子、纺织品等企业共64家。2019年，完成销售额约26.86亿元，实现税收7316.57万元。

2019年，街道按照“退二优二”的工作方针，通过土地回购、淘汰落后产能企业等方式，回购2家企业（光元科技、钰航电子），腾出土地4.92公顷（73.86亩）。按照相城区“大研发、大健康、大数据”的三大未来产业方向以及相城高新区“一轴一带八大组团”的城市空间布局，元和科技园定位为科技研发智造组团，未来将致力于打造相城高新区的研发产业新高地。

苏州上声电子有限公司，创建于1992年，2010年公司迁址中创路元和科技园内，占地面积16.5万平方米。是一家专业生产和经营汽车扬声器、汽车音响、家庭影院、汽车功放及相关电子产品的中外合资企业，年产扬声器 2080 万个，2019 年，公司销售总额 102808.48 万元，入库合计金额 3829.40 万元，是科技园内完成国家利税历年最高的企业。公司通过了 ISO/TS 16949 质量管理体系认证、ISO 14001 环境管理体系认证、OHSAS 18001 职业健康安全管理体系的认证。建立了国家级“企业博士后科研工作站”，是国家重点高新技术企业、国家 863/CIMS 工程示范企业、国家火炬计划重点高新技术企业、国家火炬计划零部件产业基地骨干企业、江苏省高新技术企业、江苏省明星企业、江苏省文明单位，“SONAVOX”品牌获得了江苏省著名商标。公司是国内唯一一家专业从事汽车音响扬声器研究、设计、制造的企业，中国内地唯一一家有与美国福特、德国大众、日本大发开发产品与配套能力媲美的企业，唯一获得国际汽车巨头美国福特公司赋予供应商最高荣誉“Q1：质量第一”认证的中国本土企业。产品国内市场占有率达 45% 以上，排名第一。桑塔纳豪华型轿车扬声器、赛欧轿车扬声器、别克轿车扬声器、帕萨特轿车国产化扬声器、福特林肯高档轿车扬声器等先后获国家重点新产品计划、国家星火计划、火炬计划项目和江苏省新技术产品达十多项，同时获苏州科技成果进步奖，公司 CIMS 系统被列为国家 863 应用示范工程。

上声电子音响产品（2019年）　　元和街道宣传办公室　提供

苏州元联科技创业园 成立于2008年4月，位于嘉元路元和大厦内，现有孵化场地1.28万平方米，运营主体是元联置业有限公司下属子公司苏州元联科技创业园管理有限公司，2012年元联科技创业园被认定为省级科技创业园。2018年元联科技创业园成功打造市级服务贸易创新发展试点园区。科技园旨在吸引企业家、大学生及归国留学人员来相城区创业，成为引进和培育高新技术企业、转化为高新技术成果的综合性科技孵化载体。本园具有完善的组织机构，拥有10人的管理团队，大专以上学历、年龄35岁以下者居多，具有为入驻企业提供科技成果转化、科技咨询、投融资等方面的服务能力。为做好入驻企业服务，科技园制定了一整套管理制度和考核管理办法，对创业初期有困难的企业给予一定的种子资金支持。至2019年，园内有5家“阳澄湖领军人才”企业（苏州九维通信技术有限公司、苏州市清泽环境技术有限公司、苏州德铂思电子科技有限公司、苏州至赛信息科技有限公司、苏州华墨信息科技有限公司），2家姑苏领军人才企业（苏州市清泽环境技术有限公司、苏州华墨信息科技有限公司），1家省双创人才企业（苏州市清泽环境技术有限公司）。这些企业的行业领域涉及现代通信、软件与服务外包、生物技术、智能电网、环保节能、新能源等相城区规划的新兴产业。

风土民情

境内历代先民在漫长的岁月中，逐渐形成了许多淳朴奇异的习俗，相沿久远。岁时节令、婚丧喜庆，都寄托着美好的愿望。新中国成立以后，随着社会变革和经济发展，人们文化素质的提高，许多旧习俗逐渐被革除，社会新风尚渐次形成。

岁时习俗

春节 农历正月初一，俗称年初一。正月朔日，谓之元旦，俗呼新年。新中国成立后称春节。俗话说:“年初一起得早，田里不出草。”这天早起，手握铁鎝击地，以示自己勤劳。开门时，燃放“开门爆仗”，象征高升。见面时，互相祝贺，说声“新年好”“恭喜发财”等。在室内焚香点烛，供神祭祖。早点吃圆子年糕，表示团圆高兴。幼辈依次向长辈叩头贺年，称作“拜年”。长辈则赐糖果，以表生活甜蜜。家里张贴“姜太公在此，百无禁忌”的解令。亲戚契友欢聚一堂饮酒言笑，叫“吃春酒”。直至正月半，亦称“年节酒”。吴歌云:“大年朝（正月初一）过小年朝（正月初三），春酒春盘立见招。近日款宾仪数简，点茶无复枣花挑。”各家茶馆主人，在茶壶内加放两枚青橄榄，称“橄榄茶”，又称“元宝茶”，以图吉利，茶客随意付钱。寺庙院观各建岁醮，香客烧香许愿，祈祷安康。这天，禁忌颇多，不吃火食，不动火夹，不扫地，不到河里、井里提水，不倒马桶，不能说粗话和脏话。

接路头 正月初五，为路头神诞辰。商家设牲醴，供神像，以争先为利市。这天开始，可以远出经商办事。香炉浜桥上设路头堂，供人祭祀。清代，长洲、元和和吴县志书皆记:“五日，祀五路神，始开市，以祈利达。”五路者，指东西南北中。

元宵 正月十五，这天晚上人们调彩龙，出马灯，观花灯，猜灯谜。敲锣打鼓，以致“鸣金达旦”。灯火与星光相映，游人共花灯互乐。从正月十三试灯，到正月十八日落灯止。元宵放灯始于汉代，盛于唐宋，至清末民初，放灯五天五夜。俗谚曰:“上灯团子落灯面。”晚上，妇女结队走三桥，以祈吉祥。饮食上要用糯米粉做成小丸子，加桂花白糖，讲究一些的用芝麻白糖、鲜肉做馅，称为“元宵”。

链接：旧时蠡口正月十五赛花灯

旧时蠡口镇，以南北两街最为闹猛，尤其是逢年过节，南街从猛将堂到朱家桥，北街从蠡塘桥到北行门，街面上人头挤攒，熙熙攘攘，附近村子里的老百姓，不分男女老少，个个穿戴整齐，都来街上轧闹猛（凑热闹）。等太阳刚刚落山，蠡口街南北两头霎时间多出许多人来，斗姆阁门前的蠡塘河里还摇来了许许多多的船只，近到俞巷村、远到莫家店，四乡八村的男女老少，都晓得今朝夜里蠡口街上放花灯。快到断黑的时候，南北两横头的店门铺前，忽地亮起了一排排灯笼，紧接着响起连续不断的鞭炮声，约莫六点半钟光景，忽听得南街猛将堂口传来轰隆隆三声炮响，随后便是“咣咚咣咚锵，咣咚咣咚锵”锣鼓齐鸣。街长领头，手持一颗老大的夜明珠花灯，他的后面，齐刷刷排好一支百来人的队伍，前面一排的，都是年轻小伙子，后面一排的都是漂亮姑娘，人人手里持有数盏花灯，向北街挺进。夜色渐深，皓月当空，而蠡口街都成了一条火龙，由南而北，人声鼎沸，万头攒动。此时南北两街的花灯队正好相遇在黄埭荡口、斗姆阁门前，南北两街的街长各领队伍，站立前方。

北街队伍忽地闪出两只金毛狮子，张血盆大口，睁铜铃巨眼，一个蹦跳，在场地中央舞了起来；南街队伍向后压退三丈，一队小伙子呼地前冲，忽地里舞出一条长龙，街长亲自上阵，手舞夜明珠左捣右拐，上下翻飞，把条龙逗得翻滚腾跃，张牙舞爪。两边观看的百姓全都拍手欢呼，欢声雷动。这边雄狮蹿跳蹦跃，那边佳婿乘龙上天庭。这一回合的狮龙大战足足有半个时辰，忽听得又一声哨响，狮龙各退归本队，南北两街各走出一队青年女子，南面装扮的是百岁挂帅，杨老令婆带队西征；北面装扮的是白娘娘小青青水漫金山，此一番不光那翻滚腾挪，耳边厢都传来江南丝竹，笛声悠扬、琵琶叮咚，随着乐声两边队伍翩翩起舞。把围观百姓看得龇牙咧嘴，听得手舞足蹈。此后两队人马轮番上阵，一边出刘海嬉金蟾，一边出吕洞宾三嬉白牡丹；一边出虎牢关三英战吕布，一边出张果老倒骑毛驴，此起彼落，不亦乐乎。临到最后，冷不丁北街举出一枚巨大的铜钿，直径足有八尺有余，下面有四名青壮男子把它高高举起，另有五六名穿紧身衣裤的小伙子，轮流着从铜钿中间的方孔中穿越翻滚，观看的人群禁不住为他们的绝技欢呼喝叫。猛抬头忽见一名披盔戴甲的少年武将骑着一匹白鬃的高头大马挺枪而出，一名兵卒打扮的小伙子扛一面大旗，上书四个大字："罗通扫北"，于是乎人群中又一阵狂呼高叫，比花灯达到了高潮。随即，两边队伍中各自燃起了烟花，放起了鞭炮。此时，斗转星移，月华西沉，南北两街的花灯队各自归去，四乡八村前来观看的百姓也纷纷回家。蠡口全镇在闪烁的灯火中恢复了宁静。

选自《蠡口镇志·志余》

二月初二 俗称龙抬头，又叫春龙节。这天如降甘霖，将为农作物带来"贵如油"的雨水。春播秋收弯腰劳作的农夫村妇吃"撑腰糕"，这是把隔年糕油煎而食。俗话说："吃了撑腰糕，一年到头腰背硬朗筋骨好。"还有一种习惯，人们在灶头上贴红纸条，写上"二月二，滑虫倒入地，煎蟑螂，炒蚂蚁"。

花朝 二月十二也是百花生日。土俗，如花朝日天气晴朗，则百物成熟。谚云："有利无利，但看二月十二日。"这天天气好坏，预示着收获的好坏。《吴县志》载："花生日晴，则百果熟。"文陵村和花南村的花农，到虎丘神庙拜祭，祈祷花盛，称为"花朝"。

清明 境内农人在门上插杨柳，以这天晴雨，预示水旱，若雨则水顺，若晴则干旱。谚云："檐前插柳青，农夫休望晴。"是日，人无贫富，皆祭祖先，俗呼"过节"。在清明节前一天（寒食节）至立夏节（五月初五），上坟祭祖，称为"扫墓"。是时，整修坟墓，添土植树。市场上供应青团，用鲜嫩青草汁拌入糯米粉做豆沙团子，清香可口，以供祭祀之用。冬去春来，人们外出郊游，称为"踏青"。亦可以到山塘街看会（苏州府官祭）。这天，也是进行革命传统教育的日子，如祭扫陆慕初级中学校园内的苏火生烈士墓，或到横山烈士陵园扫墓。清明节一般在 4 月 5 日前后。俗习"清明放断鹞"。

立夏 立夏节，一般在公历 5 月 6 日前后，标志夏天的开始。俗习为立夏吃"三新"，或"三鲜"，一般指樱桃、青梅和蚕豆。当地则酿制甜酒酿，除自食外，还馈赠亲友。农家烧咸鸭蛋，装进小网袋里，挂在小孩脖子上。俗话有："孩童吃了立夏蛋，长得出落又白胖。"此日，将大秤挂在树上，称人体的重量，到立秋时再称一次，以"评量燕瘦与环肥"。入夏眠食不服为"疰夏"，以饮"七家茶"、吃"猫狗食"、啖李子、食健粽、煮麦豆（夏至饭）、试葛衣等方法预防疰夏。

端午 农历五月初五为端午，俗称端五，亦称端阳节。俗云："五月五，买条黄鱼过端五。”人们瓶供蜀葵、石榴等物，门上挂菖蒲、艾蒿和蒜头，均有杀虫灭菌的功效。妇女头上插艾叶和榴花，称“端午景”。小孩头戴虎头帽，身穿虎纹衣，老虎肚兜。脚穿虎头鞋，眉心上用雄黄（中药）书写一个“王”字，以示虎威。小孩胸前还挂着小网袋，里面盛着一个大蒜头。在庭院里洒些雄黄酒。所有这些习惯，以驱五毒、除百虫。这天，除吃咸鸭蛋外，还吃各色粽子，如白水粽、赤豆粽、莲心粽、枣子粽和火腿鲜肉粽等。以箬叶或菰叶包裹，以麻线或棉线扎牢。粽名甚多，形状不一，有角粽、锥粽、茭粽、筒粽、秤锤粽、枕头粽、小脚粽、母子粽和九子粽等。俗语有“吃了端午粽，老来有人送”之说。端午日晴主丰年，谚云：“端午晴干，农人喜欢。”

中秋节 农历八月十五日为中秋节，又叫团圆节。谚为“月到中秋分外明（圆）”。是夕，盛设家宴，庆贺团聚。吃月饼、红菱、鲜藕、柿子、白果和糖烧芋艿等时鲜果品。在庭院设香供品，望月膜拜，谓之“斋月宫”。边谈笑边尝月饼，观赏皎洁的月华，是传统的赏月良机。天涯共此时，人们惦记着远方的亲友，“但愿人长久，千里共婵娟”，遥寄思念与祝福。当地人或到虎丘踏月（走月亮）或到上方山观赏“石湖串月”。人们还互赠月饼，互祝家庭幸福美满。境内习称月食为“天狗吃月亮”。1997 年 9 月 16 日、2000 年 7 月 16 日在元和上空出现过两次月全食。

重阳节 农历九月初九为重阳节。古代称“九”为阳数。九月初九，乃两个阳数重叠，故称“重阳”。重阳将至，凉风习习，落叶纷纷，为立秋后第一寒信，故又称重阳信。俗语：“九月九，蚊虫叮石臼。”又谚云：“夏至有风三伏热，重阳无雨一冬晴。”重阳登高，亦是赏景良辰。或遨游虎丘，或登临灵岩。这天饮菊花酒，吃重阳糕。重阳糕，为米粉五色糕，加枣栗星点糕面。商店出售时，还在糕上插一小旗。天明时，“以片糕搭儿女头额，更祝曰‘愿儿百事俱高’”。《吴郡志》载，重阳日，还把出嫁的女儿迎回家中吃重阳糕省亲，所以又叫“女儿节”，也叫“花糕节”。数字“九”，猜拳时呼“九长寿”。1989 年后，国家将重阳节列为老年节，每逢重阳日，街道内中小学组织退休教师返校欢聚，或外出游观，以欢度重阳。

冬至 谚云“冬至大如年”。人们吃冬至团、喝冬酿酒。这天白天是一年中最短的一天，故称“短冬至”。冬至前一天晚上却是最长的一晚。古话说：“冬至夜，有钱吃一夜，没钱冻一夜。”反映了旧社会贫富的悬殊。这天开始起九。“九九八十一天”为寒冷时间。这天天晴，预示过年时的天气不好，俗话“干净冬至邋遢年”。

腊八 农历十二月初八，当地有吃“腊八粥”的风俗。用鲜萝卜切成片制成咸粥，讲究的加白果、莲心、红豆等制成“八宝粥”。

廿四夜 农历十二月廿四，家家送灶神，吃团子，称“谢灶团”，食后安安乐乐迎接新年的到来。

除夕 农历十二月最后一天，谓旧岁至此而除，称除夕，俗称大年夜。是夕佳肴满桌，红烛高烧，合家欢聚，吃“年夜饭”。饭前，先要祭祖供神，称“过年节”。与旧岁告别，称“辞岁”，俗称“辞旧迎新”。丰盛的菜肴中，有肉圆，象征全家团团圆圆；金黄色的蛋饺，则表示金元宝，招财进宝；青菜，为“安乐菜”或称长庚菜。黄豆芽，称“如意菜”，意为万事如意；鲤鱼，寓“鲤鱼跳龙门”，望子女成才。碗里的鱼不能吃光，留有一点，表“年年有鱼（余）”，钱物有所积累。将年夜饭放在新的饭箩里，饭上放红橘、荸荠、乌菱、甘蔗或竹枝，表示家有“万年粮”和生活“节节高”。也有将秤插在饭箩中间，意为“称心如意”。家人围炉团坐，小孩嬉戏，点燃守岁烛，直接晨光，通夕不眠，称为守岁，幼辈向长辈行礼辞年。贴门神和春联。最后，放“关门炮仗”。

生产习俗

农耕习俗 20 世纪 90 年代以前，境内农耕以三麦、水稻为主，有史以来，农民对土地的崇拜非常虔诚，农家土灶均设有灶阁，供有灶神纸马，农历正月初十为“地生日”，要在灶阁里烧香点烛，向土地祈丰年。莳秧季节，第一天插秧叫“开门秧”，要在田头焚香，祭祀土地公公、土地娘娘。农历七月，各地村民有祭祀猛将老爷活动，村民们用轿子抬着猛将老爷周游全村，各农户在田头插上三角形猛将旗，以驱避虫害，保五谷丰登。农历十二月廿四，农家要用团子祭奉灶神。傍晚，各家各户特别是孩童要带了稻草到自家田头去燎田角落，点燃稻草，边走边喊“燎燎田角落，明年要收三石六”，火光连天，煞是好看。旧时农民靠天吃饭，都要求玉帝、雷公、龙王等诸神恩赐，祈求五谷丰登，六畜兴旺。

渔业习俗　境内渔民，旧时常年以船为家，俗称“网船”，渔民即称“网船浪人”。网船长不足10米，前舱称为活水船头，存放鲜鱼，中舱为卧室，后舱名“火舱”，炉灶俗称“行灶”，“火舱”门楣上还刻有玉帝、王母、如来、观音八字，以祈诸神保佑。凡新船下水，要在船头钉四枚挂红绿丝绸条的“如意喜钉”，又称“利市钉”，钉前船家故意藏匿一钉，待木匠叫“东家，还要一个喜钉”时方拿出来，意讨口彩。渔民在捕鱼前要在船头把脚炉（名叫“聚宝盆”）灰和一些蚕豆撒在网中，以求鱼虾满网。渔民都崇敬禹王，信水神。船上烧鱼、吃鱼不能翻身，甚至忌说象征覆舟的“翻”字，如东西翻身改说“涨身”，渔民还禁止在船头上小便，以恐得罪水神。结婚未满月的新嫁娘称作“火脚”，忌上别的渔船串门，倘若触犯禁忌，长辈可以驱逐客人，并要放鞭炮，消禳驱灾。旧时大多数渔民比较清苦，“网船浪人”被认为是比较低层的人，衣衫破烂，有些终年不穿鞋袜。新中国成立后，渔民的生活水平得以提高，20世纪80年代，渔民的平均生活水平已超过农民。

境内原西公田村、施埂村、秦埂村是人工养鱼面积比较大的村，鱼池称“家荡”，捕捞时称“起荡”，主人收获结束，允许其他人去收集小鱼小虾称“捉野荡”。每逢端午节，主人需在鱼食料上焚化“钱粮”祈免灾害。讳言“死”，鱼秧苗死称“合箩”。

商业习俗　旧时经商称开店，商家在正月初五要“接路头”（财神），要在店门口点香烛，烧钱粮，放鞭炮，祈求生意兴隆、财源滚滚。从正月初一至十五，店门半开半校（闭），以庆贺节日和让职工休息，过元宵节后才开全门。解放后此习惯一度被禁，改革开放个体商业重兴以后，“正月初五接路头”习俗又得以沿袭。

旧时商店有赊欠习俗，较具规模的商店，春节开始就由职工上门将购物折子发给殷实人家，购物时只要持折子往该店购买。由店方记账，不用付现钱，按端午、中秋、年关三个节结账付款，以此拉生意。职工进店，必须有殷实铺保，学徒拜先生要备有红帖，由介绍人带领，并备酒菜，向师傅行跪拜礼，并有学三年、帮三年的行规。有的店主要故意将钱币散落一处，以探职工、学徒的诚实程度。店中领班的职工称“大先生”，会计称“账房先生”，学徒称“学生意”。

人生礼仪

婚姻

在旧社会，男婚女嫁礼俗烦琐。

说亲 由媒人牵线搭桥称“说亲”，现时称“介绍”。

相亲 由女方母亲等长辈到男方实地观察叫“相亲”。

定亲 男方根据女方提供的年庚，请人“排八字”，如宜，男方即托媒人邀女方亲属吃定亲饭、送小礼，俗称“吃小饭”，定亲后未婚男女双方开始走动称“毛脚”。

行聘 旧时有攀小亲习俗，因此从定亲到结婚相隔时间较长，甚至男女双方结婚前从未见过面。时机成熟后，男方请人择定吉日良辰，将迎娶日期送至女家，征求女方意见，俗称“送日脚”。迎娶前十余日，男方要送聘礼到女方，俗称“送大盘”，女方要退回一部分礼品叫“回盘”。男方将回盘的糕团送给村上人叫“派相邻”。行聘也称“吃大饭”。

娶亲 即结婚，男家称“讨媳妇”，女家称“嫁囡囿”。大喜之期须至女家迎娶。迎娶一般均用船，由专业户提供“快船”。船到河滩，爆竹声声，鼓乐大作，女方闻声，紧闭大门，男方几经恳求，新郎要付“开门钿”，“汏尿布钿”，基本满足女方要求后才能开门。茶毕，新娘出门与长辈道别，必须放声大哭称“哭发”。新娘由娘舅抱上轿，双脚不能着地。轿到船上后，男女家要比摇“快船”、打招（男方快船特地去兜圈儿）。女方船到男方河滩，新郎要用提桶去提浪头滚上来的水称“抢水”。新娘上岸后踏上铺地的麻袋后接前直至男方堂屋称“接代（袋）”，最后踏上红毡毯。新郎新娘按掌礼口令跪拜天地称“拜堂”，又称“做亲”。做亲后两新人各执“红绿牵锦”由香烛前导送入“洞房”，新娘坐在床沿，脸面用红绸巾盖上，亲友邻居不论尊卑老幼随之拥入嬉戏取闹称“闹新房”，临睡前新郎用秤杆挑去新娘覆面的红巾叫“挑方巾”。上述礼俗沿袭很久，规矩不一，简单或复杂，根据经济条件而定。民国以后，随着新文化运动的兴起，婚姻礼仪亦有革新。20 世纪 70 年代后，用机帆船代替“快船”。80 年代后期，娶亲均以汽车为主，旧时习俗均有沿袭称“新老法”。

做寿　为老人祝寿是传统的敬老习俗。元和一般自五十岁开始。民间重视逢十的诞辰，称寿诞。男子逢九之数，提前举行。年满六十岁、八十岁，举行诞生日庆贺礼仪，称“做大寿”。五十以下的诞生日庆贺礼仪，则称为“做生日”。为老人举行的祝寿活动，有繁有简，视生活条件及本人社会地位而定。一般人家皆发帖邀请亲友来贺寿、祝寿、拜寿、吃寿酒。寿诞之日由女儿准备寿桃、团子、寿糕、寿面、水果等礼品，由儿子负责操办寿宴。寿诞富裕之家，隆重者设寿堂，燃红烛、张彩灯、结彩球、挂寿幛或寿星像，两边再挂寿联。多有宣卷、堂名或戏班到家，做寿者称为“寿星”，于中堂，如夫妻健在，则同坐。祝寿仪式开始，吹奏喜乐接受亲友的祝贺与晚辈的叩拜，寿星向晚辈送红包。献寿礼毕，亲朋好友入席吃寿宴，共饮寿酒，吃寿面。戏班打唱或演戏娱乐宾者。席散，寿星家人将寿桃、寿糕、寿面之类回赠祝寿者；另外向近邻乡亲每家每户派送寿面。事毕，还要过节祭祖，祈求先祖保佑家人平安无事、健康长寿。进入 20 世纪 90 年代后，到酒店为老人祝寿者渐多，有的还到电视台、广播电台点歌或包场放电影为老人贺寿。是日，因儿女聚齐，大都会照全家福留念。

丧葬

送终　人之将死，血亲（夫妻子女等）要侍奉在侧，直至断气，焚烧纸锭，家属号啕大哭，谓之送终。

撤帐　立即将死者床上帐子取下，掷于自家外面屋檐上，出殡后方可收下。

小殓　用洁水擦洗死者周身谓之“揩身”，然后穿上衣服称穿“寿衣”。寿衣必须逢单，三件、五件、七件不等。先由孝子按内到外一件件套在身上称“筒衣”，然后卸下用白布带结成捆，用一“杆秤”，再用一方孔铜币穿入红线作秤砣形式化称一称，称者问：这衣服是啥人格？由儿子回答：伲爹（妈）格。事毕及时给死者穿上。衣服穿毕后要用红纸包白银放在死者口中称“含口银子”。

入灵堂　在厅堂内搭灵堂称为“孝堂”，挂起孝帏，老年死者用白孝帏，年轻死者用青孝帏，死者移至灵堂放到“板门”上，头朝外，头边点油灯称“七灯”，亲友邻居到此守灵称“陪夜”。

开丧　死者的配偶子女都穿白衣服、白鞋、束白腰带、披麻戴孝，请和尚、道士、尼姑念经祈祷，烧纸帛、锡箔。对吊丧者都要分类发白带扎于腰间，观丧者捡一个白布结，称“利市布”。菜肴中必有豆腐，故吊丧也称吃“豆腐饭”，吊丧者出礼称“喜账”。

大殓 旧时行棺木土葬。由长子捧头，次子或侄子捧脚将死者放进棺材称“大殓”，并在棺内放进“陪葬品”。当盖棺时亲属要痛哭呼号，并绕棺三圈。

设灵台 出殡后，丧家要在堂屋左后方设置灵台称“座台”，台脚下垫瓦片，座台下放死者的鞋子一双，台上放有死者灵位，俗称“牌位”，现由遗像、骨灰盒取代。每天清晨由家人“哭灵”、点香、点烛、换茶，每天中午时分，以酒盅代碗盛以酒、菜、饭于遗像前，叫“祭饭”。时间一至三年。现今一般到“五七”起座台结束。

做七 人死后，以每七天为期，头七与二七之间由道士排日脚谓“辟亲”。到“五七”，女儿要“做庚饭”，备“纸扎”，请和尚、道士“闹五更”。

落葬 大多数人家死者大殓后即行安葬，有钱人家要停柩一段时间择吉日“落葬”。条件较差的将棺木搁在田头，用柴草帘盖上，也有在棺木外用砖瓦搭建的，时间长久棺木破烂，将尸骨放在瓮中落葬称“结骨”。推行火化后，有条件的到风景区买墓穴，一般均用骨灰盒落葬，堆上土墩。1998 年蠡口、陆慕镇的骨灰盒均安放在“安息堂”。

庙会

旧时蠡口、陆墓寺庙道院众多。每逢新春佳节、庙神生日，庙祝设坛开醮；香客会聚焚香许愿，敲锣打鼓载歌载舞；小商小贩叫声，此起彼伏。小至土地庙大至贤圣庙等都有庙会，其中以老湖泾庙（悟真道院）、中湖泾庙、小湖（河）泾庙、平田禅院、三乡庙等尤盛。

平田禅院庙会 平田禅院俗名三官堂，旧名放生池。在上塘程（城）典弄北。清顺治元年（1644），在祇园东北，僧古心（苏州范氏）募织造周工部天成创为药树放生池。旋请灵岩寺和尚说法，其法偈云“陆塘烟火万家稠，耕稼陶渔事事周；东舍西邻朝夕见，他人举手我低头。只这时，莫他求，佛祖无过老实休；野色喜无山隔断，何须更上一层楼”。遂把放生池更名为平田禅院。

院内供天官、地官和水官三尊神像。《宋史·方技传（上）》载：“（苗）守信上言：……三元日，上元天官，中元地官，下元水官，各主录人之善恶。”正月十五、七月十五和十月十五日分别为天、地、水三官诞辰，称上元、中元和下元日。农历正月十五日，是天官诞辰，管赐福。七月十五日，是地官生日，管赦罪。十月十五日，是水官生辰，管消灾。这三个生日，虔诚者在正月、七月和十月的初一至月半吃素，叫吃“三官素”或“花三官”。院里香火也很旺盛。

三乡庙会 三乡庙在原徐庄村北（今澄阳街道徐庄社区），又称季王庙。因为是白鹤仙王三乡之土地庙，俗称三乡庙。庙中大殿中间供奉季札神像。每逢庙会，演戏时，两侧楼上和天井里都挤满了老少观众，香火盛极一时。

老湖（河）泾庙会 老湖（河）泾庙在御窑村北（今峰汇园社区），是为纪念东晋著名画家顾恺之而建造的。农历十月十八，是顾恺之生日，从十七日起至十九日，连打三天三夜大醮，还请戏班演戏，庭院全都站满了观众。自20世纪80年代起，村民和香客自发修缮，焚香点烛。年初一，香客达5000人。小河泾庙也是如此，在顾恺之生日那天，由庙东经办庙会，开寿筵，吃寿面，也连打三天三夜大醮。

土地庙会 农历二月二日，是土地神诞辰，俗称田公田婆。农家壶浆祝神。《明史》：“里社，每里一百户，立坛一所，祀五土五谷之神。”陈确庵在《尉迟土地庙序》称：“今土地庙，乃有陆宣公、子胥、武侯、卫公之称。”祭祀土地庙，“以祈农祥”。元宵前，在土地庙前放烟火，传说为放给土地公公看的。庙前火树银花，人们欢呼雀跃。

地藏王庙会 地藏王庙在漕泾含秀桥东堍。农历七月三十，是地藏王（幽冥主）生日，纪念张士诚，当地行晚上烧“狗屎香”，张士诚小名九四，谐音“狗屎”。

链接：“狗屎香”的来历

农历七月三十晚，吴地城内城外百姓都要烧“狗屎香”、祭“地藏王菩萨”，实际是纪念元朝末年农民起义领袖姑苏王张士诚（小名九四）。说成烧“狗屎香”另有隐情。

元末，一支由张士诚领导的农民起义军在东吴苏州夺取政权建都，自称“姑苏王”。而西吴由朱元璋领导的另一支农民起义军，其势力更为强大。朱元璋一心想统一天下当皇帝，他凭着自己兵壮将强先灭了西部起义军陈友谅，再回过头来打东吴姑苏王张士诚。

朱元璋命将徐达各部挖长壕围之，相接处筑敌台，高四丈，城中水泄不通，苏州城内饥饿乏食，一鼠值三百文。但张士诚仍死守顽抗。发动军民开垦南园、北园，种粮种菜，自给自足。这一仗打了三年半，朱元璋仍未攻进苏州城。

后来刘伯温买通了齐门守城将领，常遇春入齐门，这天正是农历七月三十。齐门失守，张士诚带了一批兵将骑着快马准备逃出城去，却不料夜雨蒙蒙，黑夜里伸手不见五指，张士诚出得城来只见月黑风高，不知如何去向。然城内外百姓念张士诚对苏州百姓降税有恩，便自发组织，在沿街路旁插上棒香，自形成一道路标，张士诚以棒香指路终于逃出朱元璋追杀。朱元璋见状追问百姓，百姓说今日是“地藏王菩萨”生日，烧香能消灾纳福，由此避过了朱元璋。后来张士诚还是被捉，解往金陵后自缢身亡，时年四十七岁。

河泾庙会群众表演　　原载2005年版《陆慕镇志》

吴地百姓为纪念张士诚，每至七月三十晚上，家家户户在门口插着点燃的棒香，因张士诚小名“九四”，百姓称之为烧“九四香”。后来朱元璋做了明朝开国皇帝，苏州人为避嫌，把烧“九四香”说成是烧“狗屎香”，以避官府追究。苏州俗语有“勿烧狗屎香吃人缘”。

至今，元和范围内仍有部分老人逢农历七月三十夜，在高楼地面花坛里插点棒香，以表赤诚之心。

出会 一般每年清明、中元和十月朝都要出会，叫三节会。每月初一或月半，非正常情况，逢干旱或瘟疫求神拜佛。出会时，以一个乡为单位设立总会。天亮前到竹园里拔出一根连根竹头，把它插在某个自然村，这个村就成为出会会址，由该村承办会事。出会的老爷为庙前的贤圣。

出会的仪式有“官”家气派，内外执事，全副銮驾。前有会旗行牌，行牌上书“肃静”“回避”大字。轿子里坐着“贺官”，贺官由当地头面人物扮饰，身穿白盔白甲，背插小白令旗，足踏朝皂，显得英武。接着是一批吊臂香的人群，他们袒胸露臂，十分健壮，手臂下部用许多铁（银）钩穿进皮肤，吊着沉重的香炉，炉内焚香或檀香，香气袭人。他们吊着铜锣，边走边敲。踏高跷者，比一般屋檐还高。各种戏名的台阁，由四个人抬，扮饰的人物都是10岁左右的男童女娃。队伍中还有跳加官、狮舞龙滚，荡湖船和“蚌壳精”等边走边表演。行走在队伍后面的是刘猛将，传说能驱蝗虫，天旱祈求能施雨，正月十三是他生日，抬其神像，游村转街，俗呼“抬猛将”。最后是贤圣菩萨，端坐轿子，前面还有精致的香亭。数百人组成的出会队伍，浩浩荡荡，先在村里游神，再绕陆塘游走，过洋泾塘，进齐门弄，直到玄妙观。在三清殿焚香许愿，说唱演戏。

堂前做戏 朱庄村的太保堂（陈孝子堂），每逢农历二月十二，均要搭台做戏三天，除了烧香外，做生意人也聚集于此，非常热闹，由于季节因素，民间流传一种说法“二月十二，堂前做戏，勿是风大，定是落雨”。新中国成立初期堂前尚有过庙会，1958年后则不再出现。

抬猛将 境内有猛将堂，与土地庙共存。当地村民每年七月祭祀一次，用轿子抬着猛将塑像周游全村，热闹非凡，是时各农户在田里插上三角形猛将旗以驱逐病虫害保五谷丰登。民谣有：“七月里、七秋凉，家家人家出来抬猛将，场上搭子车帘棚，屋里点起大四两（蜡烛）。大小馒头裹得蛮闹猛，小格自家吃，大格派乡邻，前村后巷全派到，缩落（遗漏）仔隔壁个老大娘，早也碰（碰——因大娘未吃到馒头而生气，说些不三不四的话）两声，夜也碰两声，日早日夜要碰两声。”相传南宋时有一位刘姓勇猛将士，曾为百姓抗蝗灾、灭蝗虫出力有功，深受百姓感激和拥戴，事后百姓不忘其恩建庙塑像，称其猛将老爷，并在农闲时节抬着刘将士出游庙会，以示纪念——称“抬猛将”。

风味美食

酒酿饼 本名救娘饼。传说元末张士诚带母亲逃难，正逢寒食节，无处乞讨，其母饿晕过去，一位老伯可怜她，用家中仅存的酒糟做成饼，供张母食用，张母终于得救。后来，张士诚称王，感念救命恩人，下令：寒食节民间必须吃酒糟饼，定名救娘饼。张士诚兵败后，吴地百姓改称救娘饼为酒酿饼。至今，清明时节品尝酒酿饼成为吴地习俗。酒酿饼以苏州当地的冬小麦和酒酿为主要原料。酒酿性善窜透，用以作药，可活血行经，散结消肿。酒酿饼有荤、素之分，主要有玫瑰、豆沙、薄荷等味。酒酿饼以热食为佳，特点是甜肥软韧，油润晶莹，色泽鲜艳，滋味分明。

酒酿饼

锅巴汤 明代由民间家厨传入菜馆。锅巴油炸后盛在荷叶汤碗内，浇入50克沸油，另用虾仁、番茄烹制成卤汁。上桌时先端上刚汆好的锅巴，随后将一碗卤汁趁热倾入锅巴碗，锅巴滋滋裂响，香扑鼻，声入耳，色悦目，味乐口，四趣相得益彰。此菜虾仁玉白鲜嫩，锅巴金黄松脆，番茄红润酸甜。据传，当年乾隆皇帝下江南，在民间尝得锅巴

母油船鸭

莼菜氽塘片

汤后，脱口赞道："此菜可称天下第一。"从此被称为"天下第一菜"。

母油船鸭 系由船菜发展而来。母油即"伏酱秋油"，醇厚鲜美，为酱油中上品。整鸭选用太湖绵鸭。加母油生焐。此菜鸭形完整，呈棕黄色，汤色酱红，醇而不浊，鸭肉酥嫩肥鲜，为冬令佳肴。

白汁鼋菜 鼋菜即指甲鱼，甲鱼可入药，肉富营养，裙边尤肥美。《诗经》中即有所谓"炰鳖脍鲤"。此菜以春"菜花甲鱼"、秋"桂花甲鱼"为佳。在春季菜花时节，选用750克左右的甲鱼（过小味腥，过大肉老），宰杀，去内脏、趾、尾（有蛋则取出另行加调料蒸熟），在热水中去黑衣、甲壳，斩4或6块，洗净。调辅料有山药、笋、香菇、大蒜头、葱、姜、酒、冰糖、盐等。烹制后酥烂脱骨，裙边透亮，汁黏如胶，肥香入味，为宴席上品。

莼菜氽塘片 以太湖特产莼菜与塘鳢鱼为原料，是苏帮名菜中的一道汤羹。莼菜，又称水葵，为多年生宿根性湖沼草本植物，生长在太湖中。《食经》有"脍鱼莼羹"，明人赞"莼菜羹"云："玻璃碗成碧玉光，五味纷错生馨香。"塘鳢鱼又名土鲃鱼，虎头鲨，体形短壮，长不过十余厘米，头大、身圆、尾稍平，喜栖息于湖滩河边石缝或树根边，以小鱼小虾为食，头大体圆，肉质细嫩。塘片，即以塘鳢鱼去脊骨及鱼头后，制成净鱼肉片，加绍酒、精盐、葱末拌匀，然后入猪油、肉汤、清水制成的汤中煮沸，加绍酒、火腿丝、味精，出锅倒入莼菜碗中，淋上鸡油，遂成鲜美可口的汤羹。莼菜与鱼作汤羹，由来已久。历史上还有"莼鲈之思"的典故。

光裕口语

光裕口语出陆墓 元和毗连苏州古城，口语同苏州话相似，素有“吴侬软语”之称。明清时期四大白话（苏白、韵白、京白、广白）之一的苏白，是江浙地区通用语，苏州评弹界艺人考究了不少陆墓口语，清代以后有“光裕口语出陆墓”的说法，苏白音首推位于苏州城北陆墓口音。

苏白，又叫做吴语白话，是一种以吴语口语为语法和词汇基础、以汉字为书写文字的汉语体系，与今苏州话有一定差别。最早提到苏白的文献是《广志绎》。该文记载了当时江南直隶镇江、常州、苏州、松江四府和浙江省，因方言之间有一定差异，于是采用苏白作为共通语在江浙地区不同县域交流。“善操海内上下进退之权，苏人以为雅者，则四方随而雅之，俗者，则随而俗之。”

清乾隆四十一年（1776），被称为“姑苏书王”的王周士在今苏州市宫巷第一天门8号发起创建“光裕公所”，供奉三皇祖师，制定行规行风，对外保护艺人权益，对内调整关系，提倡尊师礼让，吉庆佳节举行书会，切磋书艺，培植后学，提倡公益事业，设立裕才学校。而苏白音首推位于苏州城北陆墓的光裕社口音。故光裕是当时吴语文化输出传播中心，也就是说陆墓人的苏州话历代被推崇为吴音的标准，加上唐伯虎、祝允明等一大批文人都以说城北陆墓口音为荣，所以导致后来苏州城里话和陆慕趋同。这样，光裕社的苏白音，在吴语地区地位就更加突出，所以也就有了“光裕之音出陆墓”一说。

此后光裕公所成为苏、浙、沪评弹界的基地。凡未出道的评弹界艺人必须要到陆墓书场“实习”，考究陆墓口语。时称“苏州两只半书台”，即指苏州光裕社书台、陆墓锦仙园书台和黄桥半只书台。评弹界俗话有“不到陆墓非响档。”“上勿了光裕、锦仙园，只好先到黄土桥”，故陆墓可称是苏州评弹的发祥地之一。时陆墓街上开办最早的锦仙园书场外，还有芷江、南园、兴聚居、逸园、迎春、大鸿楼等书场，听众评说说书艺人：“菜花黄，说书像蚂蟥；菊花黄，说书像霸王。”1949 年前后，有一千多位评弹界艺人到陆墓献艺。

清同治四年（1865）闰五月，由当时评弹艺人许殿华、姚士章和马如飞呈请苏州府在陆墓麦场郎建光裕义冢，凡所属评弹艺人去世后无墓地者，可寄存或安葬于此。凡评弹界艺人到陆墓献艺，必先去麦场郎凭吊卒葬的艺人，然后在此开档说书，故陆墓书场经久不衰。

明清时，苏白开始流行于昆曲、越剧、苏州评弹等领域，用于民间交流。昆曲中普通百姓对话采用苏白。不仅能够迎合当地观众的审美趣味，也能比较生动地刻画人物形象，起到调剂场面的作用。相对明代之后的北方而言，苏白是一种比较经典的音系，其特点是保留了浊音。加之古代南方战争较少，江浙地区仍然保持以前的读音。由于当地读书人较多，在全国各地都有做官或者教书，读书音就影响了很多官宦世家和书香门第。民国时期，上海的书香世家和部分学校也是使用苏白作为交流语言。新文化运动兴起之后，京白的地位被提高，苏白影响力有所减弱。

近代，由于苏州、吴县的地域分裂隔阂，加上苏州城里外地移民增多，苏州话口音语言有所改变，而城北陆墓却保留一口原汁原味的老派苏州话，陆墓街上人讲的话很嗲很好听，咬字清晰，尖团打党分明，八调齐全。直至现今，陆慕街上讲的是苏州老城区话，依然是最接近评弹的苏白话，与园区话、新区话或者陆慕以北的北桥话有所区别。

2005 年撤元和镇建元和街道，不少社区恢复开设书场，书台上音响设备正规，台下按剧场设施配置，还供应茶水。至 2019 年年底，元和街道有蠡口社区“亚博家艺”书场、凌浜社区“东方铁塔”书场、御苑家苑社区“金宏”书场等尚在营业。

苏白音系

声母

表 5

发音部位 \ 发音方法			唇音		舌尖音			舌面音		喉音
			双唇	唇齿	前	中	后	前	后	
塞	清	不送气	p 包边			t东低			k 高姑	ʔ 安鸭
		送气	p^h 喷飘			t^h 汤天			k^h 开宽	
	浊	b 排皮				d唐甜			g 共狂	

续表 5

发音方法 / 发音部位			唇音		舌尖音			舌面音		喉音
			双唇	唇齿	前	中	后	前	后	
塞擦	清	不送气			ʦ糟猪		tʂ中章	ʨ京菊		
		送气			ʦʰ草妻		tʂʰ超昌	ʨʰ欺劝		
	浊							ʥ棋群		
擦	清			f方非	s山西		ʂ霜书	ɕ虚戏		h海蟹
	浊			v房冯	z邪社		ʐ受船			ɦ孩效
	鼻音		m 忙米			n南努		ȵ娘女	ŋ岸饿	
	边音					l来连				

韵母

表 6

开口呼	齐齿呼	合口呼	撮口呼
	/i/非姊低基	/u/布婆夫符	/y/居渠虚羽
/o/巴茶瓜花哑	/io/亚靴		
/əu/租多土河			
/ɿ/资次师是			
/ʮ/知吹书时			
/ᴇ/改赛班三	/ɪ/边尖天也	/uᴇ/块会关环	
/ɑ/排拉街蟹	/iɑ/借家写雅	/uɑ/怪快歪淮	
/æ/包超刀高	/iæ/苗焦刁要		
/øʏ/否州狗欧	/iʏ/九丘牛休油		
/ø/半专端甘	/iø/捐原圆鸳	/uø/官宽欢换	
/ã/浜张打硬	/iã/想良姜央	/uã/横	
/ɑ̃/帮糖康装	/iɑ̃/江旺	/uɑ̃/光狂荒汪	
/ən/本春能根	/in/宾平心英	/uən/滚昆混温	/yən/军群训云
/oŋ/风东工翁			/yoŋ/穷浓凶泳
/aʔ/袜杀搭鸭	/iaʔ/甲鸭侠	/uaʔ/刮甩滑挖	/yaʔ/曰
/ɑʔ/百拆客压	/iɑʔ/爵掠虐		
/əʔ/不哲得割	/iəʔ/笔即跌一	/uəʔ/骨阔忽活	/yəʔ/粤桔缺月
/oʔ/八足各恶	/ioʔ/觉曲局浴		
/əl/儿而			
/m̩/呒亩			

续表 6

开口呼	齐齿呼	合口呼	撮口呼
/n̩/唔（~笃，即你们）			
/ŋ̍/吴鱼五			

声调

表 7

清音			浊音		
阴平	44	东	阳平	223	同
阴上	52	懂	阳上	231	动
阴去	412	冻	阳去	313	洞
阴入	5	督	阳入	2	毒

词汇

元和至今仍有不少陆慕特色口语，有的因时代演变而变化。陆慕口语部分词汇择录于此（标准词在前，谐音方言在后）。

称谓

亲属之间有特定的称谓，反映长幼辈分之间的血缘亲缘关系。

曾祖父：太公。

曾祖母：太太。

祖父：阿爹。

祖母：好婆。

父亲：爹爹、好爹、爸爸、阿爸、伲爷、伲老头子，有的现称老爸。

母亲：姆妈、阿妈、伲娘，有的现称妈咪、老妈。

伯父：老伯伯。

伯母：姆妹、阿娘。

叔父：阿叔、叔叔、爷叔。

叔母：婶婶、婶娘。

父之姐：姑母、（大）姑妈、（大）嬷嬷。

父之妹：小姑妈、娘娘、小嬷嬷。

姑母之夫：姑夫、阿夫、夫夫。

岳父：丈人阿爸、爹爹。

岳母：丈母娘、姆妈。

夫之父：阿公、爹爹、爸爸。

夫之母：阿婆、姆妈。

母之兄弟（妻）：大（小）舅舅、娘舅。大（小）舅妈、舅姆。

母之姐：大阿姨。

母之妹：阿（矮）姨。

妻：家婆、家主婆、老婆、伲屋里、伲老太婆。

夫：当家人、老公、老头子、伲格朋友、伲屋里、伲冤家。

儿子：伲子。

女儿：囡五

女婿：补代，布袋。

寄父（老）：寄爷。

寄母（老）：寄娘。

时间词

时间：时光、时候，辰光。

日子：日脚。

当时：格歇。

现在：姑歇。

白天：日里。

晚上：夜里。

早晨：朝郎。

上午：上昼，上曼昼。

中午：中郎、中昼心里。

下午：下昼，下曼昼。

傍晚：夜快边（点）。

黄昏：断黑快。

去年：旧年。

明年：开年、来年。

方位词

哪里：陆搭。

这里：俺搭。

那里：格搭。

最先：着前头。

中间：当中、当中横（湾）里。

最后：压末、末脚。

动词

跑：斜、奔。

快跑：斜（奔）急急。

在：勒郎。

不在：勿勒郎。

在不在：阿勒郎?

游玩：白相（相）。

开玩笑：打朋、溜白相。

难受：喔拉勿出。

不开心：喔塞（得来）、勿舒意。

迟钝：拎勿清、阿木令、夯噱噱、呆答答、呆兄（婆）。

难解决：轧桥。

失误：吃添、豁边。

勒索：敲竹杠、剥猪猡。

倒霉：触霉头。

死：翘辫子、挺直脚、坏脱、故世、勿勒郎。

受批评：吃牌头。

生气：光火、火冒。

负气：赌气、别气，

丢脸：坍台、下台形。

佩服：服贴。

传染：过，过人。

文武元和

春秋时期著名军事家孙武（孙子），被后世誉为“兵圣”“百世兵家之师”“东方兵学的鼻祖”，苏州是孙武的第二故乡和功成名就之地，相城区是孙武的归隐之地，其墓在元和境内。明代中期著名的画家、书法家文徵明，与沈周共创“吴门画派”，在画史上与沈周、唐伯虎、仇英合称“明四家”（“吴门四家”），在诗文上与祝允明、唐寅、徐祯卿并称“吴中四才子”。晚年与沈周并驾齐驱，被合称为“文沈”，并继沈周之后成为吴门画派的领袖。孙武墓（孙武纪念园）和文徵明墓，是元和域内最重要的文化地标之一。孙武的“武”和文徵明的“文”，成为苏州文化在元和地域的主要代表，他们为元和乃至苏州留下了宝贵的智慧创意和艺术创造的文化基因。

孙武

孙武

孙武生平　孙武（约前545—约前470），字长卿，世称孙子。春秋末期齐国乐安人。其先出自齐田完五世孙孙书，据（唐）林宝《元和姓纂》和（宋）邓名世、邓椿《古今姓氏书辨证》记载：景公赐姓孙氏，食采乐安，生凭，齐卿，凭生武。公元前6世纪末至公元前5世纪初，孙武以田鲍之难，由齐奔吴隐居，写成兵法十三篇。吴王阖闾三年（前512），与吴国重臣伍子胥（伍员）商议，准备向西进兵。时伍子胥“七荐孙子”，阖闾始同意接见。孙武带着所著兵法来见吴王，阖闾暗自赞叹，遂任命孙武为吴将，并常常与孙武探讨各种各样的军事及政治问题，都能获得满意答案。吴王阖闾七年（前508），吴国采用孙子“伐交”战略，策动桐国叛楚。又使舒鸠氏欺骗楚人说：“楚若以师临吴，吴畏楚之威势，可代楚伐桐。”十月，吴军乘楚人不备击败楚师于豫章；接着又攻克巢，活捉楚守巢大夫公子繁。吴王阖闾九年（前506），吴军采取孙子“因粮于敌”的策略，吃了楚人的食粮而继续追赶。最后在孙武、伍子胥的指挥下，经过五次大战，攻入楚都郢，几近覆亡楚国。

阖闾去世后，孙武、伍子胥等大臣继续辅佐夫差，努力积蓄钱粮，充实府库，制造武器，扩充军队。越王勾践进攻吴国时吴军由伍子胥、孙武策划，在夜间布置了许多“诈兵”，分为两翼，点上火把，袭击越军，越军大败。接连吃了几次败仗后，越王勾践只得向吴屈辱求和。

孙武晚年，其至交好友伍子胥被夫差杀死。伍子胥被杀后，孙武不再为吴国的对外战争谋划出力，转而隐居乡间，修订其兵法著作。从退隐到寿终，孙武一直没有离开吴国，死后葬于吴都郊外。

孙武墓 据《越绝书》记载，巫门外大冢，吴王客齐孙武冢也，去县十里。《后汉书》引《皇览》，孙武墓在吴县东门外。《吴地记》载，孙武墓在平门西北二里，地名永昌。清嘉庆庚申，阳湖（今常州）孙星衍曾买舟访孙武墓至巫门外，地名雍仓，得古冢，有柏树甚古，土人呼为孙墩，“雍”“永”声近，“仓”“昌”声近。因作《巫门访墓图》，且系以诗云：“吾家吴将高绝伦，功成不作霸国臣。春秋三传佚名姓，大冢却在吴东门。吴人耕种少闲地，访墓雍仓一舟系。弯环惟见古柏存，遍览平畴失碑记。传家私印不可磨（自注：家藏孙子铜印，方不及寸，文云‘孙武私印’），阖闾冢侧祠巍峨。武成王庙废不举，东南淫祠何其多。君不见鸟喙之邻施间谍，内嬖忽然消霸业。西施可惜入宫迟，不付将军教兵法。”

据孙星衍的考证，孙武死后，因其有功，“其子明食采于富春，生膑，显于齐，其后世有达人，支族繁盛，或居太原，或居清河，或居汝州郏城，或居青州，或居昌黎，或居武邑，孙武遂见《姓氏书》，皆孙子之后裔。苏州士夫及孙氏族人以为，孙子有功于吴，自当庙食此土，后且失其墓，岂称东南士大夫声名文物好古兴废之志？唐肃宗祀太公望为武成王，以孙吴十人配享，如孔子之有十哲。国家令甲以孙子十三篇发题试士，尤宜令武学诸生有瞻拜设像之处。然则吴门立祠，合于祀典，有功于民，及因国无主后则祀之义也。翰林院庶吉士孙原湘、孙尔准，山东督粮道孙星衍，高唐州知州孙良炳，皆远祖孙子，予告刑部侍郎王昶为孙子五十七世孙，以外家为姓，亦孙子之裔，同时建议醵资，苏州周太守锷、吴县舒大令怀、前朱大令锡爵、元和万大令承纪实成此举，并族人之好义者，列名碑石云。铭曰：“桓桓我祖，传此韬钤。信赏必罚，不残以严。霸吴入楚，折冲樽俎。归功伍胥，荣名不处。兵经煌煌，名将之则。适道以权，我战则克。士有诵法，神所凭依。支族分布，崇祠在斯。左瞻巫门，北倚虎阜。魂无不之，死而不朽。废祠复举，武功右文。吴都永庇黄池扫氛”。

孙武墓原在陆慕虎啸村孙墩浜。1995 年 11 月，陆慕镇在此重新立碑筑冢。1995 年 11 月，陆慕镇人民政府重修孙武冢并立碑。新冢高 2 米，直径 6 米。墓碑高 174 厘米，镌刻“吴王客齐孙武冢”七个大字。东南角竖一块《重修孙武冢记》石碑，大小跟墓碑差不多。2005 年，因建设公路枢纽，孙武墓迁至文陵村文徵明墓东侧孙家门村，即孙武纪念园内。5 月 10 日举行墓园揭牌仪式。

孙武纪念园（2019年）　　柏洪峰　摄

孙武纪念园　孙武纪念园位于元和街道繁花中心商业地段。苏州轨交 4 号线设有“孙武纪念园站”。园址北依阳澄湖西路万家邻里，东临文灵路，南接合兴路，西傍御苑家园。2014 年 12 月，相城区开工建设孙武纪念园。2016 年 5 月 12 日正式对外开放。纪念园总占地面积约 8.5 公顷，建筑面积 4000 多平方米。纪念园由河滨漫步、市民健身、纪念广场、湿地栈桥、孙武文化、休闲茶室等区域板块组成，既是传统文化纪念场所，亦是为公众免费开放的城市公园。

纪念园堆砌坡顶高 13 米，寓意《孙子兵法》十三篇，孙武青铜雕像面南正襟危坐，居高临下，手握兵书，目光炯炯，遥视着伍子胥曾经相土筑城的姑苏大地，眉宇间透露着一股运筹帷幄之中，决胜千里之外之天才军事家的雄伟气概。孙武铜像依据明万历年间（1573—1620）《三才图绘》刻本画像，并吸收世界各国孙武画像之精华，增加了老年孙武的元素，再创造而成。

盒式形状的墓区，符合孙武“和合”的理念。随着铜像边的甬道往下，左手玻璃上是《越绝书》《皇览》《舆地纪胜》等文献资料。墓左侧是全长 44 米的图文并茂的孙武生平故事长廊，由避乱奔吴、隐居穹窿、潜著兵书、结识伍员、晋献兵书，再到吴

世界兵圣孙武纪念园（2019年） 沈铭 提供

宫教战、吴王拜将、经国治军、养城之战、豫章之战、柏举之战，直到功成身退、终老相城，共30多个生平故事组成。右侧分为两个部分，前一部分为《孙子兵法》十三篇，分别镶嵌在有十三面墙阙组成的墙廊里，后一部分为海内外名人评价孙武，既有孙中山、毛泽东等中国名人的评价，也有世界各国名人的评价。左右两个长廊相加共88米。

孙武纪念园展厅主要展陈《孙子兵法》在全球的传播和应用。在布展手法上，结合传统和现代高科技，多方面多角度展示孙武文化。展陈内容重点展出孙武军事思想在世界各地、各个领域产生的巨大影响与成果。“孙子兵法全球行”图片展，共展出数百幅在全球实地拍摄的图片，全方位、多视角展示孙武文化在政治、军事、外交、商贸、文化、科技、情报、体育和社会生活等领域的应用和影响。《孙子兵法》版本展，展出全球近40个语种50多个国家和地区上千个版本的《孙子兵法》，许多版本收集不易，弥足珍贵；国内版本分为研究类、普及类、应用类和美术类，非常齐全。

孙武文化收藏展，展出从全球各地收集的300多件各类孙武文化收藏品。其中有全球孙武研究学者、孙武后裔写的孙武书法作品，有日本的孙武“风林火山”系列作品，有我国台湾的化石《孙子兵法》，有从各国唐人街收集的孙武文化工艺品等，还展出核雕“孙武写兵书”、苏绣孙武像、宫扇“吴宫教战”、金砖兵书、泥塑孙武像等具有吴文化特色和“相城十绝”元素的孙武工艺品。

孙武纪念园创造了全球《孙子兵法》版本最全、《孙子兵法》在全球传播应用图片最多、孙武生平故事长廊最长三个新纪录。

链接：海内外名人评价孙武和《孙子兵法》

孙中山：就中国历史来考究，两千多年的兵书，有十三篇，那十三篇兵书，便成立中国的军事哲学。

毛泽东：孙子的规律，“知彼知己，百战不殆”，仍是科学的真理。

尼克松（美国前总统）：两千多年以前，中国古代大战略家孙子曾经提出下述的原则：“凡战者，以正合，以奇胜。”孙子凭着他的智慧，认清了这两种力量是互相增强的，所以要想求胜必须同时使用二者。

里根（美国前总统）：两千五百年前，中国的哲学家孙子说：“百战百胜，非善之善者也；不战而屈人之兵，善之善者也。”真正成功的军队是这样一支军队：由于其力量、能力和忠诚，它将不是用来打仗的一般军队，因为谁都不敢向它寻衅。

基辛格（美国前国务卿）：《孙子兵法》问世已两千多年，然而这部含有对战略、外交和战争深刻认识的兵法在今天依然是一部军事思想经典。20世纪中国内战时期，毛泽东出神入化地运用了《孙子兵法》的法则。孙子在西方还获得另一个头衔——近代商业管理大师。

蒙哥马利（英国元帅）：世界上所有的军事学院都应把《孙子兵法》列为必修课程。

查里德·劳伦斯（美军著名战略理论家、美国国防大学中将校长）：《孙子兵法》在美国军校中是作为教科书来学习的。

松下幸之助（日本实业家）：中国古代先哲孙子，是天下第一神灵，我公司职员必须顶礼膜拜，认真背诵，灵活运用，公司才能兴旺发达。

白邦瑞（美军高级顾问）：孙子离开我们几千年了，今天的世界发生了翻天覆地的巨大变化，但孙子的战略与谋略思想是跨越时空，不朽永存的。

基尔申（俄罗斯前军事科学副院长）：人类社会所面临的各种威胁，要求人们重新审视战争行为，确定一种富于哲理和社会政治、军事战略性质内容的新型战争观，而孙子的非战思想符合现代新型的战争观。《孙子兵法》的内容精博深邃，其中许多思想至今依然闪烁着真理的光辉，对中国乃至世界军事理论的发展产生了深远的影响。

罗伯茨元帅（英国坎大哈伯爵）：孙子的许多格言完全适用于现在。

费黎宗（法国经济学博士、西方高级企业决策者）《思维的战争游戏：从〈孙子兵法〉到〈三十六计〉》：真正的战争不是发生在战场上，而是在决策者的头脑中，只有在智慧的对决中战胜对手，才能在较量中所向披靡。

约翰·柯林斯（美国现代军事理论家）：孙子是古代第一个形成战略思想的伟大人物，他的大部分观点在我们的当前环境中仍然具有和当时同样重大的意义。

胜雅律（欧洲知名汉学家，所著《智谋》被美国纽约 Penguin 出版社收入“名人堂”）：《智谋》的“矿源”在中国，智谋学是中国人开辟的，《智谋》书之所以风靡世界，是受孙子智谋的影响，《孙子兵法》是人类历史上最经典、最高超的智谋之书。

孙武公祭大典 孙武纪念园建成后，成为海内外孙武后裔、孙武崇拜者、研究者和应用者的祭拜之地、瞻仰之地、纪念之地。

《世界兵圣》杂志封面

孙武公祭大典（2016年）　　相城区地方志办公室　提供

2016 年 5 月 12 日，孙武纪念园开园，近千人规模的孙武后裔、“一带一路”沿线国家和国内知名孙武研究学者齐聚苏州相城，举办首届孙武公祭大典。由于无法准确确定孙武的生卒日，故将 5 月 12 日孙武献呈《孙子兵法》给吴王的日子定为孙武公祭日。当天，孙武后裔自发组织到相城，发起成立 2016 年兵圣孙武公祭大典组委会，共商推动孙武祭祀成为国家级的公祭活动，现场通过《孙武后裔名人评选办法》，选举产生祭典组委会成员，全面启动筹备工作。

2017 年 5 月 12 日，第二届孙武公祭大典举办，来自各省、市和中国香港、澳门地区以及美国、澳大利亚、洪都拉斯等国家的 600 余名孙武后裔参加公祭。公祭中，孙武后裔们按照中华传统礼仪和古代圣人祭拜的最高规格，设置恭读祭文、三拜九叩、敬献花篮、五谷五果、净手上香、行施拜礼等一系列程序，表达对祖先的崇敬之情。相城区当天还举办“世界兵圣相城峰会”活动，来自全球孙武后裔代表、“一带一路”沿线国家及全国各地孙武研究学者集聚一堂，就孙武文化与“一带一路”进行专题研讨。

2018 年 5 月 12 日，第三届孙武祭祀大典举办。来自海内外的近四百位孙武后裔、知名孙武研究学者齐聚孙武纪念园。孙武祭祀大典组委会正式对外发布全球炎黄子孙共同弘扬孙武文化倡议，并由孙武后裔、孙武祭祀组委会成员共同展示了这幅 13 米倡议书长卷，表达对中国传统文化的一份守望、责任以及担当。现场还举行了赠送孙武与孙中山诗词书法仪式、孙武纪念园“中华文化海外交流基地”的揭牌仪式、中国孙子兵法研究会学术交流基地揭牌仪式、中美合作大型纪录片《孙武后裔》开机仪式等系列活动。

2019 年 5 月 12 日，御窑小学承办的一年一度的首届孙武文化活动日暨第四届孙武祭祀活动在孙武纪念园举行，来自各地的孙氏后裔向筹备中的孙武纪念园家谱馆捐赠了家谱。

孙武研究 2013 年 8 月 6 日，苏州市相城区孙武研究会成立，有正式会员 58 名。邀请海内外 14 名专家、学者担任顾问。2014 年 5 月创办《世界兵圣》杂志，每年出 2 期，到 2019 年年底共刊出 12 期。设有开篇之作、孙武论坛、孙武墓在相城、海外赞孙武、孙武学人、政治方略、战争艺术、文化宝库、科教典籍、体育军师、商业秘诀、外交手册、人生宝典、全球孙武后裔、全球孙武传播、孙子兵法全球行等栏目。平均每期刊登文章 40 多篇。

文徵明

文徵明

长洲文氏 据《文氏族谱续集》记载，文氏一系出自姬姓，汉代时成都太守文翁以兴办学校而闻名蜀地，后来子孙留居四川。后裔中有一支迁徙到江西庐陵，到宋代时文宝在衡州做官，衍出文氏衡山一支。文徵明为文氏衡山一支的子孙，其别号衡山居士，被人尊称衡山先生，即源于此。文宝的七世祖文原和庐陵一支文天祥的八世祖文乡是亲兄弟，因此文徵明也

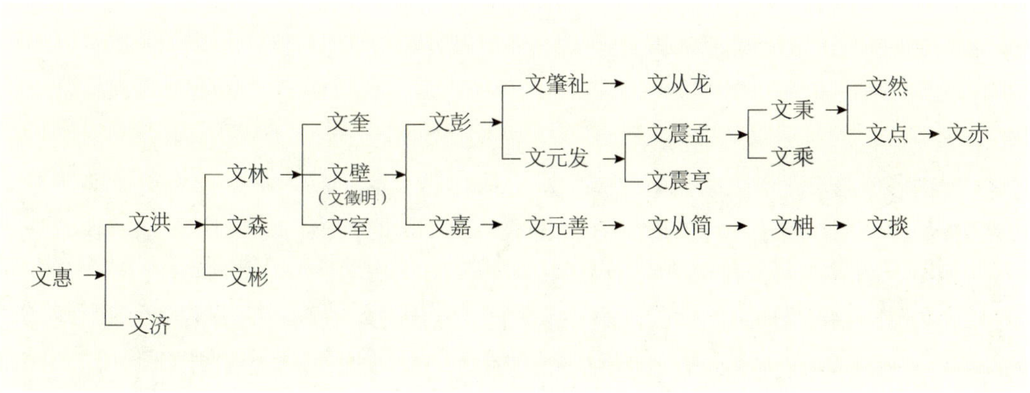

文徵明家族世系

是文天祥的同宗后裔。文宝的五世孙文俊卿在明朝被授衡州卫千户之职。文俊卿的次子文定聪为明太祖朱元璋时的散骑舍人，文定聪之子文惠入赘在苏州，遂在长洲定居下来，文惠即文徵明的曾祖父。文惠有二子文洪、文济，文洪有三子文林、文森、文彬，文林有三子文奎、文壁、文室。文惠一系的子孙世代居住在长洲地区。

文徵明的名叫“壁”，文徵明的父亲文林按星宿的名称给文徵明兄弟三人取名，都用“土”字联名，长子文奎、次子文壁、三子文室。

文徵明长子文彭（1498—1573），字寿承，号三桥，又号渔阳子、三桥居士。少承家学，篆、隶、真、行、草并佳。文彭用冻石刻印，并首创印章边款，开创文人自篆自刻并与书画三足鼎立的局面，后人称“吴门派”。次子文嘉（1501—1583），字休承，号文水，和州（今安徽和县）学正。

文彭长子文肇祉（1519—1587），字基圣，号雁峰，以诸生入太学，选授上林苑录事。著有《虎丘山图志》4 卷。次子文元发（1529—1602），字子悱，号湘南，晚号清凉居士。明隆庆二年（1568）恩贡，选授浦江知县，官至卫辉（府治汲县，今属河南）同知。文嘉之子文元善（1554—1589），字子长，号虎丘，擅画龙，也绘作山水木石，殊多逸致。传世作品有《墨龙图》等。妇翁王穉登铭其墓曰：“画品第一，诗品第二。”

文肇祉之子文从龙，字梦珠，号三楚，明万历十年（1582）举人，善画山水，诗擅古体，著有《碧梧斋集》《停云馆诗选》。

文元发之子文震孟，明天启二年（1622）第十次参加礼部会试，榜上有名。参加殿试一举夺魁，成为明代第八十二位状元。震孟之弟文震亨（1586—1645），字启美，天启五年（1625）恩贡，与纂大典，著《长物志》12 卷。

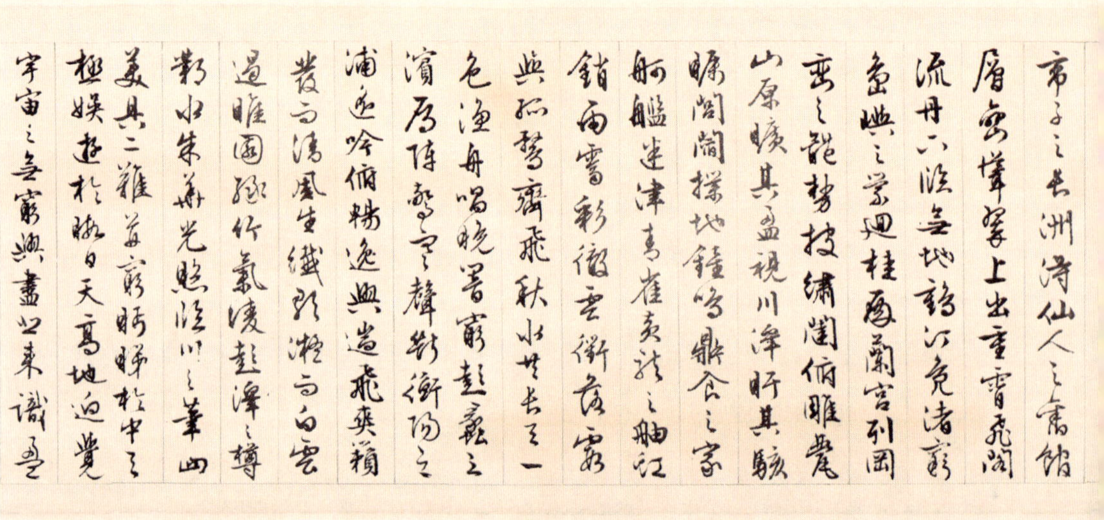

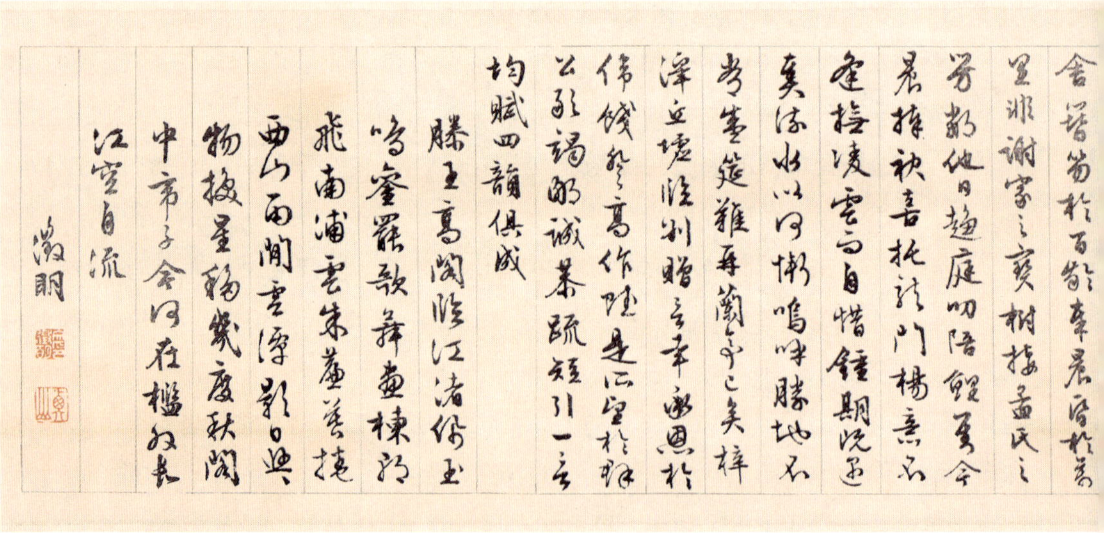

文徵明行书《滕王阁序》（纸本）

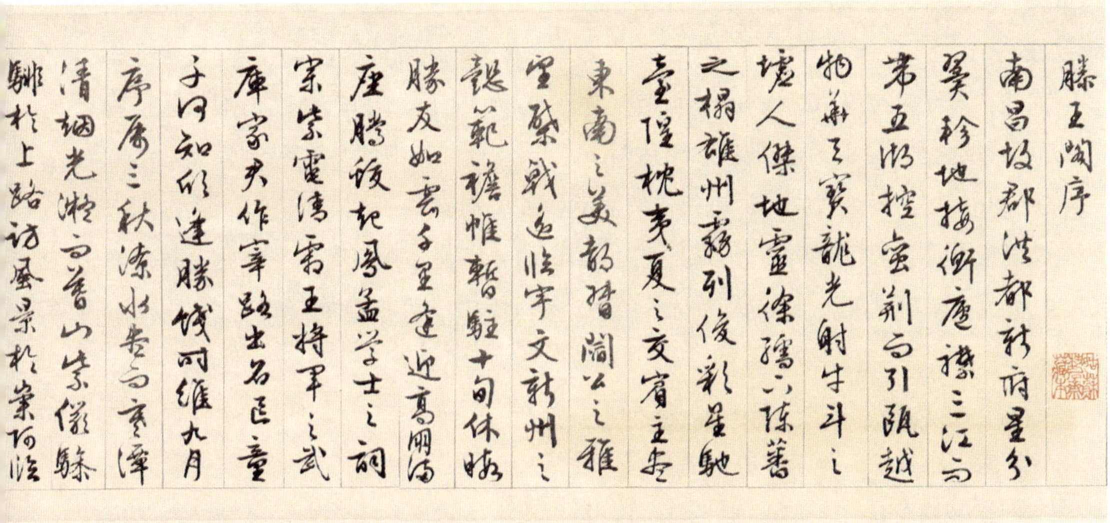

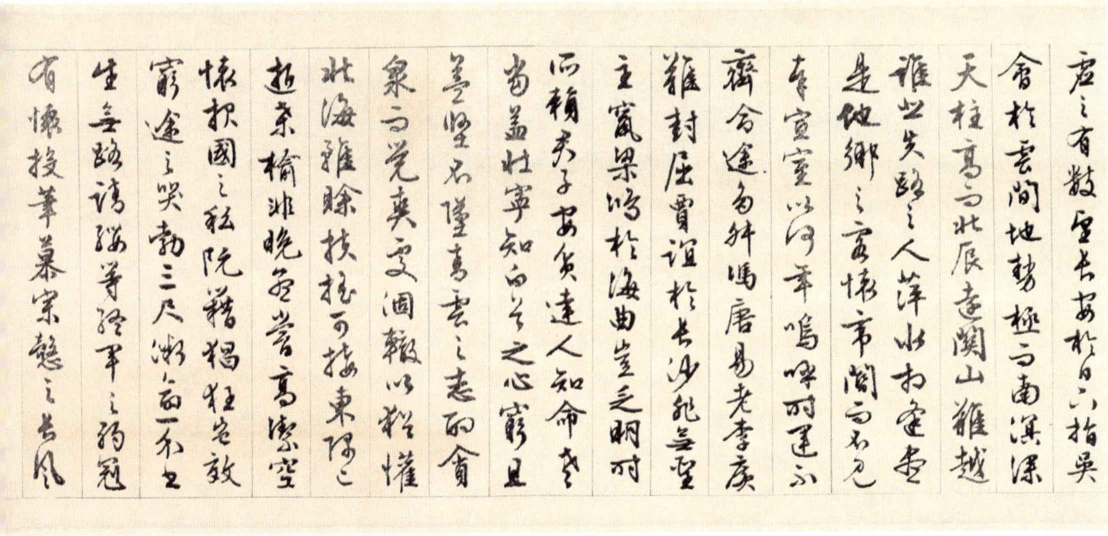

苏州博物馆藏

文元善之子文从简（1574—1648），字彦可，号枕烟老人，明崇祯十三年（1640）拔贡，入清后退居林下，以书画自娱。传世画作有《长林徙倚图》《郑州风物图》《潇湘八景图》《望云图》《松江高士图》《江山平远图》《幡溪通兴图》《介石书院图》《寒山寺图》等。

文震孟长子文秉（1609—1669），字孙符，号大若山人，竹坞遗民，国子生。著有《姑苏名贤续记》等。次子文乘（1618—1646），字应符，廪膳生，能诗善属文。清顺治三年（1646）秘密集结太湖义师进行抗清活动，被执殉节。

文从简之子文枏（1597—1668），字曲辕，号溉庵，一号慨庵。甲申后，从父隐居寒山为童子师，善书画，行谊尤为时人所重，私谥端文先生。著有《青毡杂志》《溉庵诗选》等。

文秉长子文然（1628—1703），字弓云；次子文点（1633—1704），字与也，号南云山樵，卖书画自给，与朱彝尊友情甚笃，晚修文氏家谱，著有《南云山樵文集》。

文枏子文掞（1641—1701），字宾日，号古香，又号洗心子，志尚高洁，书画传家学，好学古砚。卒后私谥贞慤先生。

文点之子文赤，字周舄，竺坞人。父点卒，擗踊泣血，逾月死。有《石室山人集》《读史记疑》。

文徵明生平 文徵明（1470—1559），名壁，字徵明，42岁起以字行，更字徵仲，号衡山居士，长洲（今苏州）人，曾官翰林待诏。生于明成化六年（1470）十二月初六，与屈原的生年甲子相同，为此成年后他特取《离骚》中的“惟庚寅吾以降”刻了一方图章以为纪念，也表示对爱国诗人屈原的敬仰。

文徵明幼时长得又瘦又小，而且反应也很迟钝，五六岁还站不稳，八九岁时还不会说话。10岁说话后一天比一天聪明，父亲决定重点培养他。延请好友吴宽教他文学，请李应祯教他书法，请沈周教他绘画。在这些吴中才俊的训教下，文徵明很快就在诗、书、画方面小有名气。文徵明19岁时与祝允明、唐伯虎、都穆等人经常聚在一起高谈阔论，互相探讨书中疑义，有时甚至累日不休。

文徵明对科举考试不抱好感，并且生性淡泊，不求闻达。但是，父命难违，26岁时走上科考之路。从明弘治八年（1495）到嘉靖元年（1522），文徵明九赴乡试不第，始终是个秀才。52岁时，文徵明父亲的生前好友林俊，在进京赴任路上，路过苏州时邀文徵明舟中相见。林俊为文徵明的才华所倾倒，分手后林俊写信给工部尚书兼领苏松水

文徵明手植紫藤（2019年）　　吴志文　摄

利的李充嗣，在李充嗣的举荐和林俊的斡旋下，文徵明以贡生的身份赴京，经吏部考试后，授翰林院待诏，参与《武宗实录》编纂。在翰林院期间，文徵明虽位列九品，却受到杨慎、黄佐、陈沂、马汝骥等人的敬佩，尤其是大司寇林俊对其更为看重。每当群英宴集，林俊必邀文徵明，谓“席间岂可无此君耶？”但文徵明毕竟不是进士出身，有人认为他是画匠。他自己也觉得在翰林院受人排挤，当他目睹嘉靖三年（1524）的“大礼之争”，看到杖打朝廷大臣致死的惨状，更深感仕途险恶。于是他三次上书乞归，终获批准。

嘉靖五年（1526）十月初十，57岁的文徵明结束短暂而不自在的仕途生活，回到苏州老家，开始与翰墨为友、诗画为伴的悠闲生活。从57岁致仕还家到89岁去世的三十多年里，文徵明都是在这种心情舒畅的境况中度过。退居林下的文徵明彻底从追求功名的尴尬束缚中解脱出来，纵情于书画诗文与山水之间，每天随心所欲读自己喜欢的书，做自己愿意做的事，游览灵山秀水，自己的润笔收入足够家用。去世前还在给御史严杰写他母亲的墓志铭，写着写着略觉疲倦不适，放下笔后就去世了。逝后名流绅士公议私谥他为“贞宪先生”。

文艺成就 文徵明主吴中风雅之盟三十余年，诗文书画皆工。擅画山水，兼善花卉、禽鸟、人物。名重当代，生徒颇多，为“吴门画派”领军人物。与沈周、唐寅、仇英合称“明四家”。留下的传世画作有《绿荫长话图》《绝壑鸣琴台》《真赏斋图》《二湘图》《古木苍烟图》《石湖清胜图》《兰亭修禊图》等。书法、诗文很有成就，与唐寅、祝允明、徐祯卿并称“吴中四才子”。

绘画成就 王世贞说：“吴中人于诗述徐祯卿，书述祝允明，画则唐寅伯虎，彼自以专技精诣哉，则皆文先生友也。而皆用前死，故不能当文先生。人不可以无年，信夫！文先生盖兼之也。”

文徵明擅长绘画，绘画技艺全面，山水、人物、花卉、兰竹兼能，尤以山水著称，与其师沈周一同奠定吴门画派的基调。其山水画多描写江南园林景物和文人的生活环境。画法远承董源，亦受沈周影响，但主要宗法赵孟頫、王蒙、吴镇等人。学沈周、吴镇的，呈水墨粗笔面貌，世称粗文；宗赵孟頫、王蒙的，多青绿重染，世称细文。文徵

文徵明作《东园图》

明早年以工细为主，中年以后粗细兼能，愈晚愈工，苍劲与秀润兼具，其中细笔是其主要风格。但无论何种面貌，都能呈现出他自身的艺术特点：景致平和恬静，很少动荡、奇异之势；布局层叠而上，纵深空间不大；笔墨清秀含蓄，不作刻露、雕琢之迹；追求“利家”的天真生拙，不求“行家”的精工娴熟；注重抒情味和书卷气，较少豪壮气势。这种画风既是文徵明的性格、情趣、气质在艺术上的反映，也体现了当时文人士大夫的思想情操和审美爱好。其代表作《仿米氏云山图》卷（故宫博物院藏），山势结构复杂多变，层次渲染丰富，运笔不徐不速，温文尔雅。

文徵明的山水画代表作传世颇多。《东园图》（现藏于故宫博物院），描绘的是在徐申之私人园林中的一次文人集会。苍松古木、湖石池沼、水榭楼台，幽雅而紧凑，文士们在其中吟诗、赏画、弈棋，童仆们跟随侍候。作品笔法细腻，设色用小青绿法，以浅绛为底，仅薄施石青石绿和朱色，十分淡雅而和谐，对单纯用水墨写意的文人画表现手法是一种补充。类似的作品还有《兰亭修禊图》《惠山茶会图》等（均藏于故宫博物院）。《春深高树图》（现藏于上海博物馆），是文徵明所作的一幅青绿山水。意境、构图和他的水墨山水很相近，所画山石虽用重色石绿石青画成，但勾法简洁自然，有浓重的苔点，树叶笔法精细，有用夹笔，有用点笔。老树枝干盘曲，并画出明暗体积感；小树的外形和点叶的浓淡也颇有变化。整体既具有相当浓厚的装饰风味，又有较强的真实

文徵明作《兰亭修禊图》（局部）

感，呈现了富丽而又简静的风格。《文唐书画合璧卷》中文徵明绘画的部分，描绘的是太湖湖滨的景色。近处石峰奇突，小阁临湖，在绵延的远山下有树林、村舍，小桥相通，既表现湖山之美，也富有生活气息。山石的皴法多用渴笔，既苍劲又生动，刚中带柔；杂树多用点叶，松树有些像王蒙的画法；熔马、夏与元四家于一炉，粗服乱头而英气勃勃，和这幅画的主题境界十分协调。《真赏斋图》，描绘一个文人收藏家所精心布置的书斋，主题着重表现朴素而又丰富的自然环境和安静的气氛，技法上吸取王蒙苍老而又柔逸的笔墨，采纳沈周简朴、温静的构图方法和色彩效果，创造了朴厚而又深秀的境界。《古木寒泉图》（现藏于台北故宫博物院），在狭长的画面中，苍松古柏，拔地擎天；一道寒泉，飞流直下。顶端的一隙天空，底部的掩映泉流，把观者的想象引向画外，使境界扩大。构思寓拙于巧，险中有夷。笔法粗放、苍莽，一反平日蕴藉含蓄之态。意境与沈周的《庐山高图》有异曲同工之妙。

文徵明亦擅花卉、兰竹，且以水墨见长，远法宋元，近师沈周，劲健之中具秀逸之致，多得元代文人水墨花卉画的意趣。所画牡丹，钩花瓣的笔法生动活泼，加上变化微妙的墨色，恰当地表现了对象的质感、量感和空间感。稀疏的叶和茎用没骨法画成，墨色较淡，老枝用重墨勾勒。技法的变化和对象的特征紧密结合，既使这一枝牡丹花显得很清丽突出，又具有丰富的节奏感。

文徵明人物画师法李公麟，远涉晋唐，风格细秀清雅。《湘君湘夫人图》（现藏于故宫博物院），画中湘君和湘夫人似乎正在往前走，长裙拖地；一位稍稍回顾，一位昂头向前，但目光下垂，神情凄清而坚定。此画仿顾恺之画法，游丝描工细联绵，衣纹飘扬流转，敷色清淡，形象古雅，神韵独具。

文徵明在绘画领域还有一种“书画合璧”的独特创造。这类作品，在画心上题诗或书写其他内容，并且所题的内容在整幅画中所占的比例较大，有的占了一半以上的画心面积，如《中庭步月图》《蕉石鸣琴图》《湘君湘夫人图》等，形成一种独特的艺术效果，这在其他画家的画中很少见。

人们历来对文徵明绘画艺术评价甚高，吴宽说：“文徵仲书画为当代宗匠，用笔设色，错综古人，闲逸清俊，纤细奇绝，一洗丹青谬习。”董其昌说：衡山“精工古雅，有唐、宋名家风格，胜国画手不足师矣”。钱杜说：“文待诏画法师赵松雪及梅花庵道人，而灵秀之气自出腕下，往往有出范围之作。”

书法成就 文徵明擅长书法，是自赵集贤后集书之大成者。其兼工篆、隶、楷、行、草等书体，尤精楷、行。当时，不仅名动海内，就连日本、朝鲜亦知宝藏他的墨迹，在朝鲜书坛甚至出现过学习文徵明的倾向。

文徵明的楷书，法度严谨，笔峰挺秀，书体端正，格调清俊。清代朱和羹评价：“明楷以文衡山为第一。”王世贞也说：“文待诏以小楷名海内。”文徵明的楷书，50 岁前主要是临智永、赵孟頫及宋元诸家。官待诏后，“因书诰敕，颇兼时体，渐尚整齐”，取法欧体处较多。辞官回家后，文徵明更是潜心研究晋、唐书法，在汲取欧阳率更精髓后，又极力掺入王羲之的笔意，也时时在字里行间流露出赵孟頫的韵味。晚年时期，书法佳作甚多，如所书《后赤壁赋》（现藏于上海博物馆），用笔细腻，起止有度，轻重得当，转折处遒劲有力，而结体清秀茂密，通篇气韵连贯，有翩翩欲翥之态，不失为小楷精品。《雪赋》及《月赋》，字体端庄严整，笔画线条较为精细，一字之内，布白非常均衡，无论横划、竖笔，都透出一种爽利秀劲的姿态。用笔上，大多入笔露锋，笔势清晰有力，顿按鲜明可辨。可代表其晚年小楷风格。这种起笔露锋的笔法曾被人指责，如莫云卿说：“太史具体《黄庭》，而笔尖微，病在指腕，虽严端不废，未见峭峨磊落之姿。”王世贞也说：“书，小楷赵不能去俗，文不能去纤，其精绝同也。”但也有人认为其用笔尖微，只是小疵，无伤大雅。谢在杭评：“古无真正楷书，即钟、王所传《荐季直表》《乐毅论》皆带行笔，洎唐《九成宫》《多宝塔》等碑，始字画谨严，而偏肥偏瘦之病，犹然不免。至国朝文徵仲先生始极意结构，疏密匀称，位置适宜，如八面观音，色相俱足，于书苑中亦盖代之一人也。”另外，《莲社十八贤图记》《小楷扇面》《草堂十志册》《赤壁赋》《离骚经》皆是文徵明小楷精品之作。

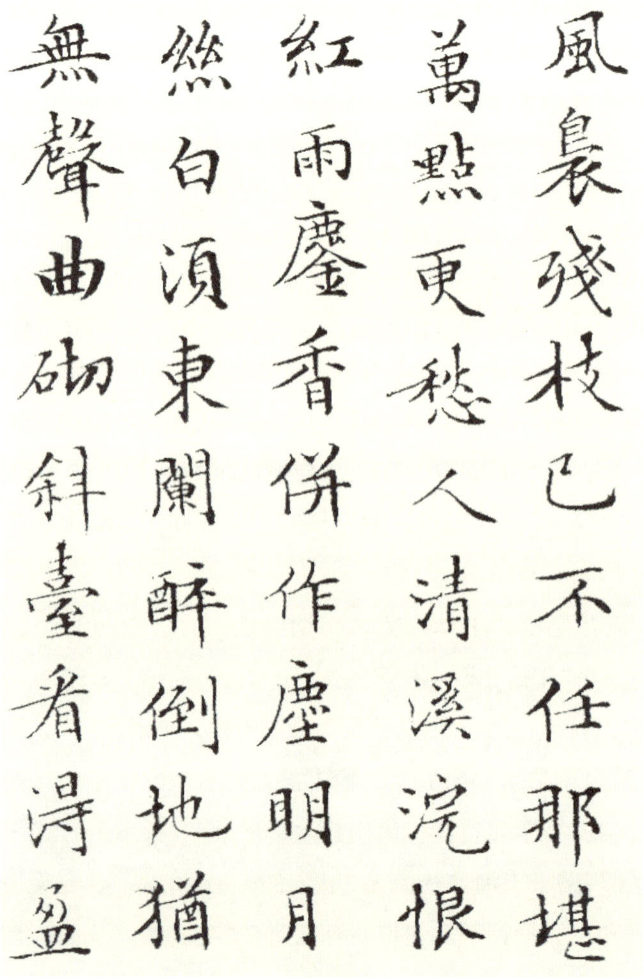

文徵明小楷《赋得落花》十首（局部）

文徵明的行书得苏轼、黄庭坚、康里子山的笔意，又受益于王羲之《圣教序》。王世贞称其“行笔仿苏、黄、米及《圣教》，晚岁取《圣教》，损益之，加以苍老，遂自成家”。传世行书作品颇多，如《莲社十八贤图记》《且适园后记》《屈原离骚》《午门朝见十五首》《赤壁赋》《西苑诗》，这些作品仿《圣教》笔意，字体较小，典雅秀美，用笔时线条流畅、温润，富有节奏，不激不厉，笔道精到、细致，通篇气韵贯之。所书《元旦朝贺诗卷》《乐志论》《雪诗》《过庭复语十节》《观驾幸文华殿》《感怀四首》等作品，以康里子山笔意为主，字体稍大，行笔速度稍快，用笔爽利明快、干脆利落，起笔、行笔、出笔三者交代得很清楚，笔锋转换、笔画之间衔接过渡、提按轻重变化，快而不乱，不失法度。笔下功夫非比寻常。《游虎丘诗卷》《游天池诗卷》《恭候大驾还自南郊》《泛石湖诗卷》《月转苍龙轴》等作品，无论从字形、用笔色的变化、行笔的速度节奏及至通篇的神韵，均以山谷行书为基调，俨然山谷再世。字形开张放纵，气势雄强而不失韵味，节奏明快而富有变化。

草书作品以行草见多。王世贞说其“少年草师怀素”。35 岁时，他有《贾谊吊屈原赋卷》，全仿怀素草书。直到中年 51 岁时，仍有这样的狂草作品问世，上海博物馆藏《七言律诗四首卷》可证。《赤壁赋卷》《感怀诗卷》等小草作品，兼得其小行书之精妙与大草之磅礴，是其传世中的优秀作品，对其身后的书家影响很深。

文徵明亦擅篆、隶，但二者比较，尤擅作隶，王世贞言："其所沾沾者隶耳，独篆笔不轻为人下，然亦自入能品。"文徵明自言："吾于篆则不能，隶莫吾如古人也。"李东阳对文徵明的隶书亦大加赞许，称："吾之篆，文生之隶，蔑以加矣。"文徵明的隶书，师法《受禅表》《上尊号》，笔势劲健，但缺少古意。代表作有《千字文》《奚谷后记》及《清明上河图记》等。

诗文成就 文徵明好古为文，擅长诗文，今人辑录的《文徵明集》，收录其诗1271首，文163篇，词9首。其诗文或是纪游，或是即景，或为酬赠，或为题画，不一而足。诗风温正和平，娟秀妍雅。王世贞评："如仕女淡妆，维摩坐语；又如小阁疏窗，位置都雅，而眼境易穷。"如七律《荆溪道中》："扁舟十里下荆溪，落日苍凉草树低。绝巘凝晖知积雪，晚风吹水欲流澌。行逢曲渚常疑断，遥听荒鸡近却迷。一片沙鸥明似雪，背人飞过野塘西。"诗歌写景如画，用语雅丽，清江十里尽收眼底，沙鸥野塘，饶具情韵。文徵明的画多题诗，而且诗情画意，融合无间，被时人誉为"三绝"。如"新霜点笔意萧萧，不尽秋光雁影遥。双岛欲浮天拍水，夕阳人在虎山桥"(《文徵明题画诗・题画》)、"寂寞平皋带浅滩，幽人时共夕阳还；水禽飞去疏烟灭，目送秋光入断山"(同上)、"春深高树绿成帏，过雨寒泉带飞雪。久坐不知山日落，四檐空翠袭人衣"(《题春深高树图》)。无一不将人们带进梦境般的江南景色之中。

文徵明还填了不少词曲。当时掘地挖出宋高宗赐岳飞的敕书刻石，文徵明作《满江红・拂拭残碑》："拂拭残碑，敕飞字，依稀堪读。慨当初，倚飞何重，后来何酷。岂是功成身合死，可怜事去言难赎。最无端，堪恨又堪悲，风波狱。岂不念，封疆蹙。岂不念，徽钦辱。念徽钦既返，此身何属。千载休谈南渡错，当时自怕中原复。笑区区，一桧亦何能，逢其欲。"深刻痛快，慷慨激昂，极为后人所推崇。

文徵明的文章也被时人传诵一时，他的《甫田集》大半为文章，虽多为祭文、行状传、墓志铭之类，但都真实感人。他也不乏论及有关国家、朝政、人品等大事的文章。在这些文章中，他正气凛然，侃侃而谈，从不回避，言词慷慨激昂，其为人的刚介从此可窥见一斑。他还参与《献皇帝实录》的编纂和《姑苏志》的编写，他的《重修织染局记》《王氏拙政园记》《虎丘云岩寺重修募缘疏》等文，都是今天研究这些方面的重要资料。

后世影响 文徵明一生对后世影响巨大。不仅留下了大量的诗书画作品供后人学习

文徵明墓（2019） 吴志文 摄

和研究，而且为社会培养了大量的书画人才。据《文徵明年谱》统计，受文徵明直接影响的文氏后裔中的能书善画者，多达 40 人。其中文彭、文嘉、文元善、文震孟等卓然成家；而文徵明交游的人士加上受他影响的晚生后辈多达 200 余人，其中的陆师道、周天球、彭年、王穉登、沈大漠、钱谷等均成就斐然，极大地扩展了吴门画派的阵容。文徵明学生概括文徵明的一生："明经术以为根本，采诗赋以为英华，秉道谊以为坛宇，立风节以为藩垣。"

文徵明墓 民国《吴县志》载："翰林院待诏文徵明墓，在虎邱桐桥东北九都廿一图李家浜"。即原陆墓镇文陵村李家浜，今元和街道御窑社区内。

明嘉靖四十三年（1564），文徵明的灵柩葬于此。配吴孺人同穴。清嘉庆年间(1796—1820)，苏州知府王泰重修立碣。墓坐东面西，呈长方形。东西长 120 米，南北宽 70 米，面积 8400 平方米。封土存高 2 米，底径 3.8 米，虎皮石护围。神道长 40 米，宽 2.7 米，道旁立有石人、石虎、石马，墓道前有牌坊、照池，月牙形照池东西长 30 米，南北宽 50 米，犹如墨池，故墓地像一块端砚。墓前立有青石墓碑和祭台，碑面镌有竖阴文楷书"明公文徵明之墓"。1957 年 8 月 30 日，文徵明墓公布为江苏省文物保护单位。1958 年墓碑、石人、石兽、石坊等被毁。

1984 年重修，墓直径 6.6 米，封土高 1.7 米，栽种着松、柏、樟、槐、冬青、黄杨等树。又从蠡口古墓移来两匹站式青石马和一对坐式青石兽。重立墓碑，碑高 74 厘米、宽 115.44 厘米，碑座高 88.8 厘米、宽 150.96 厘米、厚 44 厘米。碑身正面西向，刻楷书"文徵明墓"四个大字。背面重新镌刻隶体碑文，介绍文徵明简历。

文徵明《拙政园十二景图》中的来禽囿

文徵明《拙政园十二景图》中的若墅堂（主建筑）

文徵明《拙政园十二景图》中的倚玉轩

文徵明《拙政园十二景图》中的小飞虹

2003 年 5 月 28 日，墓遭盗掘。2005 年再次修复。2007 年，省、相城区和街道共同出资 49 万元再次维修。

文徵明与拙政园

参与拙政园设计建造 拙政园位于苏州姑苏区东北隅，占地 4.13 公顷（62 亩），是苏州最大的古典园林，也是中国四大名园之一。始建于明正德四年（1509），为明代弘治进士、御史王献臣弃官回乡后，在唐代陆龟蒙宅地和元代大弘寺旧址处拓建而成。王献臣在建园之初，邀请文徵明参与拙政园的设计和建造，筹划设计蓝图。文徵明对拙政园倾注了特殊的用心和饱满的创作激情，画、诗、记皆达到很高的艺术水平，其《拙政园图》被称为“诗书画三绝卷”。

《文待诏拙政园图》册 拙政园建成后，王氏经常邀文徵明宴饮、赏游，拙政园成了文徵明创作蓝本基地，曾数次为拙政园作画，其中比较有影响、流传至今的《文待诏拙政园图》册，于明嘉靖十二年（1533）五月画就，集诗、书、画于一体，堪称巨构杰作。图中有三十一景：若墅堂、梦隐楼、繁香坞、倚玉轩、小飞虹、芙蓉隈、小沧浪、志清处、意远台、钓碧、水华池、深净亭、待霜亭、听松风处、怡颜处、来禽囿、玫瑰柴、珍李坂、得真亭、蔷薇径、桃花沜、湘筠坞、槐幄、槐雨亭、尔耳轩、芭蕉槛、竹涧、瑶圃、嘉宝亭、玉泉、柳隩。每一景系以一诗，诗有小引，述命名意。诗《拙政园记》一首，亦为其所作。

《王氏拙政园记》石刻 文徵明所作的《王氏拙政园记》石刻，现位于倒影楼下拜文揖沈之斋，字疏朗清秀，风骨自在。《千字文》置西部水廊内，系文徵明 80 岁时所作的蝇头小楷，笔势空灵飞动，书法高超，其艺术风格与拙政园的典雅特色相契，名人名园，交相辉映。

文徵明手植紫藤 拙政园之玉兰堂，就是当年文徵明的画室。堂前是一株文徵明手植的紫藤，已有 460 余年的树龄，历经沧桑，虽老干盘曲，然枝繁叶茂，绿荫满庭，生命力强劲，身姿矫健，民国时曾被李根源先生称为“苏州三绝”之一。清光绪三十年（1904），江苏巡抚兼署两江总督端方立圭形石碑，题“文衡山先生手植藤”。2013 年开始，每年紫藤盛花期后，苏州博物馆都会从紫藤结出的约 5000 颗种子中挑选出 3000 颗种子，推出文创镇店之宝——文徵明紫藤种子。文创种子三颗一盒，每盒 25 元，每年限量 1000 份，每年预售之时便会被一抢而空。

艺文掌故

历史上的苏州北郭，风物清嘉，文人雅士多居于此，吟咏北郭的诗文较多。然所指多不可明辨，本志仅录与元和地域有确切关联之诗文。民间传说亦仅收录与元和有关联者。掌故札记所收为有真实历史依据而有史料价值者。

诗选

蠡口

〔宋〕杨备

霸越勋名闻世才，五湖烟浪一帆开。
犹防乌喙伤同辈，此地复招文种来。

蠡口绝句

〔宋〕郑獬

千重越甲夜城围，战罢君王醉不知。
若论破吴功第一，黄金只合铸西施。

陆墓寺

〔宋〕万俟绍之

距城才五里，野景自萧然。
塘水清环寺，窑烟黑翳天。
市多沽酒旅，桥列卖鱼船。
欲酹宣公冢，渊陵几变迁。

宿蠡口

〔元〕华幼武

春风吹短棹，迤逦望归程。
刁斗溪边戍，旌旗野外营。

市桥人迹少，官路马蹄轻。
欲向东湖去，边烽永夜明。

寓漕湖钱氏，钱本吴越王裔，聚族于此，地名钱港

〔明〕归有光

钱港湖乡杳，名家古木栽。
微茫诸水汇，飘泊一船来。
问遗交情厚，流连笑口开。
因看吴越谱，世事使人哀。

蠡口夜归

〔明〕姚广孝

日没渡口昏，水风着人热。
渔灯带萤火，微光互明灭。
舟人报水程，路远行欲歇。
故山不分明，目尽心力绝。
遥想山中人，待人仍待月。

陈孝子歌

〔明〕唐寅

元季有孝子，姓陈名立兴[①]。结屋住蠡口，采樵以养生。
有母年七十，瘫痪双目盲。居然卧床席，九年六月零。
爱啖王家糕，其家住在城。地名临顿里，相去将一程。
每日买一贯，持归母点心。如此以为常，不限晦与明。
一日持糕归，其桥名杨泾。道旁过老叟，帕首腰系绳。
相揖仍问讯，手中何所擎。立兴答以故，其老侧耳听。
听罢嗫嚅言，冀子谅微情。吾母亦嗜糕，欲买惜未曾。

① 陈孝子，其名旧志均作兴立，《姑苏志》《苏州志》《长洲县志》均以陈兴立为宋人，而非元人。

倘然肯相惠，免我转脚行。立兴闻其语，慨然而就应。
汝老筋力衰，我壮腿脚轻。我便再去买，与翁奉尊亲。
南北两分首，飘然入烟溟。比行到王家，糕尽难再蒸。
顿足空手归，举拳连槌膺。及归未至家，遥见母倚门。
手脚尽轻举，双目亦清明。立兴惊且问，阿母那能亨。
儿已买糕归，道逢一先生。就手乞将去，莫知其姓名。
再买甑已空，儿心正征营。母言糕寄来，且说寄者形。
形与乞糕者，更不差毫分。自啖今日糕，其味甜如饧。
大与平日异，顿觉痼疾平。邻里闻此异，观者来如云。
父以喻诸子，子以喻诸孙。善者手吁天，恶者两眼睁。
喧哗动城郭，弥月犹蔑蔑，立兴仍卖柴，路由向所经。
忽见衰老叟，桥傍睡瞢腾，立兴再拜跪，感谢父老恩。
其老笑且答，汝错却眼睛。立兴苦牵衣，乞过寒家庭。
虽无珍羞馔，素餐有菜羹。愿赐一下筯，褁脊少可伸。
父老再三辞，云不食烟熏。汝既心恳悃，送我登蓬瀛。
与之一衣囊，背负如驮铃。行行久不至，冒燥不可胜。
父老指顾问，忽有山崚嶒。云此是蓬莱，晷刻便可登。
立兴念母饥，欲归事鼎铛。恳死辞父老，相送实不能。
情切难挽留，临别甚殷勤。相赠一葫芦，大如新结橙。
云与汝救患，功可代参苓。解袂携之归，试振中有声。
村墟疲癃辈，闻之来乞灵。先须忏罪过，然后就手倾。
或倾而乌有，或倾得微尘。得之才入口，靡疾不可平。
转转相传谕，蜚声达朝廷。五云拥帝坐，左右列公卿。
涣汗发大议，以为诚可旌。御札下台省，有司转钞誊。
提点江南路，焚修礼三清。立兴羽化去，仙瓢世相承。
迨我皇明朝，英庙亲北巡。驾抵榆木川，圣躬忽少宁。
传旨取此药，駬骑驰流星。未及达御前，天王遽云崩。
其瓢竟沦没，在否不可明。子孙口相传，符牒亦具存。
我为赋其事，兼述旧所闻。五通为神仙，十号称世尊。
诸佛证圆觉，群仙保长生。

蠡塘舟中晚眺

〔明〕郭谏臣

江乡过雨晚萧疏，霜染枫林锦不如。
数里烟帆渔父棹，孤村水竹野人居。
樽携绿醑时浮蚁，囊解青钱欲买鱼。
菊有黄花秋渐老，临风徒倚独踌躇。

夏日放舟过蠡东别业

〔明〕郭谏臣

扬舲过蠡口，言往习池游。
竹径红尘远，柴门绿水流。
一樽时遣兴，竟日可消忧。
坐久凉风发，林塘六月秋。

早发冶场泾

〔明〕郭谏臣

客路宵分后，茫茫烟景迷。
孤舟行载月，数里未闻鸡。
白露侵帆湿，明河向水低。
棹歌惊梦断，已到蠡塘西。

白莲寺

〔明〕吴宽

焕然华构已增修，檀越金多手自投。
想见望齐门北去，绕檐松竹带清流。

白莲寺池上

〔明〕高启

月出露已白，荷花香满池。

高僧爱清夜，留客坐题诗。
竹动鸟惊梦，草凉虫语悲。
闲斋一瓢酒，应不负幽期。

陆墓

〔明〕韩奕

杨柳郭西门，人家水上村。
丰年随处乐，生聚向来繁。
晚饭莼全滑，村沽酒半浑。
逢人询旧俗，乔木几家存。

蠡口

〔明〕王宾

连年谋国甚劳神，一旦功成便脱身。
从此更招同伴去，岂思全己又全人。

蠡口

〔清〕赵执信

扁舟吴越恣回环，剩吊遗墟杳霭间。
一种鸱夷随水去，涛江号怒五湖间。

蠡墓风帆

〔清〕朱国骥

少伯名高今古同，只留荒冢水西东。
潆洄细浪依芳渚，来往征帆信好风。
影远如飞愁易尽，路回疑隔看仍通。
五湖烟景扁舟入，谁识当年在此中。

漕河（蠡湖）

〔清〕叶士宽

秋光一片接澄湖，少伯曾经此伐吴。
组练眩睛明浦口，艅艎衔尾下姑苏。
乌啼茂苑多榛莽，水满长洲遍荻芦。
今日通津成大路，千帆转漕入皇都。

陆墓（二首）

〔清〕杨炤

一

望齐门外路，陆贽有高坟。
见说衣冠葬，难寻碑碣文。
荒祠无败壁，古木失干云。
魂魄犹依此，空烦托使君。

二

嘉隆年住此，祖父骨埋兹。
反葬有遗命，勒铭无愧辞。
一乡安宅里，百世奉家祠。
故国宗风厚，孙曾其念之。

九日同杨潜夫酒罢散步因拜陆宣公墓

〔清〕丁观旂

不须嗟独酌，有客共登台。
令节寻萸菊，孤坟没草莱。
悲秋无限意，吊古有余哀。
朽骨犹争重，延龄安在哉？

雨行陆墓道中

〔清〕王雨

远树濛濛野岸迷，渔翁斜笠板桥西。
轻舟渡雨闲凝望，一片村烟罨画溪。

陆宣公墓道行

〔清〕钱谦益

延英重门昼不开，白麻黄阁飞尘埃。
中条山人叫阍哭，金吾老将声如雷。
苏州宰相忠州死，天道宁论乃如此。
千年遗榇归不归，两地孤坟竟谁是？
人言槁葬留忠州，又云征还返故丘。
图经聚讼故老哄，争此朽骨如天球。
齐女门前六里路，荞麦茫茫少封树。
下马犹寻董相陵，飞凫孰辨孙王墓？
青草黄茅万死乡，蝇头细字写巾箱。
起草尚传哀痛诏，闭门自验活人方。
永贞求旧空黄土，元祐青编照千古。
人生忠佞看到头。至竟延龄在何许？
君不见，华山山下草如熏，石阙丰碑野火焚。
樵夫踞坐行人唾，传是崖州丁相坟。

泊陆墓镇

〔清〕叶昌炽

传芭何处为招魂，目断浮云蔽日昏。
钟簴神京终奠宅，衣冠故国漫争墩。
陶家烧土还成市，齐女思乡别有门。
今日虫天正安稳，秋风看制半闲盆。

白莲寺山门为风雨所倒口占

〔清〕徐崧

名蓝尽说赤乌年，为慕庐山号白莲。
最是山门关出入，怪他风雨不相怜。

白莲寺（二首）

〔清〕释本宏

一

吴国莲华寺，为园已寂寥。
阑残几片石，错落数间寮。
凿岸通池水，接人设板桥。
暂来投破笠，物外得逍遥。

二

一从谋野处，渐喜远尘忙。
身老宜闲散，情空合混茫。
高梧荫井冷，小雨歇荷香。
饮啄外无事，石旁坐日长。

丁卯宿祇园赋赠童和尚

〔清〕徐崧

为爱闲园胜，支公作退居。
溪通池水活。门入径桥虚。
系艇窗前树，挥毫石上书。
安能常到此，相对话樵渔？

过平田禅院观衡山先生石刻

〔清〕张大纯

衡山字字有波澜，石碣应从壁上观。
为语龙蛇莫漫去，放生池内海天宽。

七绝·文徵明墓

〔当代〕林炽卺

凝眺塘畔翠微间，蔓径透迤石兽残。

孤冢无碑蓁莽里，瓣香启后尽斑斓。

文选

养鱼经

〔先秦〕范蠡

朱公居陶，齐威王聘朱公，问之曰："闻公在湖为渔父，在齐为鸱夷子皮，在西戎为松子，在越为范蠡，有诸？"曰："有之"。曰："公居足千万，家累亿金，何术乎？"朱公曰："夫治生之法有五，水畜第一，水畜所谓鱼池也，以六亩地为池，池中有九洲……求孕子鲤鱼长三尺者二十头，牡鲤鱼长三尺者谓四头，以二月上庚日纳池水，令水无声鱼必生，至四月纳一神守，六月纳二神守，八月纳三神守，神守者鳖也。所以纳鳖者，鱼二万三百六十，则蛟龙为之长，而鱼将飞去，内鳖则鱼不复去。在池中周绕九洲无穷，自谓江湖也，至来年二月，得鲤鱼长一尺者一万五千枚，三尺者四万五千枚，二尺者万枚。货之，计得钱一百二十五万。至明年，得长一尺者十万枚，长二尺者五万枚，长三尺者五万枚，长四尺者四万枚，留长二尺者二千枚作种，所余皆货，得钱五百一十五万。候至明年，不可胜计也。"王乃于后苑治池，一年得钱三千余万。池中九洲仍分八谷，谷上立水二尺，又谷中立水六尺。所以养鲤者，鲤不相食，易长又贵也。

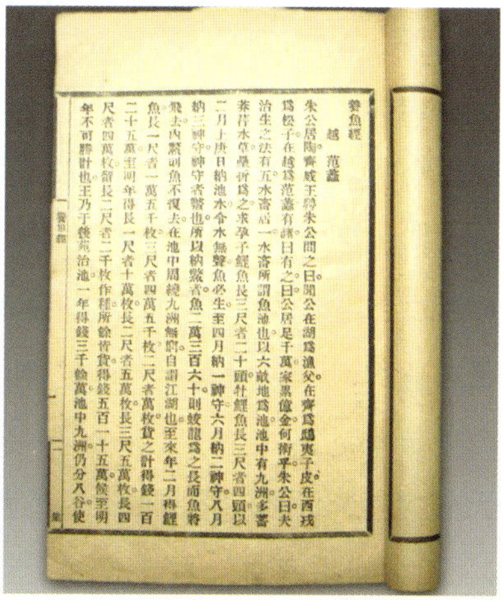

《养鱼经》书影

吴中旧事（选录）

〔元〕陆辅之

吴郡城北五六里有一大冢，在官塘之西。相传为唐陆宣公墓，故其地名陆墓，水名陆塘。淳熙间有于墓旁得遗刻与所传合。郡人周虎、张震发皆记其事。或者谓公虽郡人，生于嘉兴，自贬忠州，其丧不曾还吴。嘉兴宝华寺乃公故宅。按《忠州图经》，陆宣公墓在玉虚观南三十步，岂尝槁葬于此？又谓公已归葬而忠州特设虚冢尔。

影园记

〔当代〕彭昭亮

余侨寓吴中，居无定所。壬子春，自马巷迁住麦场，偶至澄天河西畔，见堤柳成阴，中有隙地，虽不足一亩，而杂树修竹参差有致，心窃好之。问其主，为邱姓，恶其地少桑麻菽粟之利，余乃以自留地半亩易之，筑室三楹，名之曰柳堤村舍。

澄天河水，明净如练，其右有陂塘相错，筑室其间，三面绕水，环境清幽。村舍如倒置品字，左右两室在前而正中者居后。室之外均有余地；中庭植红绿梅两株，间以松竹，缀以湖石。

入春梅花盛开，香分三室。其西北隅，艺竹成林，间以芦桔。燕笥春苗，芦桔夏熟，得及时饱啖焉。室之正南，植落叶乔木。秋风肃杀，木叶尽脱，远山入户，萧爽清旷，日涉其间，有超然遗世之情。室之东，澄天河水，碧波荡漾，堤柳摇曳，时可见鸟飞鱼跃。余平时居处，多在东室，清晨梦醒，朝霞满窗。三五之夜，明月入惟偃仰啸歌，不知老之将至。

余之来吴中也，志在行医，五载辛勤，赢得众望，丙申之岁，因招时妒，西去镇湖，六更寒暑，始得重回旧地，悬壶村僻。然而未及三载，即遭十年动乱之祸，后至壬子秋尽，终又归院，而余亦垂垂老唉，因思天地逆旅，亦需有遽庐以寄行藏，乃择此半村半郭之地，辟园筑室，以娱晚景。或曰：村舍之筑何成之易耶？盖土木工匠半属义助；堆土负石，邻里友好之力为多；至于种花栽草筑堤植柳，叠石为山，此后来之事，皆余力而为之。

屈指村舍落成，迄今已垂六载，回顾经营始末而为此记。

今年六月，友人王西野来访以叙乡谊。乃出余所记示之，西野曰：村舍之名柳堤，询美，然游目纵览，花木水石楚楚宜人，长堤迤逾，可见柳影桥影、小塘清浅、又可见梅竹倩影，且洞门、亭台、怪石处处，无不倒映池中，何不以影名园，以增色。余欣然应命，当即书之，以上石焉。

碑刻

重修悟真道院记

〔明〕吴宽

事有利于民者，君子不以非吾而外之也。诚有格夫幽而动夫明者，君子不以其非吾徒而遐弃之也，亦取其利民而民精诚而已，他曷遑计哉！

成化戊戌，予以先君修撰服阕将赴都，访旧而行，因过齐门之北，见有所谓悟真道院者。时府学生张嘉玉，予门生也，假馆肄业于兹，吾因造焉。遂相与茗话，憩息而去。越数日，嘉玉偕一道士，丰貌修躯，羽衣整洁，来谒而言曰："道士姓童氏，字守初，别号云岩，即向憩息所住持也。"乃出状其院开创之因、重修之故，拜而请记，以刻石。按状：院肇基于宋，有何真人者，尝退修于此。今去院东百武外，有一高墩，名蓑衣墩者，世传为真人穴，而院之名悟真者，由是以得。其巷曰道堂者，又因院而得焉。涉元入皇明洪武初，道士叶道玄主焚修之事，道玄没，主者难其人，旷四三世，至景泰乙亥，有司始从里民之请帖，仰玄妙观有玄行道士为院住持，守初是也。又八年，为天顺壬午，院毁于火。守初乃励志奋发，竭精秉诚，以兴复为己任。于是，乐善之士若金文华、王宗盛辈，罔不为守初感发，捐资购材，拓地鸠工，经营成就，倍蓰于前。自真武殿外，庋经有阁，讲修有堂，炼养有室，以至庖湢廪庾，莫不备好，金碧黝垩，巍乎焕然。兼以幽雅清绝，为方外名胜所，四方大夫士过苏北门者，未尝不之游览焉。究其所以致此者，良由厥神孔灵，乡人遇水旱蝗疫，必于是祷，而祷必有应。守初又克殚心修炼，以阐神庥。宜其集事之易，而垂裕之永邪！君子于此亦可取之矣！遂不辞而纂叙其事，俾勒诸石，以作道院镇云。

悟真道院（2019年） 吴志文 摄

赐进士及第、翰林院修撰、儒林郎、郡人吴宽撰文，赐进士出身、文林郎、广东道监察御史、海虞瞿俊书丹，翰林院中书舍人、琴川凌远篆额。

（录自《齐溪小志》）

重修悟真道院碑记

〔清〕彭定求

上帝之高居百神之昭假，不系乎有所凭依，彰厥声灵而遵教以严，所事者非恢张宝庐、辉煌丹璧，则谓无以致其勤行之志，若有举而终废，是其经营修复，岂不更甚于创造者之不可已哉！

悟真道院在吾郡齐门外，相传为宋何真人退修处。明初设有院宇，天顺时毁而复兴，匏庵吴文定公曾书其概于石，浸及二百余年，旧时规模，荒颓殆尽。住持田洪科见穹窿施亮生度师既修圆妙观之三清殿，旋建弥罗宝阁，一时道教蔚兴，为世希有功德，乃喟然叹曰："吾虽非若比，而修废举坏，巨细一也，何独隳厥志！"因与里人善士欧阳纲谋所以旧观者。纲与先君修撰公为甥舅，遂来乞文以募，而文学虚堂黄君方受清凉山法派称律师，四方多皈戒来者，乃延之设坛院中，凡若干日。洪科既捐其衣粟之储，远近之乐施者，缘亦渐集。自康熙戊午岁重新真武殿，用形家言，改南向为西。又因玉皇殿故址起阁三楹，颜曰香严。迄辛未岁，工以告成。洪科复属纲，请记于予，以成先君劝募之始。予于义弗能辞。

今年季春朔，舣舟院旁，入真武殿，而登所谓香严阁者，峰峦回环，云烟缭绕，俨乎寥阳之都，咫尺可接，不知其身之在尘埸也。且兹地附近城郭，旁通村墟，居者、行者、贾者、耕者辐辏鳞集，于以肃其观瞻，将其祈报，虽谓上帝之高居、百神之昭假，有所凭依，而声灵较著，理不虚渺矣。因嘉洪科之志既有成，而乐善如纲者，亦不为无助。遂书之，以厕名于文定碑记之后，俾后之世守者知所绍承焉。

康熙三十一年四月谷旦，赐进士及第、敕授承德郎、翰林侍讲、前国子监司业、翰林院修撰、充日讲起居官、纂修王朝圣训春秋讲义、乙丑殿试掌卷、丁巳顺天乡试正主试、邑人彭定求撰文。

齐门陆墓镇浚河筑坝修桥碑记

清光绪二十九年（1903）

二品封职吴县吴诏生　撰文

三品衔补用道知苏州府事向万鑅　书

吾郡望齐门外，北行三里许，有陆墓镇，为常熟往来孔道。镇西北有唐陆忠宣公墓，以是得名。瓦屋鳞比，商舶辐辏。环桥有三，支河有七。市语晨喧，渔舟晚唱。万家灯火，数里烟波。塔影踞南，山光照北。称巨镇焉。庚申兵燹，半椽片瓦无存焉者。砖砾纷坠，河为之塞。癸亥迄今，已四十年，兴复不及半。冬令水涸，行旅苦之。长年争道，日夜喧呶。楫断舟伤，进退维谷。里人具呈，屡请开浚，迄无成议。

辛丑春，来商于余。余往履勘，河长四里，流分七支，节节淤塞。南桥、中桥，桩木尽朽，势将倾圮。工巨费重，筹款非易。坚却之，再三请，强而允之。与郡绅具呈方伯拨款，太守、邑侯捐廉，遴员弹压，同人集资，于壬寅正月肇始，坝筑九道，工役数百人。邪许之声，辰以及酉。阅时两月，九坝齐开。一时活水飞来，万马奔腾，与两岸欢声相应，诚大观也。两桥桩木易以柏，加多而深之，易以坚石，加有石栏，七月既望蒇事。委廉司事踊跃从公，同心同德，备极勤劳。酬以薪劳，坚却不受。

苏邑侯莅工验视，扁舟容与巡阅一周，披衿小酌，以庆毕工。里人告余曰：“镇有古井十口，旧名十泉街。文风所系，窑户烟火，尽夜不绝。以水济火、不使偏胜。日久湮塞，侵及基础。数十年来，文风寂然，无一人试有司者。非此时开浚，难复旧址。”余不禁怜而许之，冀畅文风焉。镇西有禄同桥、宣港桥、华家桥，或将倾，或已倾。齐门外负郭官河里许，亦复淤塞。纷至沓来，环请修浚。余回顾同人，兴复不浅，遂乐而从之。八月续工，十二月三桥毕工。齐门市尘寥落，筹措为难。苏邑侯会同金邑侯履看，察民艰苦，详请水利局拨款。太守两次莅工。癸卯正月筑坝，三月一律告成。从此苏台虞麓，水程百里，官舫轮舟，上下风帆，畅行无碍，行旅为之一快。

是役也，计用经费七千缗。官资二千缗，民资五千缗。实用开支，捐资姓氏，详载征信录。余不文，爰叙其始如是。是为记，同志姓氏例得备书。

光绪二十有九年岁次癸卯季春之月谷旦勒石。

督察：江苏候补知府胡玉瀛、孙毓骥，长洲县知县苏品仁，署元和县知县王得庚、金元烺。署吴县知县田宝荣，候补从九品万毓桂。

郡绅：三品衔广东补用道吴景萱、三品衔分省补用知府潘祖谦、甘肃补用知府彭福孙。

经办：三善堂、永善堂孙铸、顾贤麟、徐俊元、倪思九、刘广基、尹思纶、庞秉铨、陆鸿钧，养牲局顾行樵、张国英、叶祥镐、吴国铸、吴鉴屏，广惠堂浦元嘉。

陆墓为苏郡与常邑往来孔道，河淤浅，舟楫难行，有两桥又势将倾圮。里人屡欲修举，以费巨莫敢任其事。吴君子和言于陆春江、方伯元鼎，允拨款千缗，遂兴工。朱竹石廉访之榛，亦续拨千缗。里人咸欣然相助，又得五千缗，遂兴工。人皆料其必不敷，而吴君毅然为之，一切核实，在事诸君皆不取薪资。阅两月余工竣。复以余力疏望齐门外河里许，并修筑其西三桥、浚古井十，而所费适敷，盖未及他人悬拟之半焉。噫！使今天下任事者皆若此，又何事之不可成哉？读碑心折，爰志数语于末。吴县王亦曾。

（该碑记据苏州博物馆藏拓片，载《明清苏州工商业碑刻集》江苏人民出版社1981年版）

朱庄太保堂陈孝子碑文

陈兴立居蠡口。家贫甚，孝事其母。母年七十，痿痺丧明，不食他物，唯啖城中临顿桥王家糕，兴立每日五鼓即之临顿桥市糕奉母，风雨寒暑无懈。如是者九年，一日持糕归，憩杨泾桥，遇一道士问曰：“曷不食糕？”兴立语之故。道士曰：“我母病，亦欲食糕。"出钱与兴立易。兴立悯其老，与之。复入城市糕，糕已尽，彷徨以归。归则道士已持糕奉其母。母食道士糕，目有视且能兴。始悟道士为异人。一时以为孝感，兴立殁，里人立祠祀焉。

（录自同治《苏州府志》人物十三）

民间传说

采莲桥的故事

原陆墓镇东一里多路，有一座小石桥。因为春秋时期吴国的西施曾在桥下采过莲，所以叫"采莲桥"。

西施由于思念家乡，忧国忧民，经常捧胸蹙眉，说是心痛。一天，吴王看见西施又在捧胸，就提出一起去看荷花和采莲，散散心，分散注意力。西施听了很高兴。吴王带了西施乘锦帆船到了这里。西施在狭小的石桥上看着红色的荷花、绿色的荷叶、青青的莲蓬，还有那些坐着菱桶穿梭其间的采莲姑娘，便想起了越国的沉沦，更思念着家乡的溪流和未婚夫田和。一时想得走了神，失足跌进了河里，急得吴王连连顿足，直喊救人。掉进水里的西施灵机一动，在透出水面时顺手把荷叶披在身上，手里还拿了朵鲜艳的荷花，袅袅地游向桥边。吴王看到水淋淋的西施，加上那鲜艳的荷花，背后摇曳着的莲叶，越发窈窕动人，好一朵出水芙蓉。吴王乐得哈哈大笑，就此把这座桥命名为"采莲桥"。

缂丝的传说

宋朝，苏州蠡口有个孤身小伙巧生，织得一手好绢。绢卖给文人写字绘画，巧生耳濡目染学到些画技。

织绢之暇，巧生总爱在门前竹林倾听百鸟歌唱，越听越迷，便削竹为箫，将鸟声活灵灵地吹了出来。不料金兵南侵，绢卖不下去了，巧生便每日挑糖担吹竹箫，跑东村走西庄，收旧衣裳破布头维持生计。一天，他收到一块正反面都有相同花鸟图案的旧衣片，既不像织锦，又不像刺绣，精美的工艺让巧生入了迷，他决心要按原样织出这双面图纹的丝绸。

一天，巧生来到一个村庄，村口荷塘里五色斑斓的荷花掩映于翠叶间，此番美景让他觉得似曾相识，这不就是布片上的五色瑞莲吗？看得高兴，他背倚柳树面对荷花吹起箫来。箫声惊动了塘边洗衣的姑娘，衣裳掉到水里。巧生跳入塘里捞回衣服。姑娘给了巧生一个手绢包作为答谢，一笑离去。

手绢包里是一颗粉红色莲子。巧生把它种在老家天井内水缸里。没几天，缸里长满翡翠般的荷叶，清香四溢。再过几天，绽放出五彩缤纷的花朵。巧生决定画下荷花织在绸上。他从城里买来笔墨颜料画好图样，便拿出那块神秘的丝绸残片作参考，把彩线装在织绢的梭子里，对着图稿一梭梭地织。

一天巧生从城里买丝线回来，竟发现织机上的丝绸开满了荷花，定睛一看发现花居然是用彩线织上去的，同画稿一模一样。巧生惊喜交加，问遍左邻右舍，无人知晓谁曾来过他家。

第二天，他一早起来，躲在门背后窥探家中。不久，荷花缸里出现一个姑娘，四下张望无人，悄悄走到织机前，用荷花荷叶汁染成五彩藕丝，以尖尖竹叶为梭，在梭子里装上颜色由浅入深的藕丝，整齐排列在织机前，织一色便换把梭子。巧生细看，这绿裙红裳的美人就是那天赠他莲子的姑娘，她必是莲花仙子呀。仙子的秘密被窥破后，便留在巧生家里，这神奇工艺也留在了人间。从此世上有了“缂丝”。

御窑金砖的故事

陆墓御窑烧的金砖黛青光滑、古朴坚实，因为货真价实，常被明清两代宫廷选用铺地。

有一年，突然京城里说余（御）窑货不如无锡南门的货好，无锡货轻巧，声音清脆好听，余窑的货笨重，声音沉闷。

余窑师傅中有个手艺最好的老师傅，叫余勤良，他对大家说：“不知无锡窑葫芦里卖啥药，我们还是去看看再说。”于是，他们乔装成破布换糖和讨饭叫化子，去无锡南门窑摸底细。

金砖制砖工具（2019年） 相城区地方志办公室 提供

交货的日子到了，勤良和几个师傅一起随货船到京里去，正巧无锡货船也赶到。

货到了要验货。在一间大厅里，验货官问勤良是哪里人，勤良回答是吴县余窑村的。验货官点头笑笑，转身和无锡窑上的人一起坐下，关照把无锡砖和余窑砖分别架在两只验货台上。这验货台，实际是香炉脚式的三根粗树桩。砖平摆在树桩上。验货官用小榔头在余窑砖和无锡砖上轻敲了几下，对勤良笑笑说："无锡砖确实比你们的砖清脆动听哪！"

勤良含笑抱拳对验货官说："禀大人，京里用金砖铺宫殿，盖园陵，我想这是百年大计。百年大计嘛，首先要经久耐用，不能图表面。请大人秉公办理，当场把两家金砖从侧面锯开！"

验货官觉得勤良说得有道理，就命令锯砖。两块金砖锯开后，验货官先看余窑砖，锯开的地方砖质细腻；再看无锡砖，大吃一惊：发现里边四只角有四个小洞，中间还有一个大洞！

勤良说："这五个洞是做坯时放了五个草把，烧窑时草把变灰，里边就空，因此看来轻巧，听来清脆，但并不实用。”

从此，余窑金砖以取材严，烧制精，声誉远扬，京城里便把烧金砖的皇差全部交给他们，并将陆墓余窑封为御窑。

望齐台

历史上，出苏州城齐门六里，在陆墓曾筑有一“望齐台”，高六丈，四周有围墙。是春秋时期吴王特为妃子所筑。因其妃为齐国人，八月中秋之时思念故乡，便可点上香烛、摆上供品，登上高台，眺望北方，以释心中思念亲人之情。

掌故杂记

范蠡西施隐居元和

元和街道的前身之一蠡口，是一座千年历史古镇。镇的得名，相传与春秋时期的越国大夫范蠡有关。范蠡（约前536—前448），字少伯，原为楚国宛地（今河南南阳）人。出身贫贱，后受邀去越国任大夫。在古代的史籍上，关于范蠡的记载较多。东汉袁康、吴平撰的《越绝书》上说：“西施亡吴国后，复归范蠡，同泛五湖而去。”宋代文人朱长文撰的《吴郡图经续记·往迹》上也说：“蠡口在长洲界，又谓之蠡塘，昔范蠡扁舟浮五湖，盖尝经此。”

民间传说范蠡与西施早有婚约，范蠡有灭吴七计，“美人计”是其中之一。为此，他忍痛割爱将西施献给吴王。传说范蠡在帮助越王勾践灭吴后，尊为大夫、上将军，但他知道与勾践只能共患难，不能同富贵，遂急流勇退，几乎在吴国灭亡的同时，他与西施身穿平民服装，化装成贫贱夫妻，混出苏州齐门，乘舟泛入太湖。他们在湖边生活了一段时期，相传就隐居在今蠡口之陶村。范蠡见这里水网交错，河面开阔，就养起鱼来，养得肥壮，卖得好价钱，从而致富。他对养鱼很有研究，精心饲养，并著有《养鱼经》。范蠡认为养鱼先要挖池，以六亩地为一池，池内蓄水，围成九块，饲养鲤鱼，二月放苗鱼，次年二月鱼则长大，“得鲤鱼长一尺者一万五千枚，三尺者四万五千枚”。之所以养鲤鱼，是因鲤鱼互不相食，而且容易长大，价钱又贵。民间传说，鲤原本无名，因是范蠡所养殖，曾称“蠡鱼”，后作“鲤鱼”。范蠡的《养鱼经》全文虽仅 343 字，却是发展淡水养鱼的重要著作，对中国养鱼业的发展，起了很大的作用。当地有民谣云：“种竹养鱼千倍利，要谢西施与范蠡。”

陆慕镇东北部，漕泾东南的阳澄湖边，向西北斜穿至蠡口的元和塘，为蠡塘，全长 3250 米，相传为范蠡所凿，流经蠡塘村内，有东、西两座蠡塘桥。传说范蠡偕西施经由蠡塘至西末端出口入元和塘泛舟五湖，域地得名“蠡口”，蠡塘西末端与元和塘交界处，有古石拱桥（年代不详）连通街区南北，亦称蠡塘桥，弓形石桥孔下有桥联一副。20 世纪 60—70 年代，蠡塘水路运输逐渐繁忙，汐期时水位升高，运输船只常有撞桥险情发生，后被拆除并拓宽南北桥堍，重建弓形水泥梁新桥。几经雨水冲刷，发现桥南堍石级旁有桥联石一条，上刻“范蠡轻舟碧波行”字样，另一条不知去向。范蠡在蠡口的时间虽然不长，但许多地名与他有关，除蠡口镇外，还有蠡口村、蠡西村、蠡塘河等。昔日蠡口十六亩塘（亦称万斤塘）南端有“西施坟”时传为西施墓葬之地。

要离刺庆忌与庆忌墓

春秋时期，吴王阖闾杀了吴王僚，夺得王位。他十分惧怕吴王僚的儿子庆忌为父报仇。因为庆忌正在卫国扩大势力，准备攻打吴国，夺取王位。阖闾整日提心吊胆，要大臣伍子胥替他设法除掉庆忌。伍子胥向阖闾推荐了一个智勇双全的勇士，名叫要离。阖闾见要离矮小瘦弱，说道：“庆忌人高马大，勇力过人，如何杀得了他？”要离说：“刺杀庆忌，要靠智不靠力。只要能接近他，事情就好办。”阖闾说：“庆忌对吴国防范最严，怎么能够接近他呢？”要离说：“只要大王砍断我的右臂，杀掉我的妻子，我就能取信于庆忌。”阖闾不肯答应。要离说：“为国亡家，为主残身，我心甘情愿。”

阖闾从其言。于是吴都便流言四起：阖闾弑君篡位，是无道昏君。吴王下令追查，原来流言是要离散布的。阖闾下令捉了要离和他的妻子，要离当面大骂昏王。阖闾假借追查同谋，未杀要离而只是斩断了他的右臂，把他夫妻二人关进监狱。

几天后，伍子胥让狱卒放松看管，让要离乘机逃出。阖闾听说要离逃跑，就杀了他的妻子。这件事不久传遍了吴国，邻近的国家也都知道了。要离逃到卫国，求见庆忌，要求庆忌为他报断臂杀妻之仇，庆忌接纳了他。这样要离果然接近了庆忌，他劝说庆忌伐吴。要离成了庆忌的贴身亲信。庆忌乘船向吴国进发，要离乘庆忌没有防备，从背后用矛尽力刺去，刺穿了庆忌胸膛。庆忌的卫士要捉杀要离，庆忌说："敢杀我的也是个勇士，再杀了他就是死了两个勇士了！"庆忌因失血过多而死。

据唐陆广微《吴地记》："吴公子庆忌坟，在县东北三十五里，今呼庆坟。"明杨循吉纂《长洲县志》载："庆忌墓邑治（在今苏州古城区）东北二十五里，今云庆坟。"又《吴地记》云："在齐门外十四都，有庆忌庙。"百姓传，原蠡口胡巷李庄庙内供奉者即为吴王僚之子庆忌坐像。这座庙庙基很宽敞，上面建有四开间两进房子，黑瓦黄墙，很醒目。第一进的门头上写了"李庄庙"三个大字；走到第二进，却可以看见门头上写的是"庆忌明王"。房子里供奉的老爷雕像被封在玻璃罩里，戏装打扮，脸色白净，胡须浓密，看上去并不威武。当地老百姓口碑相传："李庄土地（老爷），庆忌明王。"1949年解放前这座庙占地0.33公顷（5亩），房子有五开间三进，前面还有照墙、铁香炉等。1949年解放后，这座庙被当地粮管所用作仓库，1960年左右拆除，变成菜地，后又重新恢复。庆忌忌日（死亡之日）是农历三月十四。每逢初一、月半和忌日，到这里的香客人满为患。以前照墙和第一进房子之间有两棵一抱多粗的榉树。这座庙第一进房子（头山门）里原先有一块碑刻，遗憾的是，如今这块碑已不知去向，庙宇的历史因此无法考证。庙旁有大坟，此坟内曾挖出清代官员完好无损的多具棺椁。

楞伽蟋蟀陆墓盆

"楞伽蟋蟀陆墓盆"，是老苏州的俗语，意为楞伽（上方山）的蟋蟀和陆墓蟋蟀盆最出色。此话源于一则掌故：明宣宗朱瞻基爱好斗蟋蟀，在明宣德九年（1434）下手谕给苏州知府况钟，要他选送上好蟋蟀。况钟对蟋蟀的优劣一窍不通，于是张榜发动民众进献。当时有个叫朱镇抚的在上方山下捕得一枚"头大、足长、健斗"的"黄大头"，进贡后大得皇帝欢心。此例一开，苏州刮起大捉蟋蟀风，弄得"七八月间，家家皆养促织"（袁宏道语）。事成热潮，必然需要大量蟋蟀盆，陆墓自永乐年间（1403—1424）在镇西设立御窑，专门烧制供应北京的"金砖"筒瓦，这里的烧窑业特别发达。于是各村纷纷开小窑烧制蟋蟀盆，其中御窑、南窑、金窑、日益四村出品最多，在竞争中佳品迭现。顾震涛《吴门表隐》说，陆墓邹、莫二姓制造的蟋蟀盆"雕镂极工巧，邹大秀、小秀姊妹创始"，陆墓蟋蟀盆就此打出牌子，占领了市场。到清初，陆墓李秀芳、李栋敏、杨洪兴、王云樵烧制的“藕”字、“霜”字盆也极有名，今在沪、津、苏的古玩市场碰巧还能看到。

薛抚台与黄莲头

原蠡口镇南街苏家弄北侧有水墙门，毗邻数十间房屋，靠东为后院，院内立假山花石，建水榭亭台，一派大户人家气派。户主姓薛，其祖上曾在杭州做过抚台，故镇上人都称其为抚台府。

蠡塘河西北栅头，百姓历来做传统小生意——卖黄莲头。此物采自黄连树上的细枝嫩叶，经腌制后成金黄色，不论斤计量，随手抓一把，三分五分，喷撒少许甘草粉，入口时略带酸涩，但随即满口清凉，津津有味，越嚼则其味越甘，小儿少妇均喜食之。尤以西湖杭城，生意极佳。故北栅头村民，每逢夏秋两季农事结束，便搭伴去杭城做“卖黄莲头”生意，大多是胸前挂一托盘，或臂上提竹篮，盛以“黄莲头”，手拿一副竹板，一边敲响竹板，串街走巷，进门入室，随处叫卖。要买的妇女小孩，听见竹板声便知是卖黄莲头的人来了，或从屋中走出，或将人叫进屋内，并无禁忌。

正是薛抚台在杭城做抚台的某一年，夏时季节，北栅头村民忙完夏熟，便纷纷前往杭城做卖黄莲头生意。此日，有一姓毛的村民，挂着托盘，敲着竹板，进了一大户人家，不料被户主喝住，并叫家人拿下，说是“私闯民宅”，被送官府问罪。此事被薛抚台得知，一问情由，说是家乡蠡口人到杭城卖黄莲头的，便问：“你敲了竹板没有？”答曰：“我是边敲边喊的。”薛府台便道：“既然如此，何谓私闯民宅？此竹板声便是通报之声也。”下令释放，并通告整个杭城，凡蠡口到杭城卖黄莲头者，只要手敲竹板，随处可去，不得阻拦。从此，蠡口便有更多的人到杭城做卖黄莲头生意，他们敲着竹板串街走坊，成为杭城特有的一道景观。

何蓑衣真人与悟真道院

明代苏州状元吴宽曾为悟真道院作有一篇碑文《重修悟真道院记》，文中称“院肇基于宋，有何真人者，尝退修于此。今去院东百武外，有一高墩，名蓑衣墩者，世传为真人穴。而院之名悟真者，由是以得”。作者说明成化十四年（1478）他路过悟真道院，因为学生张嘉玉借住在这里，就顺便造访。这时当家道士童守初求他写碑记，并提供了“其院开创之因，重修之故”的说明。他就“按状”而撰叙其事。碑文中提到的何真人，是宋代名动朝野的道教奇人何蓑衣,《宋史》有传。20 世纪 60 年代玄妙观北尚有蓑衣真人殿，就是供奉他的。殿中壁间原有宋碑《蓑衣真人事实》。这篇碑文是《宋史》本传的依据，大致说：此人姓何，佚名（《吴门表隐》说他叫何中立）。淮阳人（《桯史》作淮阳朐山，即今连云港东海县）。宋绍兴初随父亲逃难到苏州，由父亲教读。后来多次应举不第，有一天到闾邱坊妙严寺游览，在池边照影时，“豁然悟道”。从此披蓑戴笠，常在街上抛砖掷瓦，乱涂墙壁。有人说他疯，有人道他奇，于是生出好些传闻来，如说他能耐饥寒，知人祸福，他的蓑衣更神奇，拔下蓑草煎汤能治病，等等。宋孝宗听说后，于宋淳熙三年（1176）诏命为他建造通神庵（即蓑衣真人殿），并御赐书庵匾，又赐号“通神先生”。庆元三年（1197）卒，赐葬在“长洲县金鹅乡里燕塘之原”（今元和蠡口西部）。《吴郡志》在“通神庵”也提到他：“有何道人者，自绍兴初，往来提举司（今定慧寺前）或观前真武堂草积中。披发癫狂，以蓑衣蔽形，故号蓑衣道人。寒暑不避，不与人亲。或云时有一语，中人灾福。两朝（宋高宗、孝宗）间遣使降香，问其安否。”由此可知，“何蓑衣真人退修之所”应是玄妙观通神庵，不在齐门外，与悟真道院无关。

根据朱红《悟真道院的迷雾》的考证，悟真道院是明洪武初修建的，当家道士叫叶道玄，死后道院没人管，明景泰六年（1455）道纪司才把童守初派到此处，天顺六年（1462）道院失火烧毁，童守初只得募资重建。但是这座乡野小庙素无名声，无人肯捐款。童守初本是玄妙观道士，熟知何蓑衣掌故，于是把他搬来做道院的开山祖师，并指院东土墩为何蓑衣悟道之地，这样就把小庙和南宋名人挂上了钩。当时士绅如金文华、王宗盛等人听说是为修复南宋道观、保存何蓑衣得道圣地，无不踊跃赞助。重建的道院不仅规模大，设施全，而且“金壁黝垩，巍乎焕然，兼以幽雅清绝，为方外名胜所。四方大夫士过苏北门者，未尝不之游览焉”（吴宽语）。童守初通过吴宽写的碑记，将杜撰变成了文字。因为吴宽写了碑文，后世多不加细考，以致清末吴中保墓会还根据这篇碑记在土墩前立了何蓑衣墓碑。其实，悟真道院与何蓑衣真人无关。

陆墓“五芳斋”

嘉兴“五芳斋”粽子，是人所皆知的老字号，然陆墓的“五芳斋”则更早于嘉兴。“五芳斋”得名于清道光年间（1821—1850），创始人姓沈，系陆墓采莲人。起初在齐门外开了一家甜食铺，以玫瑰、桂花、莲心、薄荷、芝麻等五种苏州人爱吃的东西作为原料，制作桂花圆子、赤豆糖粥焐酥豆、莲心羹、冰雪酥、玫瑰糕等甜食小吃。沈氏膝下生有五个女儿，分别取名玫芳、桂芳、莲芳、荷芳和芝芳，恰好和店里常用的原料在字面上有相通之处，街坊邻居就开玩笑地称他的店叫“五芳斋”。沈氏老板干脆正式将店铺取名“五芳斋”。这就是“五芳斋”名字的由来。

胡肇汉在元和的行迹

胡肇汉是京剧《沙家浜》胡司令胡传魁的原型。胡肇汉是湖南岳阳人，生于1906年，因为脑子活，点子多，深得上峰赏识，当上了江苏青浦县警察局警长。抗战爆发后，胡肇汉组建了一支游击队，自称司令。游击队缺军饷，胡肇汉带队到阳澄湖边的相城后，用枪逼着镇上有钱人“吃饭”。胡肇汉把枪往桌子上一拍，厉声说：“老子要抗日打鬼子，诸位难道不应该为国捐点钱吗？”大家不敢得罪胡司令，于是纷纷捐款。胡司令有了枪有了钱，但他压根就不想打鬼子，只想占山为王。1939年5月，江南抗日义勇军成立，任务是团结一些地方武装抗日，副总指挥叶飞亲自找胡肇汉，希望他能联共抗日。胡肇汉不敢得罪新四军，就顺势成了独立第一大队一支队的司令，还是原班人马。但是跟着新四军，没油水可捞，胡肇汉吃不消，就开小差，又率队回到了阳澄湖，摇身一变成了国民党“忠义救国军”先遣队司令。1941年6月底，日伪军对太湖一带进行“清乡”，准备“吃掉”胡肇汉的队伍。胡肇汉的乌合之众被打得狼狈逃窜。汪伪想拉胡肇汉上贼船，结果胡肇汉大骂：“放屁！老子是堂堂正正的中国人，怎么能当日本人的走狗？”胡肇汉说：“我绝不投降日本鬼子，我只投降国民政府。”胡肇汉脚踩两只船，戏里唱的“不知道他姓蒋还是姓汪”，就是指的这事。

胡肇汉觉得新四军在江南根本不成气候，天下要么是日本人的，要么是蒋先生和汪先生的。他杀了很多中共地下党员，血债累累。据《蠡口镇志》记载，1944年4月的一天晚上，锡东县武工队指导员夏阳带领王金等11名武工队队员到蠡口张家桥，准备袭击伪军据点。不料，这次行动被一伪乡长告密，胡肇汉带领伪军80多人，埋伏于蠡口积灵桥北。武工队班长孙根效、队员王金掩护武工队撤退而陷入重围，孙班长在战斗中中弹牺牲。

解放后，胡肇汉在上海被人民公安抓获。1950年12月1日，在苏州公审并被执行枪决。

相城南大门（2019年）　相城区地方志办公室　提供

名人与名镇

历史上，元和是苏州城北的一块风水宝地，众多的达官贵人、名人雅士隐居于此，也埋身于此。除兵圣孙武和“明四家”的文徵明外，春秋时期范蠡曾隐居于此，历史上的“蠡口”由此得名；另一个前身陆墓（慕）镇则以唐代著名政治家陆贽的衣冠冢在此而得名。清代以后苏州弹词界在境内陆慕设立光裕社义冢，马如飞等一批苏州弹词名家埋身于此。元和是中国文化艺术之乡，历史上以缂丝、御窑金砖等为代表的众多苏州工艺名家多出于元和。

人物传略

陆贽

陆贽（754—805）字敬舆，唐吴郡嘉兴人，中唐著名政治家、文学家、政论家，秘书监齐望之侄曾孙，吏部郎中陆灞之孙，溧阳县令陆侃第九子，人称“陆九”。

陆贽年轻时，特立不群，颇勤儒学。唐大历六年（771）18岁考中进士，任华州郑县尉。后以书判拔萃，选任渭南县主簿，提升为监察御史。太子李适素知陆贽名望，当了皇帝后召他为翰林学士，不久迁任祠部员外郎。陆贽与德宗皇帝朝夕相处，歌诗戏狎，陪游出入，非常得宠。他感念皇帝重视了解自己，想有所作为效力报答，所以政事上凡有缺点，大小事情一定陈述，皇帝对其关顾厚重。“虽有宰臣而谋猷参决多出于贽”，被当时朝臣视为“内相”。

陆贽廉洁俭约。担任郑县尉为官期满时，回家探母，路过寿州，时刺史张镒（苏州人）很有名声，陆贽去拜见他。张镒因起初不了解他，对其冷遇，过了三天，张镒接见他，与其对谈，对其博学宏论极为赞赏，结为忘年交。辞别时，张镒欲以百万钱相赠，陆贽婉言谢绝，只接受一串新茶。陆贽的母亲韦氏居住江东，皇帝特地派人将其迎至京师，朝野羡耀。母亲丧后，陆贽东归洛阳，寓居嵩山丰乐寺。地方官吏纷纷赠送金钱礼品，他都“一无所取”。

陆贽思维敏捷，文才出众。唐建中四年（783），朱泚谋逆，天下大乱。陆贽随皇帝征伐，军国事务繁忙，一日之内诏书数百。“思如泉注”，一挥而就，所拟诏书，明练流畅，情词恳切，“虽武夫悍卒无不挥涕感激”。贞元七年（791），拜兵部侍郎，知贡举。贞元八年（792）四月，转任中书侍郎门下同平章事，行使宰相之职，军国事务尤为繁忙。他更加注重选拔德才兼备的人才，将“私荐”改为“公举”，主张“求才贵广、考课贵精”，“令职司皆得自达”，收到较好效果。选司之弊也因此十去七八，天下称之。陆贽在论述备边事务中，也表现出杰出才能。他剖析秦筑长城、汉行和亲的历史教训，提出理兵、足食、贮军、修城和置师等一系列具体措施，同时还分析同吐蕃等民族的关系。陆贽在数十百篇论谏中，主张“凡事宜有变革，以应时数”“知其事而不度其时则败，附其时而不失其称则成”，实为治国平天下之要。他称赞女皇帝武则天敢于破格选拔人才为“是以当代谓知人之明，累朝赖多士之用”。

贞元十年（794）十二月，陆贽因户部侍郎裴延龄构陷，被解除太子宾客，罢免知政事。贬为忠州（四川忠县）别驾。在忠州十年，当地发生疠疫，他抄撮方书，写成《陆氏集验方》医书，共50卷，流行于四川一带。

宰相韦皋与陆贽为布衣相交，极为友好。韦皋曾多次上表，请示皇帝以贽代己，唐永贞元年（805），唐顺宗即位，下诏书命贽为相。诏书未到忠州，而陆贽已卒，终年52岁。追授兵部尚书，谥曰“宣”，人称为“陆宣公”。葬于忠州。时人又在苏州齐门外六里建衣冠冢，其地“陆墓”地名由此而来。墓旁旧有塔院、陆宣公祠，祠内有塑像。

陆贽工诗文，尤长于制诰政论。所作奏议，多用排偶，条理精密，文笔流畅。权德舆称其“榷古扬今，雄文藻思”。《全唐诗》存诗3首。有《陆宣公翰苑集》24卷行世，另有《陆氏集验方》50卷。《旧唐书》将其比作汉朝的贾谊，称陆贽具有“高迈之行，刚正之节，经国成务之要，激切仗义之心”。陆贽的奏议为后人所推崇，所著《陆宣公翰苑集》，“可为后世法”（《新唐书》）。 宋代苏轼终身效法陆贽，清代曾国藩也取法于他。

李素（754—812） 中唐时期陇西人。7岁时丧父，家境贫寒，随母到外祖父家居住，受到教育。先后任虢地宏主簿、山西芮城尉官，李泌丞相提拔为运使从事，升京兆鄠地尉官。因出类拔萃，先后被选为万年主簿、长安尉官、监察御史、詹事丞、殿中侍御史和万年令。他在主管“夺驿田”（削夺官田）时，不同意京兆尹符县“割界”（分割赏赐）的主意，改任度支郎中使。衢州发生饥荒时，于唐元和初年（806），任衢州刺史。一月，调任苏州刺史。当时李锜属下的将领，“敛手无敢与（素）敌”。一月十二，李素率领将士同锜军在州门激战，“不胜”，锜兵大呼进城，李素端立，以大义斥责，锜兵不敢逼近。李锜命人用器械缚素回营，将要处斩，适逢官兵徇境，李锜兵败被擒。李素挣脱器械回城，州民尽出，抱扶迎接。皇帝赐其紫衣金鱼。李素在苏三年，“州称治”。

元和三年（808），李素开浚自苏州齐门至常熟的河塘，称元和塘。经过陆墓的河段为“南自南市桥北至新泾桥，长一百五十丈有奇，阔三丈九尺”（乾隆《苏州府志》）。后拜河南少尹，实际主持大尹政事，政绩显著。

陈孝子（生卒年不详） 本名陈兴立，宋代蠡口朱庄村农民。其母双目失明，爱吃糕点，且最喜吃苏州城里临顿路上一家糕团店里的糕。陈孝子为了满足母亲的要求，每天一早起来，赤脚赶到苏州城里临顿路，买回糕给母亲吃。他的孝行因此闻名乡里。传说一天，他买糕回家，半路上遇到一道士，道士称自己的母亲也病了也想吃糕，陈孝子便将糕让给道士，自己返城再买，然糕团已卖完，陈孝子失望而归，却发现母亲站在门口，母亲称已经吃了道士送来的糕，眼睛重见光明。这事传扬出去，百姓认为是孝子感动了上苍。

后来仙人送给陈孝子一只装有仙丹的葫芦，他将胡芦里的仙丹分给众人，治好了无数病人。陈孝子遇到神仙、用葫芦里仙丹救人的事广为传播。到了明代，弘治皇帝听到这个故事，派人到陈孝子后代家里，把那个葫芦拿回宫廷，说是要推敲。当地官府遂于明弘治十二年（1499）为陈孝子建祠堂，面阔八间，进深二间，俗称“太保堂”。还竖立《宋陈孝子祠堂碑》，碑高 1.67 米，宽 0.7 米。碑上文字由名人写就，碑的左上方为沈周撰书的《陈孝子祠堂门楼院庑募缘疏》，右下方为江西提学副使、后任南京礼部尚书的邵宝所写铭赞；另有礼部尚书吴一鹏写的题跋。此碑集明代三位名人的书法。著名画家、诗人唐伯虎还专门作有《陈孝子歌》，此歌长达七百三十言，将陈孝子的故事叙述得十分详细，并用行书写就，刊刻后流行于世。

郭谏臣

郭谏臣（1524—1580） 字子忠，号方泉，更号鲲溟，明苏州府长洲人。明嘉靖四十一年（1562）进士。授袁州司李（司理），历吏部主事，官至江西布政司参政，罢归后又被起用为郧阳巡抚，未及上任而卒。严世蕃贪得无厌，郭谏臣持正不阿，屡有陈谏，词意正直。著有《郭鲲溟集》四卷（一作《鲲溟先生诗集四卷奏疏一卷》),《四库总目》称其诗婉约闲雅。民国《吴县志》载，明朝郭吏部（郭谏臣）墓地在（蠡口）姚祥村。村民传说其墓为一石人石马的大坟，现已无残迹可寻。

韩菼

韩菼（1637—1704） 字元少，别号慕庐，清长洲人。先世是凤阳（今属安徽）人，后迁于长洲，乃书香门第。清康熙十二年（1673）二月，参加礼部会试，夺得第一名会元。同年四月，参加殿试。韩菼在时务策文中指斥“三藩”拥兵自重，图谋不轨，应尽快撤销。时康熙帝正筹划撤藩，韩菼的对策正中下怀，遂在韩菼卷的卷首朱书“第一甲第一名”，韩菼因此成为清代第十四位状元。授翰林院修撰，掌修国史。不久，以修撰身份充任日讲起居注官，随从康熙帝出席各种重大活动，笔录手册，按年编次起居注。奉旨编著《太极图说》，曾召入弘德殿进讲《大学》，主纂《孝经衍义》。康熙十四年（1675）八月，出任顺天乡试正考官。康熙十五年（1676），迁右春坊右赞善。康熙十六年（1677）三月，转为左春坊左赞善。同年十月，康熙帝授予他侍讲官位，讲解经史。康熙十七年（1678），再次出任顺天乡试正考官。康熙十八年（1679），乞假回家，改葬父母，居家5年。康熙二十三年（1684）八月，回京转为侍读。康熙二十四年（1685）二月，康熙帝考试翰林院官员，韩菼的好友、昆山人徐乾学名列第一，韩菼名列第二。徐乾学入值南书房，韩菼升为翰林院传讲学士，不久招为内阁学士，掌传达诏命及章奏，例兼礼部侍郎衔，从二品。康熙二十六年（1687）起，托病辞归乡里8年，潜心研究学问，从“六经”到汉儒笺注、唐儒义疏、宋儒章句，无不悉心钻研；极为推崇司马迁的《史记》、班固的《汉书》、陈寿的《三国志》，对唐诗、宋词反复吟诵，时常以诗歌古文教导乡里后进。康熙三十三年（1694），徐乾学病逝，次年康熙帝命韩菼回京充任《大清一统志》总裁官，擢礼部右侍郎兼翰林院掌院学士。康熙三十八年（1699），调任吏部右侍郎。康熙三十九年（1700），擢礼部尚书。康熙帝极赏识韩菼的才学和人品，诏谕大臣说：“韩菼乃天下才，风度好，奏对也合朕意。”又下诏道：“韩菼学问优异，文章古雅，旷古少见。”韩菼所撰文章，能道出皇帝心中事。康熙四十年（1701），韩菼因为两江总督阿山辩护，失宠于帝。康熙四十一年（1702）十二月，康熙帝特赐韩菼“笃志经学，润色鸿业”匾额。康熙四十二年（1703）十二月和四十三年（1704）四月，韩菼两次上疏，称病乞请致仕辞官，康熙帝均未准。康熙四十三年（1704）八月，韩菼病死在礼部尚书任上，享年68岁。康熙四十四年（1705），被移葬故乡。朱彝尊题写墓碑，方苞为他撰写墓表称：“公之生也，众以为贤，而自视乃缺然。公之殁也，人为之悲，而乐之其如归。更千秋而万岁，孰能察公之时义，而识其心之精微。”乾隆十七年（1752）二月，乾隆帝诏谕内阁故礼部尚书韩菼生平博学多识，精通经术，他所撰写的文章清新文雅，开一代风气，足为学林楷模。从前没有请谥，今加恩追谥，以示褒荣。赐谥号曰“文懿”。

韩菼墓在原陆墓韩家村，人称韩家坟，今已不存。

马如飞（1817—1879） 本名时霏，艺名如飞，字吉卿，一署沧浪钓徒，清长洲县人。清咸丰、同治间著名苏州评弹艺人，为演唱《珍珠塔》的一代宗师。父马春航为说唱《珍珠塔》的名家。马如飞少时学刑名，曾为书吏，因薪金低微而改习父业，父去世后从表兄桂荣秋学习评弹，弹唱《珍珠塔》。相传现今流行的苏州弹词《珍珠塔》脚本为其加工改编。他的演唱善于表达人物感情，质朴淳厚，流利豪放，一气呵成，自成一派，称为“马调”，与俞秀山的“俞调”同属苏州主要流派，对后来苏州弹词唱腔的发展影响颇大。与姚士章、赵湘舟、王石泉齐名，合称弹词“四大名家”，成为苏州评弹界行会组织“光裕社”骨干之一。

马如飞

马如飞与袁榴、谭中卿、叶苕生、石梅荪、陈硕甫、潘彦辅等文人为友，切磋弹词、技艺，日臻完善，其《珍珠塔》唱词雅俗共赏，奉为弹词楷模。他还编辑《出道录》，搜集保存了不少艺人的表演经验；编写过许多弹词开篇，著有《珍珠塔后传》、《珍珠缘》、《南词小引》、《马如飞先生南词初集》二卷、《南词必览》、《马如飞雅调开篇》四卷等。

清咸丰年间（1851—1861），苏州评弹艺人行会光裕社遭兵事。同治四年（1865），马如飞与赵湘舟、姚士章、许殿华、王石泉等艺人，在临顿路小日晖桥堍重建“光裕社”（光绪十二年迁移到宫巷第一天门）；同年，发起在长洲县齐门外镇字圩廿二都五图（今元和街道，原陆墓中学所在地），置建“光裕社义冢”。马如飞病逝，第一个葬于“光裕社义冢”，此后义冢成为光裕社评弹艺人的集中葬地。直至1946年，评弹响档、“描王”夏荷生病逝于上海，也葬于“光裕社义冢”，成为最后一位安葬者。1956年，义冢地因建陆墓中学而废。

沈金水

沈金水（1883—1967） 元和姚祥村（今姚祥社区）人，著名缂丝艺人。家世业缂丝。4岁丧父，家极贫。入私塾二年，辍学，帮母务农持家，暇时作灯笼壳以济。15岁从其宗叔（苏州织造府工匠）学艺，尽得其传，能织各类图样，常为织造府定制宫廷缂丝品。清光绪末年曾为慈禧太后缂织袍服。宣统皇帝立，赶制登基龙袍二套，得米百二十担。然时局动荡，民不聊生，沈金水半耕半织为生，依画稿缂成中堂、屏条、册页等，苏州、上海权富购而赏之。作品图案细腻、形象逼真，为外商争购。中年曾一度停机做中间商，与陆墓王茂仙聚村民进行缂丝规模生产，织品出口意、美、法，称洋货。鼎盛时有织机八十张，沈金水独有五十余张。抗日战争时期，苏州沦陷，温饱不继，绝技几亡。1949年解放后重操织机。1954年春节，在苏州市文联组织的苏州民间工艺品展览会上当众表演缂丝。同年2月，入苏州市文联民间艺术组，专事缂丝。当选为市政协委员，又受聘于苏州市刺绣合作社，公开带徒培养新一代缂丝艺人，授徒云：“经线拉力应均，忌时紧时松；经面纹样，须画准转角弯度；每梭挽结须顺运梭方向；须眼明手快，手脑并用。”作品流传日本较多，日本曾为其举办“沈金水国宝画展”。1964年回故里，晚年作品《金地缂丝牡丹屏》两幅分别为故宫博物院、天津艺术博物馆收藏，《博古图》被人民美术出版社刊印成美术明信片出版。1967年10月病卒，年85岁。

其徒王金山后任缂丝厂厂长、全国缂丝研究会会长，是缂丝业中国工艺美术大师。

王茂仙（1896—1969） 出生元和缂丝世家，工画精缂。其祖父王新亭曾为慈禧太后缂制《八仙庆寿》，还为皇家制作过龙袍。其父王锦亭也是缂丝大家。王茂仙14岁随父学艺，20多岁起与兄茂高、弟茂启，以缂丝为家庭副业。他常往返于京沪，民国时曾为中间商，承接商号缂丝订货，转发给织户。他能缂织帝后龙袍、各式官服、中堂屏条以及龙椅坐垫等。1951年，到无锡江苏省苏南美术工场从缂。1952年，随工场迁至南京。1954年，受聘于苏州市刺绣工艺美术合作社，任技术指导授徒传艺。1955年，介绍陆墓籍王茂高、王嘉良、张玉明、徐祥山、姚金泉、袁文根、袁长根和吴巧泉等人入社。1957年，出席全国第一次工艺美术代表大会。代表作品有《牛郎织女》、仿宋朱克柔的《莲塘乳鸭图》、《八仙图》、《鹅竹》中堂、《牡丹蝴蝶图》和《金寿图》等，作品曾在国内外展出,《吴县志》（1994年版）称其缂丝“技艺精巧”。曾为苏州市和江苏省政协委员。“文化大革命”期间退职回乡务农。1969年病逝。

其子王嘉良为苏州缂丝世家王家第五代传人，自小学艺，9岁上机操梭，14岁随父入苏州刺绣研究所正式从事缂丝技艺。作品《三星图》获江苏省工艺美术百花奖。1983年，作品《得意图》选送参加德国国际博览会。2004年，用25天时间赶制作品《圆圆》，作为第28届世界遗产大会礼物。2006年，成功为故宫修补清朝龙袍。2009年，成功仿制明朝孔雀羽翎龙袍。

陈阿多（1919—1986） 姚祥村（今姚祥社区）人。早年师承缂丝艺人汤阿狗。缂丝技艺娴熟，敢于创新，擅长花鸟缂丝，是缂丝和服腰带研制的主要匠师之一。1949年后带徒多名，1972年进吴县缂丝厂，1980年9月随中国工艺代表团赴香港作缂丝表演，1981年加入中国工艺美术协会，1984年任吴县工艺美术学会顾问，并被推选为县政协委员。代表作有《童子拜观音》《金鸡牡丹》《仿古山水》《紫藤双雀》《清溪浴鸭图》等，并著有《中国缂丝简介及基本技法》，刊于《姑苏工艺美术》。

张玉明（1916—1987） 原张花村袁埂郎人，又名全福。著名民间缂丝艺人。《张氏家谱》记：其祖父张听忠即“农闲织缂丝”。张玉明少时跟随父亲张念椿学习缂丝技艺。1955年12月，被招进苏州市刺绣工艺美术合作社，担任理事，后为苏州市缂丝研究室工作，直到20世纪80年代初退休后仍留室工作。

1960年，张玉明和同事合作缂织《博古屏风》，后作为国家主席刘少奇出国礼品。1962年，独立完成韩美林创作、反映少数民族载歌载舞欢乐景象的《赛歌》以及《柳鸦芦雁图》，后者参加省工艺美术展览会。1963年，为鉴赏家朱启钤91岁时书写的“松寿”

两字缂制赠品十多幅，朱启铃分送亲友。后被叶恭绰所见，遂要求缂制珍藏的毛泽东手迹《沁园春·雪》，张玉明把原作苍劲豪放的笔意，表达得淋漓尽致，叶恭绰称赞不已。次年，叶恭绰在毛泽东七十寿辰应邀作客时，将此爱品赠送毛泽东。此后，张玉明还研制过鲁迅像、毛泽东手迹《七律·长征》和《西江月·井冈山》。

1978 年，张玉明和李荣根（徐祥山徒弟）受命复制定陵地下宫殿出土的明朝万历皇帝的缂制衮服。抵京看样，殚精竭虑，从茶水泡线、试制小样，到仿制成袍，他与多人合作，共花 5 年时间才完成，经专家鉴定获“珍品”称号，后获全国工艺美术百花奖金杯奖。他还工画善书，尤长于山水花鸟。

1982 年，张玉明以工整的蝇头小楷撰成《缂丝技法汇编》，总结其三十多年的技法艺诀，有环法、双子母筋法、枯笔法和削梭法等 24 种，并附有缂法小样。民间藏有他的小型缂丝珍品。1987 年 12 月 13 日去世。

徐祥山（1901—1989） 原张花村沈四桥人。幼时父母双亡，少时学艺谋生。1949 年解放前夕，在上海缂制产品，销售海内外。凡向他请教者，他毫无保留加以指点。1972 年，他缂制《玉兰牡丹图》，翌年，被毛泽东主席作为国礼赠送朝鲜金日成主席。另一幅《玉兰牡丹图》当作国宝陈列在东山吴县缂丝总厂，《金地银雉牡丹》落地屏、《贵妃醉酒》、《云龙图》和《芙蓉双雁图》等，均是徐祥山的力作，花草、禽鸟、人物栩栩如生，很见功力。作品被海内外艺术家视为珍宝，畅销港澳台和亚欧美。1975 年，在吴县缂丝总厂任技术指导。1965 年退休后，仍从事缂丝。一生从事缂丝长达 75 年。

顾伟（1917—2016） 原蠡口镇胡巷村（现元和街道胡巷社区）人。国民党抗日少将，曾策划指挥抗战期间的“天马号爆炸案”。中国国民党党员，毕业于苏州晏成中学。1937 年 11 月 19 日苏州沦陷后，顾伟亲见日军暴行，愤而弃笔从戎，参加戴笠的军统特务地下情报组织，被委任为军统局苏州站站长。顾伟以老家胡巷为据点，收容作战受伤的官兵，组织“胡巷游击队”，共有队员 10 余人，活动地点在朱庆华鱼池上，设立电台，搜集、传送情报，参与抗日活动。抗战

顾伟

期间，他曾多次策反伪军，执行对日爆破案，两度入狱，备受酷刑，仍忠贞不贰。

1940 年，汪精卫决定于 11 月 19 日在南京与日本签订“日汪协定”，以承认伪“满洲国”来换取日本正式承认汪精卫的南京伪政府。协议签署前一日，上海敌伪人员乘日军贵宾列车“天马号”，从上海到南京参加签约典礼，以壮声势。军统苏州站侦知情报后，顾伟立即与爆破组组长王仲青当晚在苏州车站实地勘察，埋置炸药。次日“天马号”驶过，两枚地雷引爆，“天马号”被炸翻出轨。车上有日本内阁专使 2 人、大佐 2 人以及大批德、意、日的外交使节、伪政府随员等计 175 人非死即伤，原定当日签署的“日汪协定”典礼被迫取消，这就是当时轰动国际的苏州“天马号”爆炸案。蒋介石在 1940 年 11 月 30 日的日记中写道：“倭伪要人廿九日乘沪宁车赴京道贺，卅日倭汪订约与承认之戏，到苏州附近完全被我爆炸而死者约一百六十人，足寒敌胆，而壮我民族之气矣。”次年春，顾伟奉命参加相关会议时，蒋介石在重庆单独召见远在敌后、年仅 24 岁的他，当面予以嘉勉。

日军与汪伪政府被袭后多方掩盖，禁止媒体报道；时负责与执行爆炸案的是军统苏州站，一切皆秘密进行。此后，日本与南京伪政府多次追查，甚至一度怀疑到顾伟，顾伟为此两次在南京“七十六号”入狱。1941 年，顾伟率忠义救国军部队在苏常公路朱泾村段沿线锯断日军的电话线杆 30 余根。6 月，日伪开始“清乡”，军统直属苏州站迁至上海。顾伟被日军逮捕，后由江苏省伪省长李士群保释出狱。

1942—1945 年，顾伟任国民党军事委员会苏浙行动委员会忠义救国军淞沪区指挥部副总指挥兼淞沪行动总队总队长。1945 年 8 月，任忠义救国军吴、太、昆行动总队队长，率武装部队 300 余人，驻陆墓镇。总队长顾伟利用他的特殊身份，在胡巷设立分队，组织和部署破坏日军的交通、通信设施。

抗战胜利后，顾伟得宋子文赏识，于 1948 年被指派为广州绥靖公署政工处副处长，不久，再兼任华南地区工作委员会秘书长之要职。1949 年随国民党去台湾，后被指派驻香港从事航运工作。2004 年，顾伟随子女定居深圳。2016 年 8 月 19 日在深圳逝世，享年 99 岁。

名人与元和

顾恺之

顾恺之与悟真道院 顾恺之是东晋时期著名的画家，绘画理论家，诗人。他博学多能，工诗善书精丹青。沉浸艺术，孜孜不倦，有“才绝、画绝、痴绝”之称。史称曹不兴、顾恺之、陆探微、张僧繇为“六朝四大家”。相传东晋义熙年间（405—418），吴中大地遭受百年未遇的大旱，领兵路过的参军顾恺之心生恻隐，便以军粮赈济救助饥民，结果被奸佞谗言所害。老百姓得到消息后，用茅草搭建了一座“将军庙”（即老何金庙），以纪念顾恺之。清乾隆皇帝南巡看到“将军庙”后御笔写了“英风千古”的匾额。将军庙后与悟真道院合二为一，道院供奉顾恺之。1986 年，“悟真道院”被列为县级文物保护单位。2009 年，悟真道院修葺翻新。道院以顾恺之传说为文化主题，结合历史沿革和当地老百姓的风俗，建成后成为一处有特色的宗教旅游场所。

史良参加陆墓公社集体劳动 1959 年 3 月 17 日至 4 月 2 日，司法部部长史良在苏州参观学习，其中 3 月 20 日至 30 日，住在陆墓公社五大队（御窑）第七生产队，参加生产队削草皮、打草扇等劳动。

在劳动中，史良和一起劳动的女社员李书宝、沈安珍交谈，了解社员分配、粮食供应标准、家庭人口、孩子是否读书等情况，还详细询问人民公社是什么样的政社合一形式等问题，参观了社办工厂、五大队食堂、托儿园及烧窑副业，并在第七生产队和社员合影。

3 月 31 日，史良自己总结说：“对这次在陆墓公社感到很满意，了解了许多东西。

以前高高在上，情况了解太少了，通过具体了解公社情况对中共八届六中全会文件领会得更深刻了。”“农民干劲很足，生活有了很大提高。他们在劳动时，外面虽然穿衣很破，而里面衣服穿得都很好。”“生活安排很满意。”

史良在陆墓公社劳动期间，生活朴素，每天每餐两菜一汤，所用被褥由苏州市专署交际处带下去，并按时收回苏州洗涤。

纳米科学家杨培东当选美国科学院院士 杨培东，1971年出生于蠡口（今元和街道）。国际著名化学家、材料学家，加州大学伯克利分校化学系终身教授。2003年，被美国《技术评论》杂志列入“世界100位顶尖青年发明家”。2011年，被汤森路透集团依据已发表研究论文的影响因子而确定为“全球顶尖100名化学家”，位居榜单第10位，同时入选同一标准的“顶尖100名材料科学家”榜单首位。因在纳米材料领域里的突出贡献以及杰出的创造力，2012年当选美国人文与科学院院士，2014年入围诺贝尔物理学奖候选人，2015年获得“麦克阿瑟天才奖”，2016年当选美国国家科学院院士，同年，由其牵头的纳米材料研究所暨天际创新中心落户苏州工业园区。

杨培东

张建珍获评江浙沪评弹金榜大赛“女状元” 张建珍，原陆慕镇漾泾村人，1992年毕业于苏州评弹学校。苏州市吴中区评弹团国家一级演员。2008年江浙沪评弹金榜大赛“女状元”。被誉为“是用琵琶和弦子弹出来的关于苏州声音的名片”。2011年，应邀请参与演唱、录制张艺谋导演的电影《金陵十三钗》中的插曲《秦淮景》。2013年获首届江苏文华奖。

张建珍

烧制金砖的砖窑（2019年） 苏州御窑金砖博物馆 提供

大事纪略

大事纪略以重要事件和重要荣誉分设，重要事件按发生在元和地域而对区域历史有较大影响者收录，尤其是前述名特类目无法述及的重要兵事尽力收录，重要荣誉收录所获得省级以上主要荣誉。

唐元和三年（808）李素开元和塘

唐元和三年（808），苏州刺史李素请予浙西观察史韩皋开常熟塘，自苏州齐门至常熟，竣工后改名为元和塘。清代苏州新设元和县和今之新设元和镇（街道），其名均源自元和塘。

明永乐帝赐封御窑

明永乐元年（1403）正月，朱棣接受礼部尚书李至刚建议，决定迁都北平。八月，迁直隶苏州等十府、江浙等九省富民至北京。永乐四年（1406）闰七月，下诏营建北京宫殿城池，时有23万工匠，上百万民夫以及大量的士兵，投入营建北京的巨大工程。到永乐十八年

苏州御窑金砖博物馆展厅（2019年）　相城区地方志办公室　提供

（1420）宫阙告成，前后共 15 年之久。同年十一月，以迁都北京布告天下。永乐十九年（1421）正月正式迁都北京。其间，经苏州香山帮工匠的推荐，陆墓砖窑被工部看中，责成 63 家窑户烧制铺设宫殿的细料方砖，由于质量优良，博得永乐皇帝称赞，赐名窑场为“御窑”。

1860—1863 年太平天国兵事

清咸丰十年（1860），李秀成率太平军东征苏南，苏州地方组织团练抗击太平军不敌，太平军途经黄土桥，与马健庵团练交战，马健庵被杀。太平军攻占陆墓，败退的苏州知府下令纵火，陆墓被焚毁，房屋半椽片瓦无存，砖砾纷坠，元和塘段水路淤塞。相传陆墓的白莲寺和桃园里，曾作太平军“金库”。同治二年（1863）九至十月，湘军将领程学启攻占蠡口，后又攻占黄埭、浒墅关，太平军被击败，兵营数十座被毁。

1865 年设“光裕社义冢”

清同治四年（1865）闰五月，评弹艺人许殿华、姚士章和马如飞呈请苏州府在陆墓麦场郎建义冢，凡所属评弹艺人去世后无墓地者，可寄存或安葬于此。义冢墓址地有房屋多间，供存放棺材。评弹艺人马如飞、黄兆麟、许继祥、夏荷生等人卒后都安葬在此。清代和民国时期，凡评弹界艺人到陆墓献艺，必先去麦场郎凭吊卒葬的艺人，然后在此开档说书。1946 年，评弹响档“描王”夏荷生病逝于上海，也葬于“光裕社义冢”，成为最后一位安葬者。1956 年，因在此建陆墓中学义冢被废。

1925 年直奉军阀混战

1925 年，直奉军阀混战，属于直系的江苏督军齐燮元战败。奉军张宗昌部从津浦线南下，直逼南京，同时奉军毕庶澄部在江阴渡江，齐燮元败兵退向上海。1 月 27 日，奉军占据苏州。奉军第一军军长张宗昌率所部 1500 余人到苏，总指挥部设于奉直会馆（今苏州博物馆内）。齐燮元溃兵麇集城乡，苏州郊区的陆墓、蠡口等乡镇惨遭齐军洗劫。

1939 年“江抗”部队千人破路

紧傍元和塘伸展的苏常公路，全长 43 千米，是南北重要通道。抗战初期，驻苏州侵华日军利用该线，频繁地运送兵员以及军用物资，同时下乡“清剿”抗日力量，严密控制和监视该地区人民的抗日斗争，妄图扑灭抗日烽火。这条公路运输线在他们的心目中无疑是条“生命线”。

1939 年 5 月上旬，江南抗日义勇军（简称“江抗”）部队到无锡梅村后，决定继续东进，打到上海近郊，以振奋沦陷区人民的抗日情绪。为使部队能顺利地前进，防止敌伪阻击，“江抗”总指挥部和东路特委派特委组织部长张英发动群众，开展破坏苏常公路的工作。张英到地处苏常公路中段的渭泾塘，在塘河西岸的贤圣乡沈巷村落脚。6 月 1 日晚上，发动贤圣、倪汇、永昌等乡青壮年千余人，携带 10 箱火油、几十条棉胎，扛着锄头、铁铲、洋镐、箩筐等工具，摇船过塘河去破坏苏常公路。捣毁路面 10 余千米，烧毁包括蠡口境内的桥梁 7 座，渭泾塘南北的苏常公路上火光冲天。蠡口伪军发现后，向苏州方面告急。驻苏州日军随即出动汽车、摩托车，携带小钢炮、轻重机枪开赴出事现场，却遭到“江抗”部队一个连的阻击。千余群众破路工作飞快进行，直到任务完成后安全撤走。此次破路行动，使得渭泾塘南北 10 余千米公路陷于瘫痪，日军无法行车。“江抗”部队随即从梅村出发，经冶长泾到渭泾塘后，从容乘坐成千只小船（当时戏称为海军），进入阳澄湖，过昆山、青浦，一直打到虹桥飞机场，震动了大上海。

1937—1943 年日军罪行录

1937 年 11 月 19 日，苏州城被日军占领，日本兵在城中烧杀奸抢，从齐门通往陆墓的河荡中飘满尸体。当时市民纷纷出城避难，11 月 21 日，日军在齐门外陆墓洋泾角村设下关卡，枪杀 145 名村民及过路群众，制造了“洋泾角惨案”。

1941 年日伪清乡，从齐门开始经陆墓下塘西部，直至常熟，日军驱使民工扎竹篱笆隔断，其西为清乡区，再下塘牛场头设竹篱门和瞭望台，在下塘中桥南堍设“小检问所”。是年，顾伟率“忠义救国军”在苏常公路朱泾村段沿线锯断日军的电话线杆 30 余根。日军迁怒于当地群众，放火烧毁老卜浦整个村，烧毁老百姓房屋 130 多间。

1942 年，日军组织大规模的“清乡”活动。对下塘岸的篱笆墙，日军除巡逻以外，还分段叫人看管，发现有人钻竹篱笆即行阻止并向检问所汇报情况。是年夏，日军巡逻队发现普济桥堍附近篱笆有松动迹象，即把绰号为“老地方”的看管人员抓进检问所，并关照他老婆，只要其抓到钻篱笆的人就可换回老伴。村妇不知是计，整天守候在篱笆旁，果然发现朱家豆腐店徐师傅下班回家钻篱笆，即向日军报告。日军以此为证据，当晚便将“老地方”、徐师傅等 7 人一起活埋。

1942 年某天，蠡口来了一个要饭的小伙子，日军发现后即怀疑其是游击队员，抓至检问所关押 3 天后，将其枪杀在打线场（现蠡口人民医院院区）的荒坟上。是年，日军曾强奸蠡东村和北街妇女等多人。

1943 年，日军将抓到的无人担保的无辜百姓近十人枪杀。

1941 年王家庄战斗

1941 年 4 月 21 日，国民党杨忠部队分三路袭击中共漕东区区署和区常备队驻地北桥王家庄。中共漕东区委书记洛斐率领张荃、张英、王震、李怡祥、吴永和等 10 多人抵抗，队长罗毅带领龙阿四等人突围。交战 1 小时，数名队员牺牲，洛斐、周云祥、江影等 16 人被捕。新四军主力部队派 54 团 2 营 1 个连营救。杨忠部队向徐庄逃窜，途中杀害洛斐和江影。新四军于翌日黎明前追至徐庄，救出其余被捕人员。

1956 年陆墓建苏南第一个拖拉机站

1956 年 6 月，陆墓设立苏州地区第一个农业拖拉机耕作站，配备 5 台中型拖拉机和 7 台机引农具，为陆墓、唯亭等地农业生产合作社代耕农田 314.8 公顷（4722 亩）。

2002 年陆慕、蠡口两镇合并

2002 年 2 月 22 日，苏州市相城区委、区政府组织召开陆慕、蠡口两镇干部大会，宣布原陆慕、蠡口两镇合并，设立元和镇，28 日，区委、区政府在原蠡口镇政府机关举行元和镇成立揭牌仪式。

2012 年元和文化创意产业园开园

2012 年 11 月 24 日，位于元和街道的苏州元和文化创意产业园开门迎客，37 家家居企业和创意机构入驻，与文创园内的中央美术学院城市设计学院教学实习基地联合打造相城区家居产业的“孵化器”。按照规划定位，文创园未来将建成以家居产业为核心的艺术工作室及文化创意企业集聚地，成为华东地区最大的文化产业创意、设计、研发、培训和交易基地。

2012 年苏州婚纱婚庆文化节

2012 年 12 月至 2013 年 1 月 6 日，首届苏州婚纱婚庆文化节在相城区的苏州（中国）婚纱城举行，开幕式上，举行了婚纱礼服秀、“半个世纪的爱”摄影展揭幕以及“大摄汇”婚纱摄影基地入驻签约仪式。婚庆文化节期间，推出婚纱周、摄影周、婚庆周三大“周”活动，吸引港澳台地区近千家婚纱婚庆文化机构参与。活动借助苏州雄厚的婚纱婚庆产业基础以及苏州（中国）婚纱城的专业平台集中展示国际、国内时尚前沿的婚纱婚庆文化理念，把最新最美的婚纱婚庆产品带给广大消费者。苏州婚纱婚庆文化节成为元和婚纱婚庆产业发展的一个新起点。

2016 年首届孙武公祭大典

2016 年 5 月 12 日，孙武纪念园开园，近千人规模的孙武后裔、“一带一路”沿线国家和国内知名孙武研究学者齐聚苏州相城，举办首届孙武公祭大典。5 月 12 日孙武将《孙子兵法》献呈吴王这一天定为孙武公祭日。此后每年 5 月 12 日举行孙武公祭。

2018 年故宫官式古建筑材料基地授牌苏州御窑金砖厂

2018 年 2 月 1 日，文化部党组成员、故宫博物院院长单霁翔授予苏州御窑金砖厂“故宫官式古建筑材料基地”铭牌，御窑金砖将承担起故宫古建筑材料供应这一重任。此次授牌是纪念故宫肇建六百周年并“将紫禁城交给下一个六百年”的重要工程项目之一。

此前，故宫博物院曾邀请全国古建筑专家对苏州御窑金砖厂进行多次考察论证，确认其技艺传承完整有序、具有唯一性，所产金砖符合故宫对古建筑修缮材料的要求。单霁翔也曾在相城体验了金砖的制作工艺。

2018年2月1日，故宫博物院院长单霁翔（左）向御窑金砖厂授予“故宫官式古建筑材料基地”铭牌 御窑金砖博物馆 提供

单霁翔在授牌仪式上表示，确定苏州陆慕御窑金砖厂作为材料基地，将继续与该厂及其非物质文化遗产传承人一起，联合研究濒临失传的传统材料制作工艺，一起促进传统古建材料生产技艺的传承和推广。同时，材料基地也将承担起生产符合故宫官式古建筑修缮的优质材料的职能。

2019 年相城高新区和元和街道合署

2016 年 5 月，经江苏省政府批复，相城高新区开始筹建，总面积 60.29 平方千米，区域涉及元和街道、黄埭镇、高铁新城、黄桥街道、太平街道、渭塘镇；2017 年，为对接苏州市 2035 年总体规划编制，相城区规划设立元和高新区等五大功能片区。2018 年，元和街道调整规划，确定元和高新区片区区域面积 62.5 平方千米。升级编制《元和高

2020年5月20日，相城高新区和元和街道合署挂牌 相城区地方志办公室 提供

新区片区发展战略规划》，构建“一核一带五区”城市空间布局。调整、优化中心城区、平门塘研发组团等重点地块和元和塘沿线城市设计、活力岛核心区方案。

2019 年 12 月，正式设立江苏省相城高新技术产业开发区党工委管委会，明确相城高新区和元和街道合署办公。相城高新区围绕相城区委、区政府“三超一高”总目标，制定“11568”发展战略，即创建一个国家级高新区为统领，到 2024 年，高新技术企业超 100 家，规模以上企业超 500 家，一般公共预算收入突破 60 亿元，税收百万以上企业超 800 家。同时，相城高新区明确“4+1”产业定位，将重点发展科技金融、数字文创、数字研发、智慧健康和服务贸易、跨境电商等产业，相城高新区综合排名进入全省前 30 名。

相城高新区将着力构建“一核一带五区”城市发展新格局，“一核”即陆慕中央商务核心区，打造城市商务活力中心；“一带”是元和塘科技文化创意带，着手申办国家级文化产业示范园区；“五区”中的蠡口智能家居社区，转型智能生活领域；平门塘产城融合社区，主打人工智能、数字经济；虎丘湿地公园品质生活社区，倡导生态绿色宜居；黄桥智能科技研发社区，布局智能科技、大数据、工业互联网、先进材料等新兴产业；澄阳智慧产业研发社区，打造科技研发总部经济加速器。

附录

重要荣誉

2006 年 5 月，御窑金砖制作技艺入选第一批国家级非物质文化遗产名录。

2006 年 5 月，苏州缂丝织造技艺入选第一批国家级非物质文化遗产名录。

2009 年，元和街道被评为全国和谐社区建设示范街道。

2017 年 12 月，苏州首家“全国传统工艺技术创新示范基地”落户元和。中国科学院中国传统文化和传统工艺发展工程工作委员会、中国标准化协会传统工艺技术委员会授予相城手艺江南炉文化工坊“全国传统工艺技术创新示范基地”的称号。

2016 年，元和街道被中国成人教育协会社区教育专业委员会授予 2015 年“全国社区教育示范街”的称号。

2017 年，元和街道被评为“第一批省级创业型街道”。

2017 年，元和街道获评“江苏省农家书屋提升工程试点工作先进乡镇（街道）”。

2017 年，元和街道社区卫生服务中心获评全国示范社区卫生服务中心。

2018 年，元和街道与苏州市公共文化中心合作创作、编排的舞蹈《千丝一缂》获江苏省第六届社会舞蹈大赛暨第八届少儿舞蹈比赛社会组创作二等奖、表演二等奖。

2019 年，元和街道获评“江苏省生态文明建设示范街道”。

2020 年 6 月，相城高新区（元和街道）被省授予“数字研发与应用众创社区”称号。

2020 年 9 月，相城高新区（元和街道）被授予“第四批江苏省科技服务业特色基地（研发服务）”称号。

2020 年 11 月，相城高新区（元和街道）被授予“江苏省区块链产业产学研协同创新基地”称号。

打造终身教育的品牌——全国社区教育的元和样本

元和街道，位于国家历史文化名城苏州古城区北，相城区政府所在地，是名副其实的苏州北大门。全街道辖区面积45.42平方千米，下辖28个社区，常住人口23万人，流动人口14万人。元和人文历史厚重、区位优势明显，御窑金砖、元和缂丝等非物质文化技艺驰名中外，沪宁高速、苏嘉杭高速贯穿境内，京沪高铁，沪宁城际，轻轨2号线、4号线穿城而过，拥有中国蠡口家具城、苏州市相城国际汽车城、中国婚纱城等专业市场。2001年后随着城市化进程的快速推进，元和街道社会事业不断发展。社区建设凸显亮点，社会工作网格推进。到2015年年底，全街道共划分一级网格34个、二级网格190个、三级网格753个，初步构建了社会管理与服务的工作网络。街道发展动力持续增强，项目建设快速推进，实事工程顺利完成并交付使用，为街道社区教育打好坚实的基础。多年来，元和街道非常注重学习型社会和学习型组织建设，以理论建设为先导，以知识传播为关键，以技能培养为重点，以人的发展为目标，构建以街道机关、各社区单位、家庭个人为主体的“三位一体”发展格局，把学习之风吹向社会各个层面，通过宣传终身学习理念，整合学习资源，搭建学习平台，创建学习型组织，全力打造学习型元和，以学习求创新、谋发展、得实效，形成良好的学习型社会建设格局，推进各项事业发展。街道先后获得“江苏省首批省级乡镇（街道）社区教育中心”“江苏省社区教育示范乡镇（街道）”“首批苏州市现代化乡镇（街道）老年大学”“苏州市学习型乡镇（街道）”等荣誉称号。2016年年初，元和街道被中国成人教育协会社区教育专业委员会授予2015年全国社区教育示范街道。

（一）切实加大平台建设，形成社区教育载体机制

1. 夯实社区学校。元和街道的城区中心位置，决定了元和社区教育的重点和主力在社区学校。

提升社区教育基础能力。适度超前规划，合理整合社会资源。新建了陆慕社区服务中心，元和文体中心正式搬迁新址。各涉农社区全部建立市民学校和市民综合活动中心，各市镇社区全部建立市民活动场所。

提升社区教育服务能力。建有社区教育专职管理人员队伍、专兼职教师队伍和社区志愿者队伍。全面实施“一居一大学生”工程。28个基层社区（居委会）建有“一站式”服务大厅，设立社区教育服务类目300余个。

提升社区教育培训能力。社区教育中心被苏州市总工会授予“苏州市就业创业培训基地”，被相城区财政局定为会计人员《继续教育》和《会计从业资格》上岗培训学校，被相城区人力资源和社会保障局授予“职业技能培训基地”称号，被相城区农发局确定为省“致富工程”培训点。街道多个社区被评为苏州市充分就业示范社区。

提升社区教育便民能力。（1）建设健康社区，全街道45周岁以上居民全部体检，建立健康档案。开展常见病、多发病的诊疗。开展健康教育，指导社区居民纠正不良行为，促使居民自觉养成有益于健康的行为和生活方式。（2）建设文明社区，广泛开展社区居民文娱活动，建立了社区腰鼓队、拳操队、晨练队、舞龙队等文娱团体30余个，每年开展大型群众性文体活动、广场文艺演出10余次。（3）建设平安社区，深入开展居民安全教育和普法宣传活动，营造和谐稳定的居住生活环境。健全社区矛盾纠纷调解机制，均设立调解室，配有专职调解员，基层调解成功率95%以上。社区矫正、社区禁毒、刑释解教人员帮教机制健全，黄赌毒等社会丑恶现象得到有效控制。

2. 整合社会资源。街道在做大做强社区学校的同时，积极探索社会资源整合利用的有效途径。先后发展各类企事业单位、工作社、专业机构等几十家，涉及居民生活生产的多个方面，有效扩大了社区教育的覆盖面，也使社区教育的功能性、服务性更加突出，更加惠利于民。（1）制定街道社区教育资源共享制度，合理整合街道内自有资源。同时积极向上争取，一批区级教育资源逐步纳入街道社区教育中。（2）分类管理。按照街道各社区教育资源、街道国民教育资源、街道及区级企事业单位教育资源、街道及区级人文类、科技类专属教育资源等不同属性进行分类管理，实行专人对接。定期开展教育活动，群众参与率高，社会效益明显。（3）注重实效，分类实施。按照居民年龄、性别、文化、兴趣、能力等方面的差异，在开展活动，选择单位时有所侧重。主题先行，针对性较强，既面上推广全员参与，又个别指导，突出成绩、展示成果。（4）拓展合作渠道。社区教育在夯实基础，努力促进全员参与的同时，还和专业单位、机构合作办学，提供技术类、技能类、知识类课程，先后举办本科、专科学历教育，会计从业资格、会计职称、电气电工、建筑工程等职业培训，工会理论知识、妇女干部网络知识、养殖专业知识、岗位安全知识等岗位培训，取得较好反响。通过资源整合，拓展了教育空间，扩大了受众面，提高了教育效率，使居民对社区教育更加了解、更加信任，更愿意主动参与，并在教育中得到收获。

（二）切实加深学习建设，形成社区教育全民机制

元和街道在社区教育中强调“终身学习”“全民学习”“过程学习”。

1. 明确学习内容。一是组织党员干部、职工学习政治、把握形势，使全体参学者进一步解放思想、提高认识、与时俱进，进一步审视自我、坚定三观、造福为民，不断提高政策理论水平和思想政治素质。二是学习法律、依法而为。组织干部、职工学法懂法用法护法，增强法制观念和法制意识，提高干部队伍依法办事、依法行政、依法管理的水平。三是学习知识、掌握技能。构建学习平台、整合学习资源，注重学历教育、技能培训、岗位辅导，为街道失业人员、外来务工者、初次就业者等提供学习机会，四是培养兴趣，娱乐生活。努力创造条件，支持群众性活动开展，形成一批文体团队，培养一批文艺骨干，使群众有所为、有所乐、有所依。

2. 提高学习覆盖。进一步巩固基础教育。2015 年年底，元和拥有街道辖管幼儿园 3 所、小学 3 所、中学 2 所，在建幼儿园和小学各 1 所。中小学体系完备、教育质量上乘，九年制义务教育 100%。各校在认真完成既定教育目标的基础上，开发和较好利用了一批校外学习基地、活动场所、教育资源，开展爱国教育和社会实践活动，建立了多支教师和学生志愿团队、服务团队，不断提高服务社会、关爱他人的能力和水平。同时大力开展爱我社区主题活动，积极参与小区建设、社区活动，不断提高青少年的社会实践能力，形成我爱我家、我爱小区、共创美好生活的信念。2015 年年底，元和在校生参加校外教育活动率达 92.67%。

切实加强成人教育培训。一是注重学历教育，先后开办和协办了多期学历教育，为元和发展提供了支持。二是注重技能培训，元和街道已拥有培训资质的机构十余家，每年开办会计从业资格、家政服务、特种车辆驾驶、职称考试等多种培训，为就业再就业、岗位技能提升等提供技术保障。三是注重失地农民培训，充分用好区政府有关政策，大力宣传和推进失地农民职业和技能培训，提供岗位信息和服务。四是注重老年大学教育。街道形成了以街道老年大学为主体、社区老年大学为补充的格局，先后开办各类课程 20 余个，老年人参与率达到 41.2%。2013 年，元和通过了苏州市级老年大学创建。

广泛开展社区教育。随着元和城市化进程的加快，要切实完成从农民到市民的转变，不仅需要一定的就业技能，更需要全民素养的提升和文明程度的提高，这就需要政府想方设法利用社区平台为全民提供更多更优质的教育资源，开展更好更便民的服务，使街道居民不仅仅从身份上，更从观念上、习惯上、作风上逐步实现市民化。至 2015 年年底，街道拥有市民学校 34 个，每年开展各类市民广场活动、文体活动 500 多场，做到天天有群众性自发活动，月月有组织性文体活动。

3. 落实学习措施。一是注重学习的实效性。把最新鲜的知识、理念、思想等通过教育呈现出来，充分利用好信息流，使干部群众学习活起来、动起来。重视知识的发展和更新，重视信息时效性、科学性、综合性，广泛学、深入学，联系实际指导好工作，提升生活质量。二是注重学习的有效性。注重学习的互动和交流，关注学习的全局性和阶段性，把学习纳入工作和生活中。组织了一批新颖的、群众性强的活动，如社区广场文艺活动等。利用歌舞、小品、书法、摄影等形式，激发干部群众的学习、创作、参与热情，创造良好氛围，活跃居民生活。通过“请进来、走出去”的方式，把老师、专家、教授请进来，给广大群众带来新的学习体验。同时把一批好的地方典型推出去，进行交流学习，不断提高元和社区教育的知名度。

4. 发展学习组织。一是学习型党组织建设，用理论武装、用知识充实、用实践证明、用奉献明志。进一步健全学习型党组织建设的学习机制，丰富学习载体，严格学习考核，保证学习的长效性。二是学习型机关建设，以提高机关干部综合素质和依法行政为目标，以建设高效、廉洁、服务型机关为指向，加强思想道德建设，学精业务知识，切实提高行政效能。三是学习型社区建设，重点是社区两委班子，加强团队协作和民主决策教育学习，加强对依法办事的认识，增强大局观，切实服务好居民，服务好街道发展。四是学习型企业建设，通过“争创学习型班组、争做学习型职工”等活动，培养职工良好的职业道德，严格职业操守，不断更新知识储备，具备一定的创新素质。五是学习型家庭建设，注重家庭成员的归属感、血缘性教育，尊重和爱护家庭成员，倡导和睦的人际关系。同时通过“两学两提高”等活动，即“学一门知识，提高家庭成员综合素养；学一门技能，提高家庭成员的社会竞争力”，切实增强家庭成员和谐邻里、融入社会的能力和信心。

（三）切实加力特色建设，形成社区教育品牌机制

元和的社区教育示范建设，在做强领导干部、党员职工、居民群众的教育、学习、文娱基础上，更加注重对历史文化和优良传统的继承和发扬，开发出了一系列有地方特色的教育学习课程，加快乡土特色教育普及。

1. 深挖乡土历史。元和有 2500 年的文明史，人文荟萃，文化底蕴丰厚，留下了不少范蠡、孙武、苏秦、顾恺之、陆贽、文徵明等历史文化名人的遗迹和传说故事。这里还是中国缂丝工艺的传承地。

元和，得名于唐元和三年。据《苏州府志》记载："元和三年，苏州刺史李素请于浙西观察使韩皋开常熟塘。自州齐门北抵常熟，长九十里，因名元和塘，后讹名云河。"

近年，元和街道先后编撰发行《陆墓镇志》《蠡口镇志》，2015 年开始酝酿编纂《中国名镇志·元和街道志》，对元和境内的历史人物、历史典故、历史遗迹、文化传统、风俗习俗等进行深挖和研究，建立了教育学习资源库和学习基地，形成了保护和利用的基本共识。街道加强了对文徵明墓、陆慕老街、历史古桥等的修缮性保护。区、街道两级重点挖掘孙武文化，投巨资建设孙武文化园，使之成为孙武文化研究的又一重要基地。

2. 深耕传统文化。传统工艺传承教育。元和是传统文化的重要集聚地，是相城重要的传统文化展示区。2015 年年底，街道拥有国家级文化传承项目御窑金砖、缂丝和陆慕蟋蟀盆。开发建设了御窑金砖博物馆（在建）、巧生炉博物馆、中平澄泥堂、缂丝工作室、御窑社区传统文化展示馆等。这些传统文化资源，成为元和各界接受传统文化教育的重要基地。

3. 深化产业传承。文化需要传承，需要专业支撑，文化服务于产业发展。街道依托蠡口街道把明清家具制作技艺打造成文化传承项目，在街道及全区遴选一批代表性、典型性的企业、个人予以大力支持、扶持。在继承传统，弘扬传统的基础上，不断创新发展，使明清家具制作取得较大突破，其规模、产值位居全国前列，取得非常好的经济和社会效益。

根据元和街道社区教育"项目·活动"2017—2020 年三年行动方案，2017 年开始，街道从 7 所已获省级标准化居民学校中选择 1 所学校和将申报的省级标准化居民学校的 5 所学校实施社区教育项目活动推进试点，推进单位为 6 个，试点面为街道社区的 20% 左右。2018 年预计推进单位为 16 ~ 18 个，推进面占街道社区的 60% 左右。2019 年全街道全面推进。

转型发展前的苏州（中国）婚纱城

2011 年 10 月，苏州（中国）婚纱城（简称婚纱城）开业。苏州市政府倾力打造的一站式婚庆采购商城，多元化业态配置、锁链式资源整合、商业化整体运作，成为婚纱城独有的特色和亮点。2012 年起，依据苏州市打造“情调苏州·爱的天堂——婚礼目的地”行动计划，苏州（中国）婚纱城所在的相城区整合得天独厚的自然、生态、人文等各种资源，推动婚庆产业与历史文化、商业旅游融合发展，打造涵盖婚纱礼服、婚庆礼仪、婚宴服务、婚纱摄影、实景道具、彩妆珠宝等完整的婚庆文化创意产业链，在“美丽产业”的不断提升中，谱写“情调苏州”新篇章。2014 年后，相城区以苏州（中国）婚纱城、O2O“婚礼购”网站、苏州“小外滩”休闲景观带“三驾马车”，打造婚礼目的地，引领“美丽产业”华丽升级。2017 年后，婚纱城转型发展。

婚纱城建设 改革开放后，经济的发展使百姓生活质量大幅提高。爱美追求时髦的姑娘在自己大喜之日穿上了婚纱礼服。20 世纪 90 年代新人结婚穿戴的婚纱以租借为主。进入 21 世纪，社会发展，市场繁荣，人们的着装意识发生了很大的变化，从长期以来注重价格和款式变化为更注重品牌，部分新人购买现货婚纱甚至选款式定制和专门设计定制，还体现在消费者更注重婚纱的款式、面料、做工和品牌等消费细节。婚纱档次、质量在缎料与亮片和烫钻上就有明显区别，高档品牌的婚纱有自己的设计团队、拥有自主知识产权，还有加工厂家，可以根据顾客的身材和要求或改大改小，或私人定制。以新娘装为例，单一的婚纱装已经发展到由欧式婚纱装、新娘礼服和中式新娘装组成的三件套系列装，以备婚礼过程中进行换装。不仅如此，新娘婚纱装还延伸到立体服饰，包括头纱、胸花、包袋、新娘鞋等。婚纱礼服还延伸到新郎服、伴娘服（小礼服）、伴郎服、花童服、婚礼宾客服、蜜月装等。有些准新人在置备自己的婚纱礼服时，还一并选配伴娘、伴郎和花童在婚礼上穿着的礼服。婚纱的品牌档次成为新人身份和品位的标志。

小外滩婚纱摄影（2019年） 相城区地方志办公室 提供

元和街道为相城中心区域，人文环境优越，地理位置绝佳，境内及周边婚庆文化的元素到处可见：苏州中国花卉植物园、荷塘月色湿地公园、莲花岛等 15 个自然生态景点，是婚纱摄影的绝佳场所；150 亿元级的江苏蠡口国际家具城领跑全国家具行业，提供多样的婚庆家具；“中国淡水珍珠之乡”渭塘镇的珍珠宝石城，私人定制各种婚庆珠宝；国内知名的“今生有约”婚纱摄影基地在相城生态园开门迎客，日接待新人近百对；苏州婚礼中心集婚礼策划、婚礼婚宴举办等婚庆配套服务于一体。还有京沪高铁、沪宁城际铁路、京沪高速、苏嘉杭高速、苏州绕城高速等城市骨干路网覆盖全区，轨道交通 2 号、4 号线无缝对接苏州古城。

2010年5月，苏州（中国）婚纱城（简称婚纱城）动工建设，该项目由苏州市元联置业有限公司投资，总投资为2.5亿元，建筑面积达7.3万平方米，于2011年5月竣工，10月30日婚纱城开业。一期建设的市场一至四楼商铺可容纳商户近500户，汇聚了百余家一线品牌，囊括婚纱礼服、摄影器材、喜宴、家居、珠宝、彩妆等相关产业，将购物休闲、形象展示、情景体验、专卖店、旗舰店、主力店等多种商业职能融为一体。其中一楼主营摄影器材、彩妆系列、相册相框、珠宝饰品、数码产品区；二楼主营婚纱礼服、男士礼服、旗袍古装、结婚百货、影楼用品区；三楼主营婚庆用品、婚庆公司、化妆用品区；四楼则是摄影讲堂、化妆讲堂、相册和相片后期制作、多功能展示活动区等。婚纱城致力于打造集业态主体、形象主题、精品主题、专业主题以及服务主题高度统一的商业模式，创造独一无二的婚纱主题广场。同时还配置了较为全面的辅助功能设施，及大型停车场。2011年10月30日婚纱城开业庆典，这是国内第一个集婚庆相关产业于一体的一站式婚庆博览中心，列入苏州市政府“十二五”规划的重点项目。在政府主导、商场运营的运作模式下，广纳国际知名品牌同台亮相，囊括婚纱礼服、摄影、喜宴、家居、珠宝等相关产业，还填补了苏州摄影器材和婚纱产业相关培训方面的欠缺。经营范围涵盖了婚庆服装、婚礼用品、婚宴系列服务、婚纱摄影、摄影器材、家居、珠宝以及相关个性化配套服务，并形成婚庆彩妆一条街。

产业载体 2014年，婚纱城作为婚庆文化产业的航母级企业，有300多家国内外商户入驻，产业载体功能正在不断做大做强。有引进的大型婚庆综合体“韩国婚庆名品汇”、有全球拥有1000余家专卖店的高端品牌婚纱“ENZOANI”（该品牌是国内的第一家旗舰店）、有台湾“蔡美月”著名婚纱品牌（该店是在大陆唯一大型体验店）以及法国兰斐等著名婚纱品牌等。“大摄汇”已成为华东地区规模最大、最具人气的室内实景影棚，年均拍摄新人数量多达10万对。近年，电子商务的兴起对实体店有冲击，为实现对实体店铺的有效导流，婚纱城采取“远电商，近导流”的“双轨制”发展模式。江浙沪九大周边城市的客户，通过互联网导入婚纱城的实体店；对于距离较远的客户，实现在线销售。婚纱城采用线上揽客线下服务的O2O电子商务模式，推出全国首家婚纱礼服婚庆行业综合性购物网站——“婚礼购”，以永不打烊、24小时在线顾问、私人定制等为特色，提供一站式购物服务。2014年5月16日平台上线后，每天访问数量5000人次左右。“婚礼购”加推中国移动终端电商服务和二维码扫描购O2O电商方面的开发，逐步推动婚纱城的婚纱礼服产品走出去，全力打造相城电子商务领域的领军企业。同时，苏州“小外滩”景观带被打造成世界小姐模特培训机构、温馨情侣酒店、个性婚礼会所、摄影娱乐中心等汇聚的特色商业街区。“小外滩”已与百余家知名影楼签约，日接待 80 ～ 150 对新人，影响力辐射整个长三角。

苏州婚纱婚庆文化节 2012 年 12 月 22 日，举办首届苏州婚纱婚庆文化节，北京、上海、广州、武汉、成都、台湾和东南亚、欧洲等地的婚庆企业、婚庆品牌、专业市场纷纷加盟，法国凯旋、云裳嫁衣、国色天香等品牌亦入驻婚纱城。

2014 年 8 月，“创享中国 · 情调苏州”2014 中国人像摄影节暨苏州（相城）婚纱婚庆文化节以及“诗画苏州 · 美丽乡村”活动的举办，为相城“美丽产业”再次注入了新的活力。2014 年的婚纱婚庆文化节以创意策划为突破点，更注重文化内涵的表达。再度启程的“我圆爸妈婚纱梦”品牌公益活动，重点关爱年轻时很少关心自己的劳模夫妻，通过在苏州全市发布消息，由子女为父母报名，邀约到了 50 对结婚 30 年以上的劳模夫妻参与，并由苏州（中国）婚纱城“大摄汇”摄影基地为他们拍摄婚纱照；“百对新人集体婚礼”的对象是 100 对来苏州工作的外地适婚情侣，通过举办集体婚礼，让他们亲身感受“情牵苏州 · 筑爱相城”；“爱要说出来 · 七夕相亲会”当天吸引了 800 多名单身男女，在“8 分钟约会”中认识并了解对方；而“致敬国际大师 · 世界婚纱设计交流展”，展出了数十个国内外一线婚纱品牌的数百幅原创婚纱图片，成为一次国际性的原创设计盛宴。紧接婚纱婚庆文化节，相城区策划开展了“婚礼设计大赛、十一婚购节”的重磅促销活动，将苏州百家婚庆公司及数十家与婚庆产业链的相关业态进行整合营销，通过买婚纱、拍婚照、游苏州、吃螃蟹、送免单等多种促销形式，进一步提升“我穿婚纱 · 游相城”品牌的知名度和影响力。节庆活动展现出了对提升产业品牌的张力，截至 2014 年 8 月份，婚纱城销售额突破了 2000 万元，个人采购占比达到 71%，全场近 300 个商户全部有开单，合计开单笔数达到了 4876 单。客流量 18655 人次，车流量 9052 辆次。婚纱城整体出租率同比提升 10%。2014 年国庆 7 天“黄金周”期间，客流量突破 10000 人次。

2015 年 8 月 16 日至 30 日，第四届苏州（相城）婚纱婚庆文化节暨国际旗袍艺术展在婚纱城举行，延续节庆品牌传统的同时交汇“中国风”和“韩流”将成为本次婚纱婚庆文化节的最大亮点。活动邀约 50 对江苏省范围内的“好夫妻、好公婆”，由“大摄汇”摄影基地为他们免费拍摄婚纱照。江南旗袍会携手中国旗袍会江苏总会邀请国内外百余家旗袍相关企业，到苏州（中国）婚纱城旗袍馆开展旗袍产业交易会，主要产品有旗袍、刺绣、宋锦、珠宝、配饰等，同时还将举办江南旗袍模特大赛。为实现纯正的韩式婚纱摄影，苏州（中国）婚纱城打造的韩国馆于婚纱婚庆文化节开幕当天正式开馆迎客。韩国馆内入驻近40家韩国结婚产业的优秀企业，形成韩式美发沙龙、化妆品、食品、餐饮、咖啡厅、珠宝、旅游、时装等集韩国结婚产品为一体的韩国体验、购物馆。馆内不仅展示、销售韩国优秀的结婚相关产品，还注重“体验交易”模式，让中国顾客不出国门、不用代购也能买到韩国正品、体验韩国风情。婚庆文化节除中国新娘大赛外，还推出“全球婚纱展销会”和“韩国婚庆产品展销会”等各种优惠让利消费者活动。

主要参考文献

〔唐〕陆广微撰:《吴地记》，江苏古籍出版社，1986 年。

〔宋〕王象之原著，李勇先校点:《舆地纪胜》，四川大学出版社，2005 年。

李楚石:《齐溪小志》，民国 15 年铅印本。

陆慕镇志编纂委员会编:《陆慕镇志》，苏州大学出版社，2005 年。

蠡口镇志编纂委员会编:《蠡口镇志》，苏州大学出版社，2006 年。

苏州市相城区地方志编纂委员会编:《相城区志》，江苏人民出版社，2014 年。

苏州市相城区地方志编纂委员会编:《相城年鉴》。

周震麟、金瑾:《御窑金砖》，江苏凤凰教育出版社，2016 年。

苏州历史博物馆、江苏师范学院历史系、南京大学明清史研究室合编:《明清苏州工商业碑刻集》，江苏人民出版社，1981 年。

紫都、鄢爱华编著:《吴门画派——文徵明》(上下册)，中央编译出版社，2004 年。

虞伟主编:《相城十绝——苏州市相城区民艺》，苏州相城区委宣传部 2011 年内部编印。

张春法:《春晓纪实》，内部印刷本。

相城区孙武研究会编:《世界兵圣杂志》。

编后记

2016 年，在苏州市地方志办公室的指导下，元和街道开展“中国名镇志文化工程”的申报工作。考虑到专业人才缺乏，街道办事处决定引进专家修志模式，由新志坊南京文化公司组织跨地区的地方志专家项目组，街道配备专职资料统筹人员，在专家指导下搜集基础资料，专家项目组负责编纂。

2016 年 9 月，项目组形成《元和街道志编纂培训手册》，拟出初步篇目，派出专家进行资料收集培训，并联合苏州市、相城区以及元和街道有关人员对篇目进行了讨论和细化。项目组根据《中国名镇志文化工程》的要求，以街道前身的两个乡镇编纂的《陆慕镇志》《蠡口镇志》为地情资料基础，初步拟出的纲目设元和概况、苏城北门、蠡口国际家具城、经济产业、元和“非遗”、文物胜迹、风土民情、名人与名镇、艺文、大事纪略、掌故札记 11 章，基本资料下限 2015 年。

在项目实施过程中，由于元和街道采集的资料局限于街道自身管理权限范围，超出街道办事处管理范围的部分篇章的资料收集十分困难，致使原先纲目草案中的部分章迟迟无法成稿。至 2018 年 3 月，项目组成员经过分纂形成初稿。4 月，第一次排版初稿。5 月，项目组与元和街道就初稿进行了沟通，认为该稿地域范围记述不清，驻街道相关内容缺载严重；内容过分依赖原《陆慕镇志》《蠡口镇志》的旧资料，下限不到位，资料陈旧，对元和街道成立后新的发展变化反映严重不足，内容缺乏更新；城市化的特点未能体现，地图和图片均不到位；特色和亮点没有反映 2015 年的情况，项目组提出需要着眼于历史资源禀赋、历史遗存、现实发展方向以及未来打造的亮点重新设计。

在与相城区志办及元和街道取得共识的基础上，项目组决定推翻原先初稿，苏州市地方志办公室同意将《元和街道志》下限延至 2017 年年底。项目组内部正式明确主编，重新拟定篇目，考虑到编纂者要熟悉地情和名镇志的特殊要求，项目组在苏州市重新物色专家并作编纂任务分工。同时，项目组对元和街道提出补充资料的要求，由元和街道进行第二次资料征集。重新修改的篇目框架删去了资料搜集困难的“苏州北门”章，根据元和街道发展的最新状况强化了元和的名、特，突出了“相城十绝”中的“元和三绝”即御窑金砖、陆慕蟋蟀盆、缂丝织造；根据元和街道设立后产业发展的新特点，将原先篇目中的“蠡口国际家具城”拓展为“特色产业园区”；根据人物的历史影响将兵圣孙武和吴门画派领袖的文徵明从名人与名镇中析出，单独设置“文武元和”；将艺文与掌故杂记合设为“艺文掌故”；同时根据中国地方志指导小组办公室对中国名镇志体例类目—分目—子目三个层次的最新规范要求，对相关内容进行增删合并。调整后的篇目设置元和概况、文物胜迹、元和三绝、特色产业园区、风土民情、文武元和、名人与名镇、艺文掌故、大事纪略、附录。

到 2019 年年底，主编在项目组成员分工撰稿的基础上进行统稿，大幅度进行修改。同时对图片作大量增补更换，2020 年 3 月完成概述，全书形成第二稿并排版初稿。在此基础上，项目组与苏州市地方志办公室、相城区地方志办公室以及元和街道联合召开内审会，就编纂修改情况以及存在的不足逐一作出说明和进行沟通。根据内审会的精神，会后，元和街道和相城区志办反馈了对志稿的修改意见，增补了苏州中国花卉植物园、其他科技园和主要公司，核定了至 2017 年年底的文物存废情况，删去书后的附录，将内容分散附于相关章节后，删去了部分没有真实历史依据的传说；相城区地方志办公室在图片提供方面给予了极大帮助，元和街道也组织专人对相关景观进行了专业拍摄，专业制图公司对卷首的元和街道地图进行制图审图。此间，主编也对全书再次修改校对，对若干细节进行了修改。5 月底，形成第三稿（送审稿）。6 月，终审稿分别报送省、苏州市、相城区地方志办公室。

2020 年 7 月 31 日，江苏省志办和苏州市志办联合召开终审会，无锡市档案史志办葛红、苏州吴中区档案馆（地方志办公室）翁建明、昆山市地方志办公室徐秋明三位终审专家对终审稿提出了评审意见，省志办二级巡视员许善军、市县指导处处长刘俊、苏州市志办主任陈兴南、副主任陈其弟等以及相城区档案馆（地方志办公室）、元和街道主要负责人出席了评审会。为反映元和的最新发展状况和最新特点，终审会提出将下限再次延伸，断至 2019 年。会后，主编对各篇列出 2019 年下限更新补充的若干要素以及需核实的内容，元和街道又先后组织了两次资料补充。根据终审会的意见，对结构又进行了部分微调，将“文物胜迹”更名为“文物古迹”，对相关交叉重复内容进行整合，增设了“元和高新区片区”的内容。经主编统稿修改，11 月底形成验收稿。

本志在编纂过程中，执行《中国名镇志丛书凡例》要求，针对元和的地情作了一些特殊处理。

第一，关于元和街道“名、特”的把握。元和街道的前身是陆慕镇和蠡口镇，历史上是苏州城的北郭地带，名人墓葬多，相传“商圣”范蠡和西施曾隐居于此，兵圣孙武和吴门画派领袖文徵明葬于此，历史上的苏州评弹行业组织光裕社义冢设在此。同时吴语苏白的标准音出于此，元和也是在全国占有重要地位的御窑金砖、缂丝的工艺制作基地。2002 年相城区设立后，肩负着“苏州新门户、城市新家园、产业新高地、生态新空间”的发展使命，元和地区成为相城新城区的核心区所在，江苏蠡口国际家具城、御窑金砖博物馆、孙武纪念园、元和塘小外滩和活力岛等均成为新苏州的重要地标。针对这些特点，书稿专门设置了“元和三绝”“特色产业园区”“文武元和”三个特色类目。

第二，关于地域范围处理。元和镇改为元和街道后，城市化进程迅速推进，原先的行政区域作了多次变动，以致出现民政部门政区设置与实际管辖的不一致。2016 年，相城区成立澄阳街道，原先属于元和街道的娄北、湖沁、依云水岸、漕泾四个社区名义上划归澄阳街道，但实际一直由元和街道管辖。因此，卷首的“元和街道行政区划图”上，按照民政各部门的区划，这四个社区没有划在元和街道范围而是划在澄阳街道内，但考虑到街道的实际管辖和治理，在“元和概况”类目的“社区简介”部分仍然将这四个社区以“代管社区”的形式予以附载，全书的其他部分凡涉及这四个社区的有关内容也仍然作了收录。

第三，关于下限处理。本志编纂之初定下限为 2015 年，但在编纂过程中，又先后两次延伸下限，两次延伸的下限分别是 2017 年和 2019 年。数年间，境内产业发展规划和城市建设都发生了一些重要变化，如苏州（中国）婚纱城以及元和塘小外滩，曾经被定位为苏州婚庆产业的重要基地，但后来这一产业没有继续发展。为了尊重历史，本志对转型发展前的苏州（中国）婚纱城收入全书附录，对元和塘小外滩当时的建设如实作了记载。活力岛最初建设时分为东方风情岛和西方风情岛，到 2019 年时东方风情岛拆除进行重新规划建设。2017 年前，塔影桥曾是元和境内仿造英伦风格的一处地标景观，2017 年后塔影桥作了重大改造，昔日景观不复存在，上述内容均按 2019 年的现状进行记述。到 2019 年时，苏州市第二图书馆和苏州第二工人文化宫等一些重大基础建设项目在元和境内建成或即将建成，为了反映这些最新的地标景观，本书收录了相关图片并作了条目记述。

第四，本志概述尽量兼顾历史发展脉络和元和在苏州城市区域发展中独特地位两个维度，分别提炼“苏州北城的传奇之地”“苏州工艺的精粹之地”“苏州北部新城的核心区”三大方面的定性定位，融入文化散文的笔调，把元和放在苏州文化和中国历史文化的大背景下进行把握，体现历史上的“风物清嘉”以及当代城市化后的发展活力，结合境内的“活力岛”以及苏州“人间天堂”的文化意象，赋予元和“活力天堂”的新定位，契合苏州人间天堂与新时代创造美好新生活的双重意义。

第五，关于城市化进程的特殊处理。元和虽然被列入《中国名镇志丛书》，但本身是一个街道建制，在城市化的进程中，元和地区的城市化变迁极大。2001 年后，随着相城区和元和街道的设立，到 2019 年，元和境内从原先的乡村田园风貌彻底改为新城区风貌，由于村庄合并设立社区，土地征用拆迁，原先的景观风貌包括文物古迹很多消失湮没，但是这些内容同时又是元和历史的重要一部分，所以“文物古迹”中对若干曾经存在的古物古迹也作了记载。由于元和街道范围内城市化变迁涉及整个苏州市和相城区城市发展规划及其实施，这些资料单纯依靠元和街道很难掌握，所以本志在编纂过程中改变了最初设立“苏州北门”的设想，而将城市化的进程在概述“风物清嘉地　活力新天堂”中作了发展轮廓性的记载，在“元和概况”类目中的“城市建设”部分作了概要记载。

第六，关于当代人物收录。由于街道对《陆慕镇志》和《蠡口镇志》两志下限后的人物资料不完全掌握，本志只将部分当代元和名人收录在“名人与元和”中，当代军政人物一概不予收录。

第七，关于地名。元和街道的前身之一陆慕镇，历史上是因唐代名臣陆贽的衣冠冢在此而得名，原名“陆墓”。20 世纪 90 年代为有利于对外开放招商引资，将陆墓更名为“陆慕”。本书凡涉及更名之前（1993 年）的地名仍然使用“陆墓”，更名之后按“陆慕”进行表述。

由于元和受限于自身街道管理体制，陆慕和蠡口合并后的有关资料收集非常困难，致使本志在资料运用上存在一些先天性不足，编纂仍有未尽如人意之处，不足之处敬请读者批评指正。

编　者

2022 年 3 月

中国名镇志丛书

《周庄镇志》
《第一关镇志》
《钱清镇志》
《冶源镇志》
《甪直镇志》
《同里镇志》
《三阳镇志》
《枫泾镇志》
《李庄镇志》
《天穆镇志》
《虎门镇志》
《小榄镇志》
《北庭镇志》
《青木川镇志》
《永宁镇志》
《沙家浜镇志》
《虞山镇志》
《泽国镇志》
《南翔镇志》
《千灯镇志》
《东山镇志》
《巴城镇志》
《阳澄湖镇志》
《松口镇志》
《震泽镇志》
《黎里镇志》
《浏河镇志》
《锦丰镇志》
《寨市苗族侗族乡志》
《汤池镇志》（安徽）
《湾头镇志》
《中心店镇志》
《乌镇志》
《保安镇志》
《德凤镇志》
《瑷珲镇志》
《王家坪镇志》
《穆云畲族乡志》
《北京街道志》
《王村镇志》
《八一镇志》
《双林镇志》
《棘洪滩街道志》
《凤凰镇志》
《烟店镇志》
《光福镇志》
《梅李镇志》
《高家堡镇志》
《杨岭镇志》
《金港镇志》

《云梯畲族乡志》
《马口镇志》
《杨舍镇志》
《杨店镇志》
《河图镇志》
《浔中镇志》
《孤山镇志》
《汤池镇志》（湖北）
《伍洛镇志》
《汤家汇镇志》
《陇城镇志》
《塘桥镇志》
《兴隆华侨旅游经济区志》
《胜坨镇志》
《来凤街道志》
《木渎镇志》
《锦溪镇志》
《黄龙溪镇志》
《店塔镇志》
《镇湖街道志》
《北七家镇志》
《瓜洲镇志》
《安仁镇志》
《浦口镇志》
《唐崖镇志》
《和顺镇志》
《老城镇志》
《里耶镇志》
《芙蓉镇志》
《博鳌镇志》
《唯亭街道志》
《重安镇志》
《炯炀镇志》
《张谷英镇志》
《鸦滩镇志》
《玉皇庙镇志》
《木洞镇志》
《采育镇志》
《下司镇志》
《德平镇志》
《龙池镇志》
《浦市镇志》
《黄楼街道志》
《冉庄镇志》
《金庭镇志》
《石牌镇志》
《元和街道志》
《古现街道志》
《光塔街道志》
《邵伯镇志》
《石杨镇志》
《杨柳青镇志》
《天桥街道志》
《柘皋镇志》
《西沱镇志》
《咸水沽镇志》
《茶阳镇志》
《崖城镇志》